AF609000

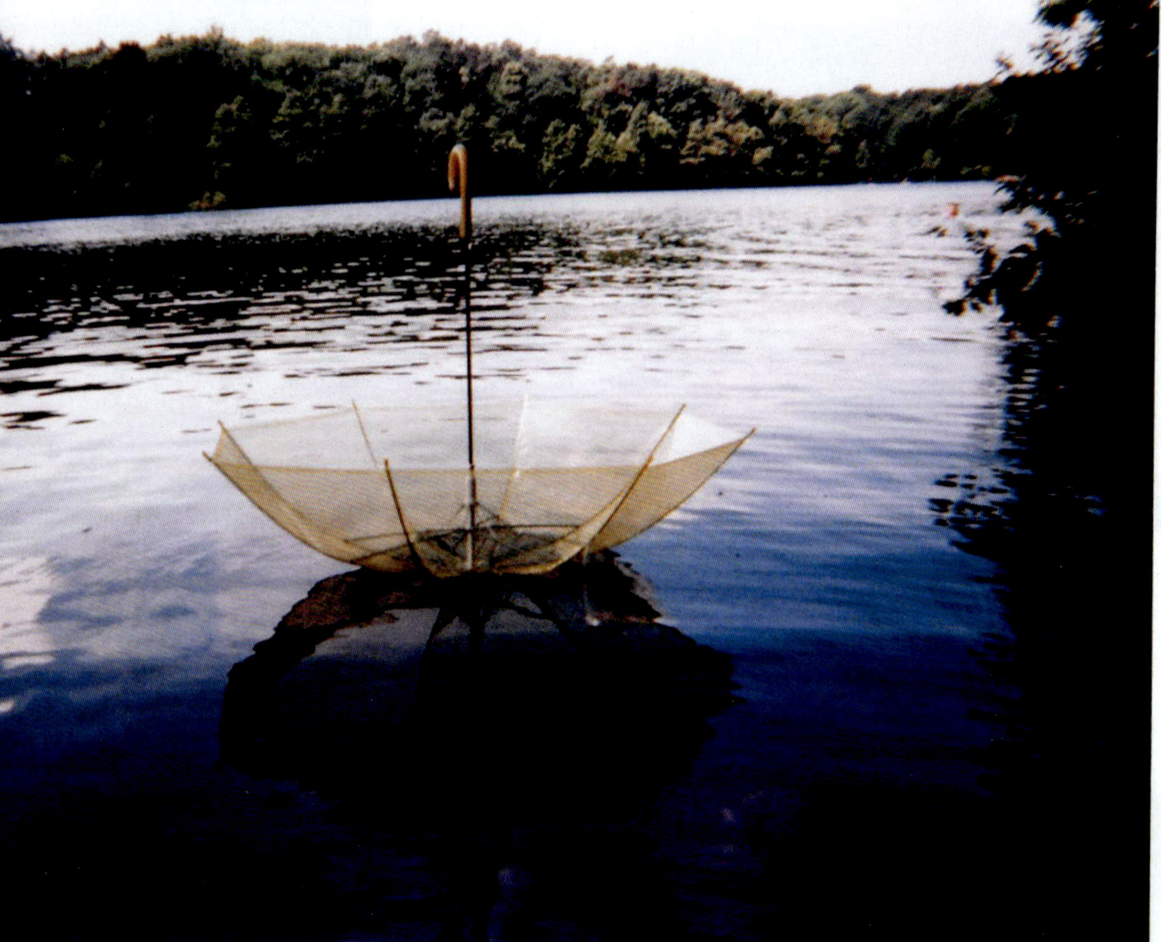

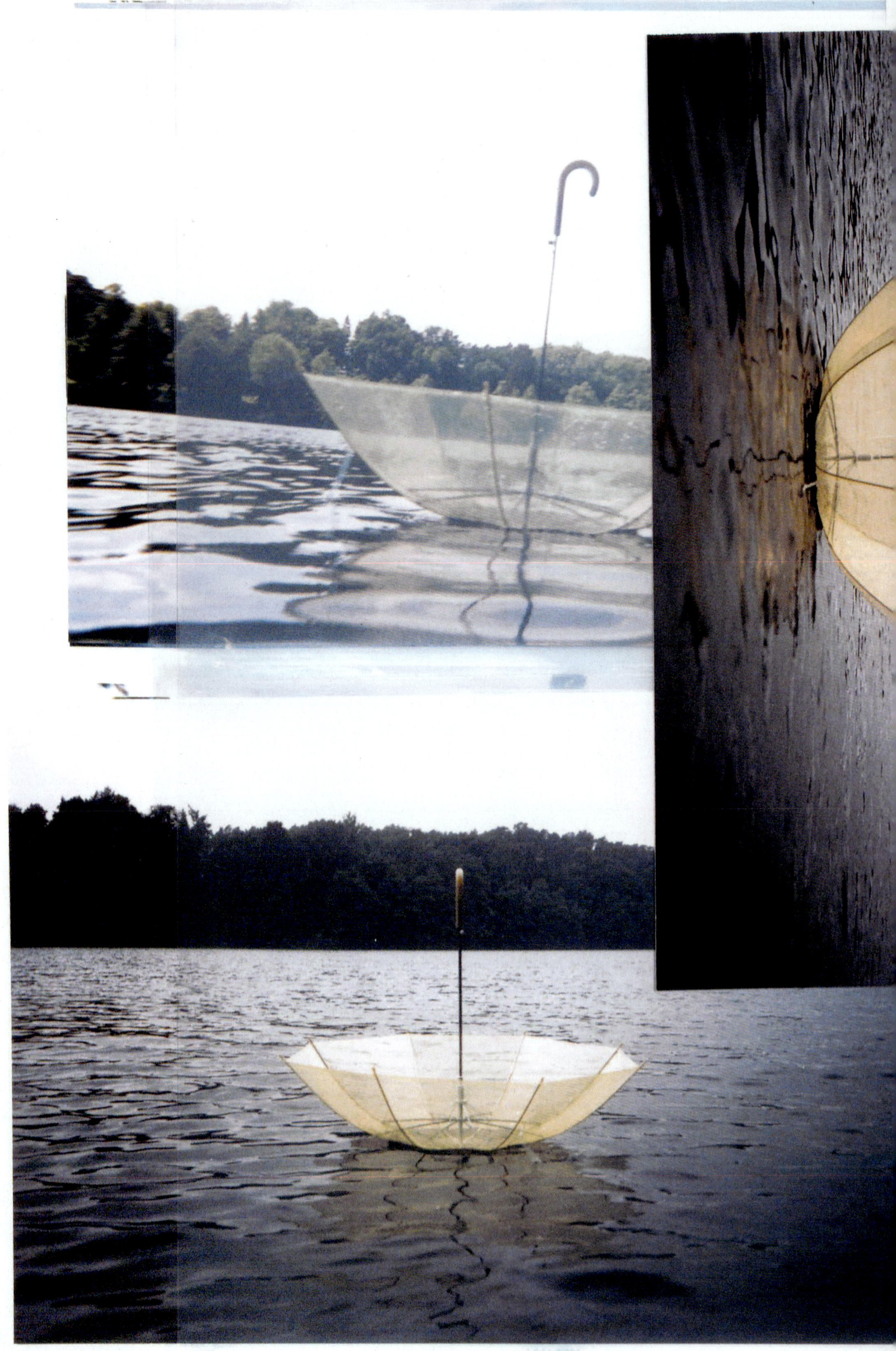
FILE NO:

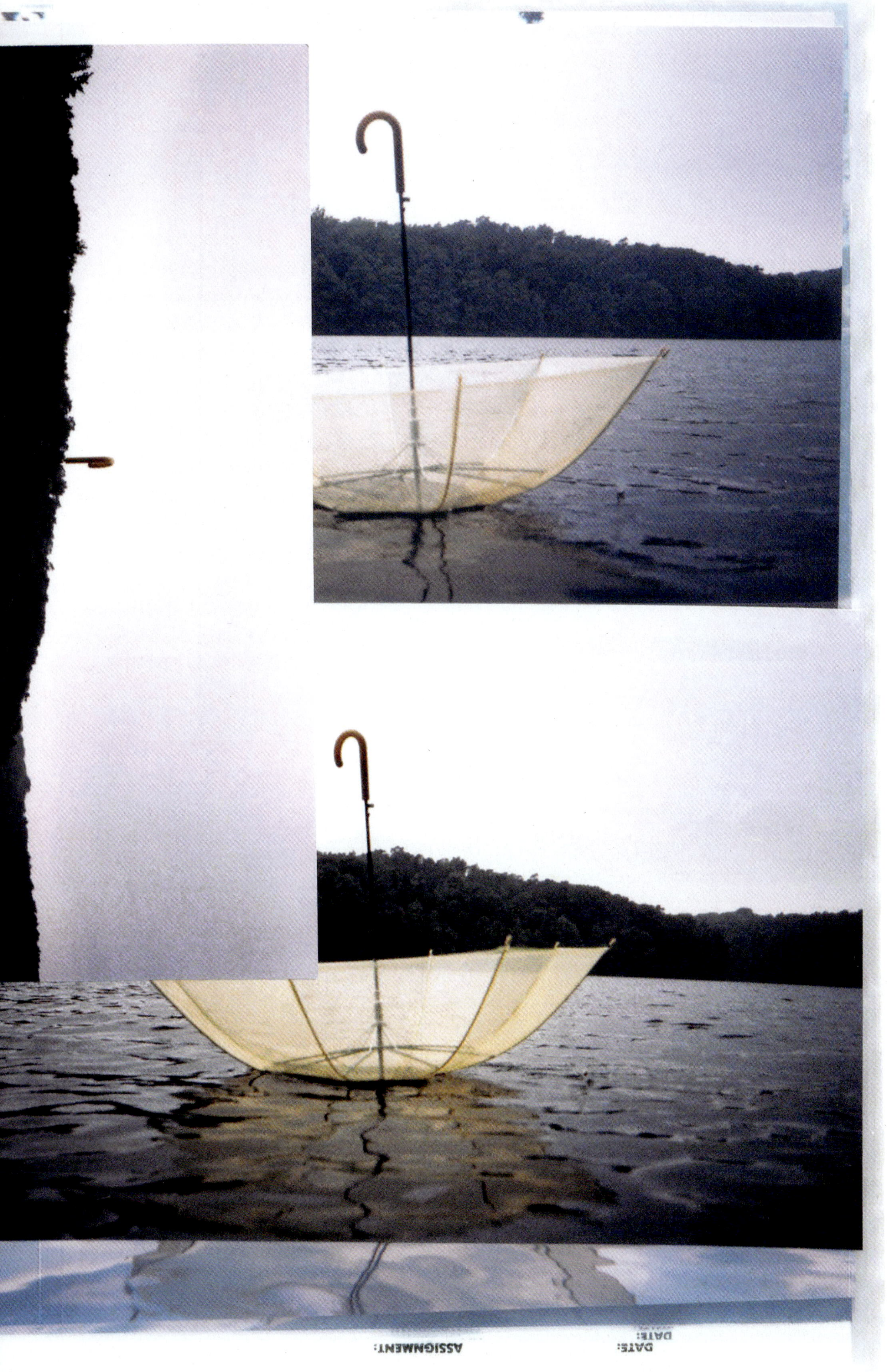
DATE:
DATE:
ASSIGNMENT:

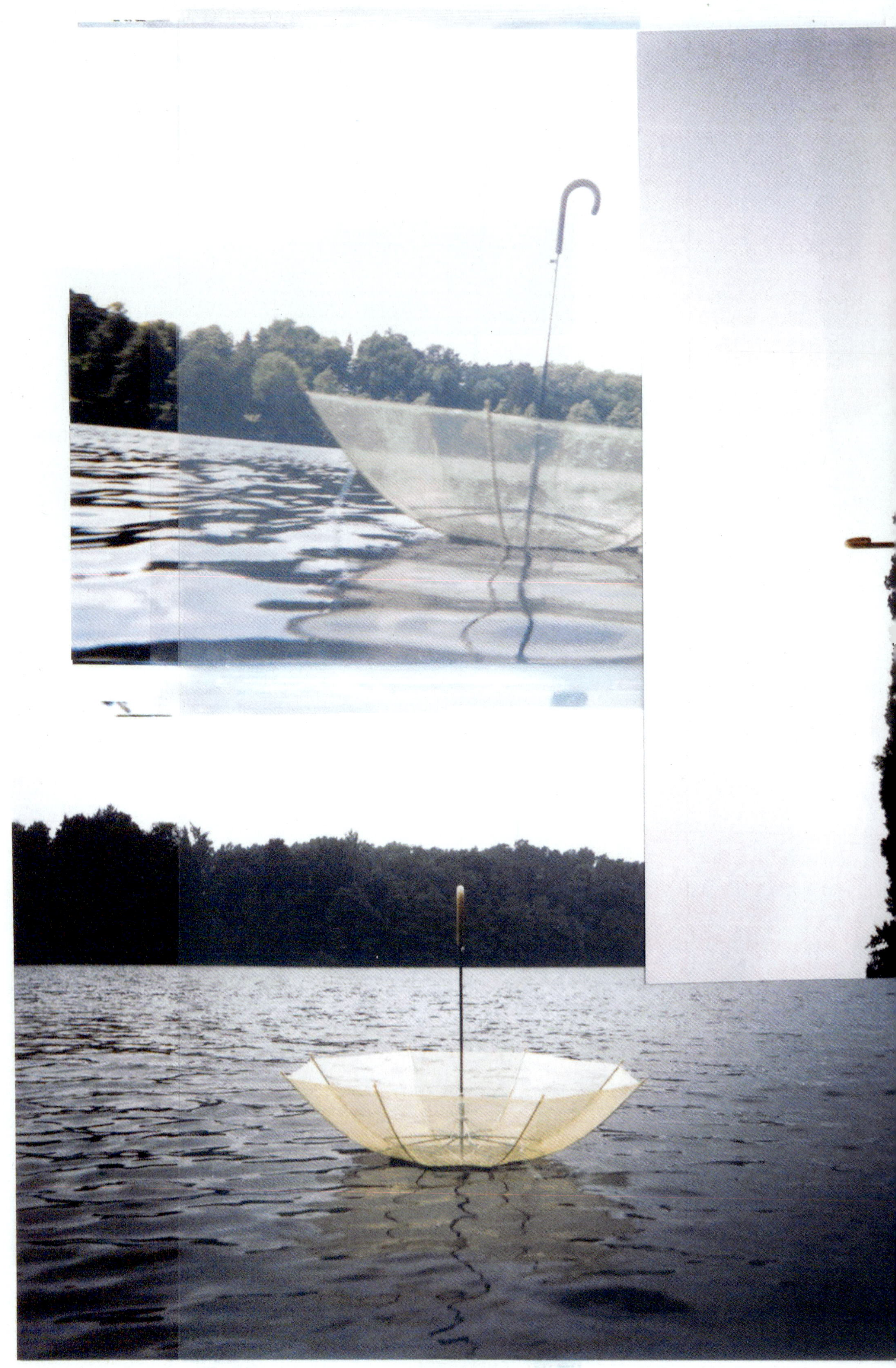
FILE NO:

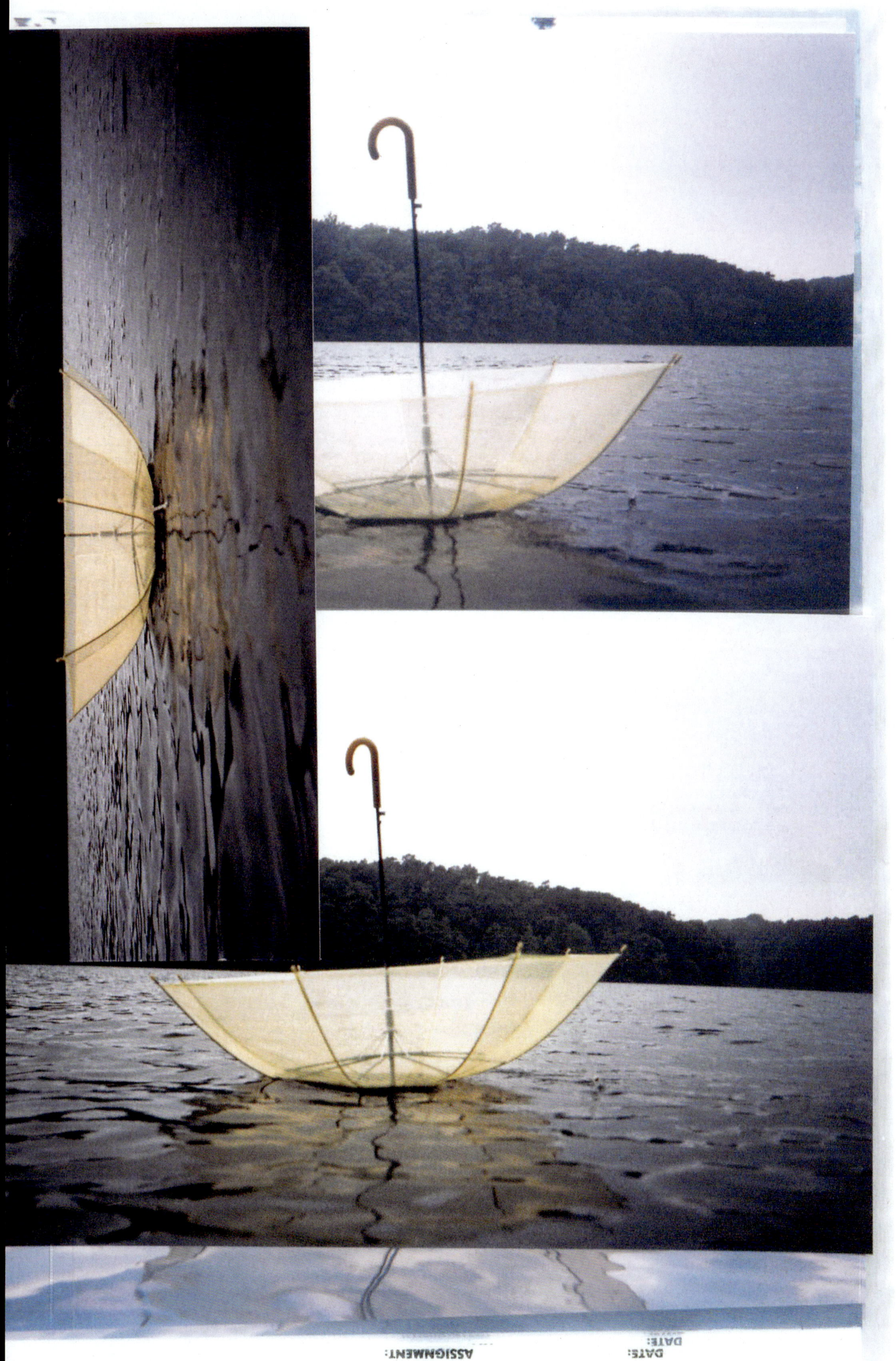
DATE:
ASSIGNMENT:

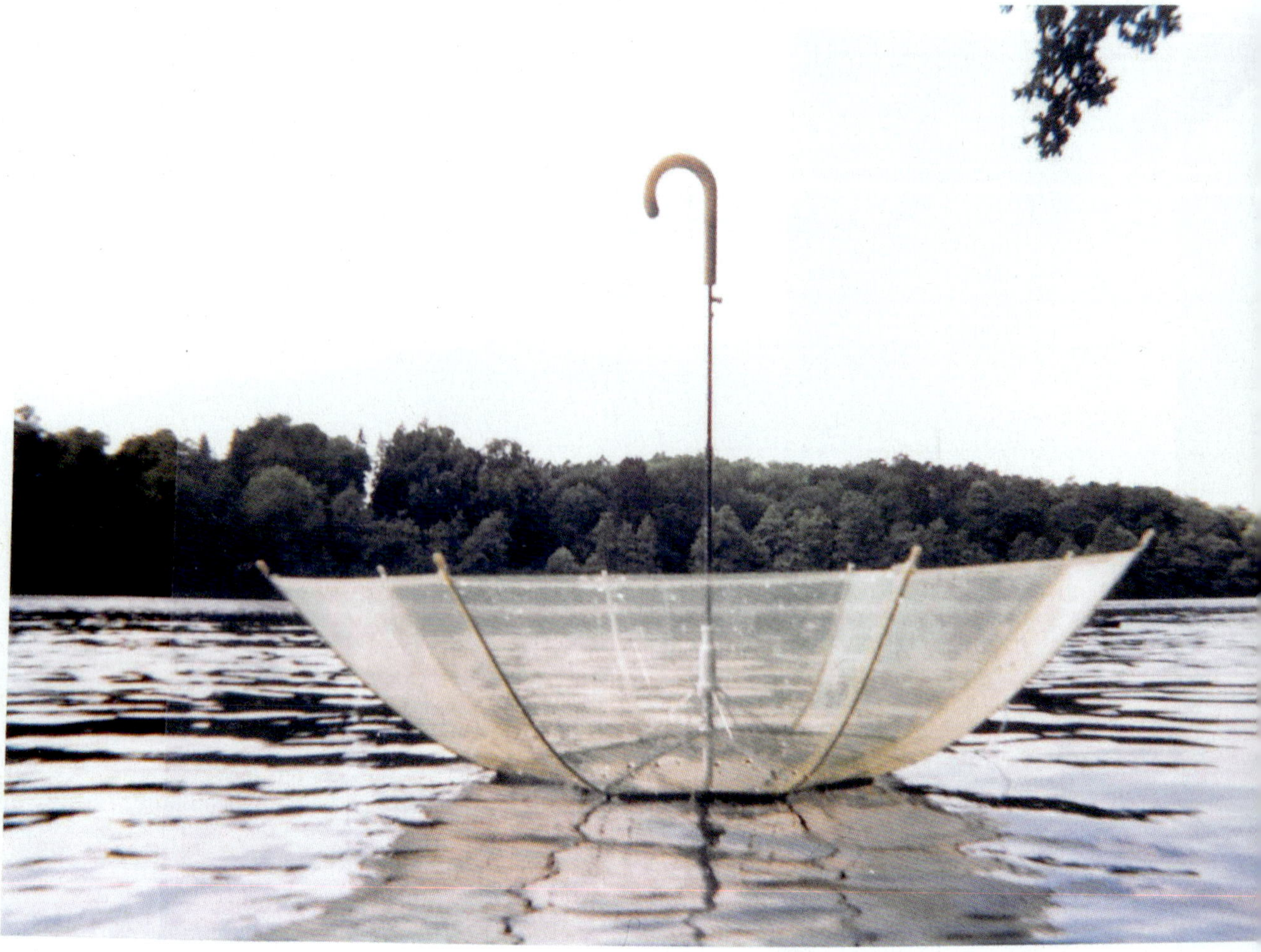

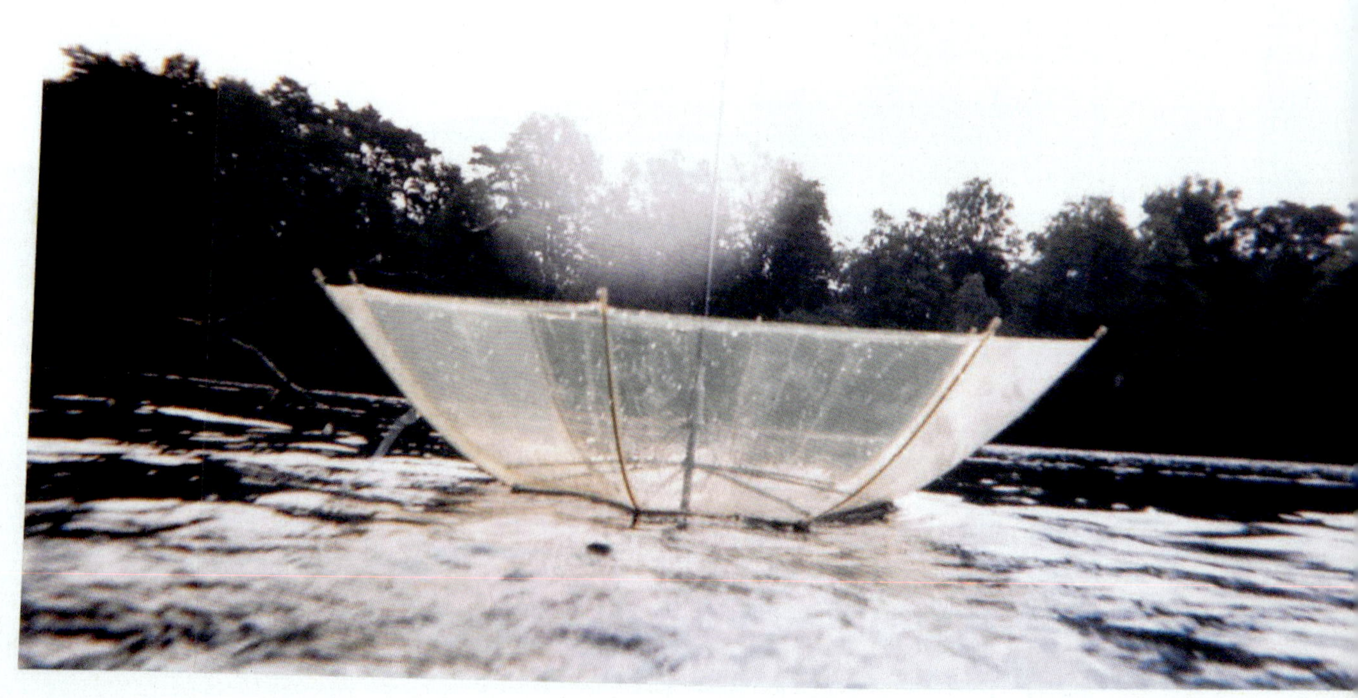

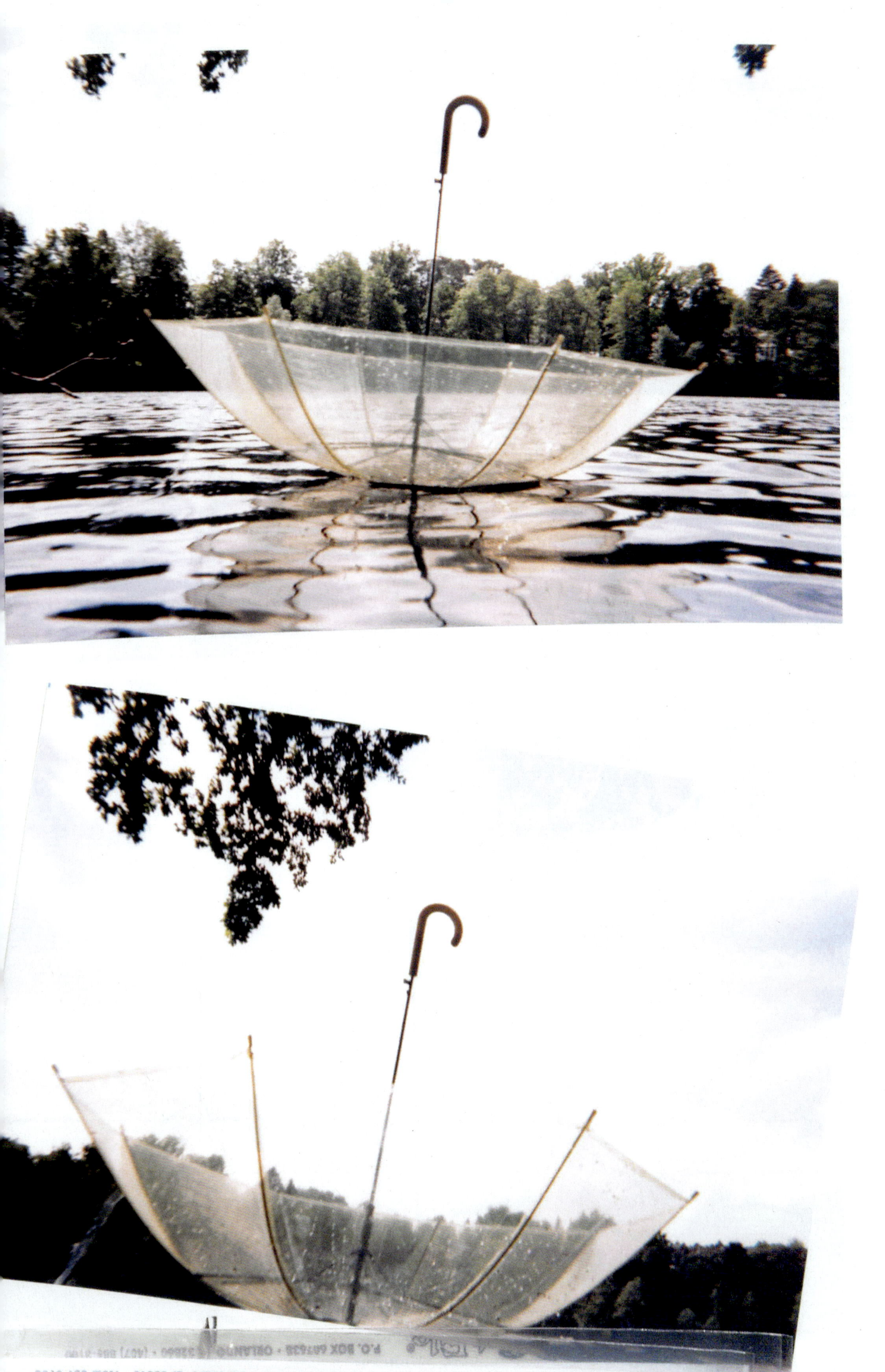

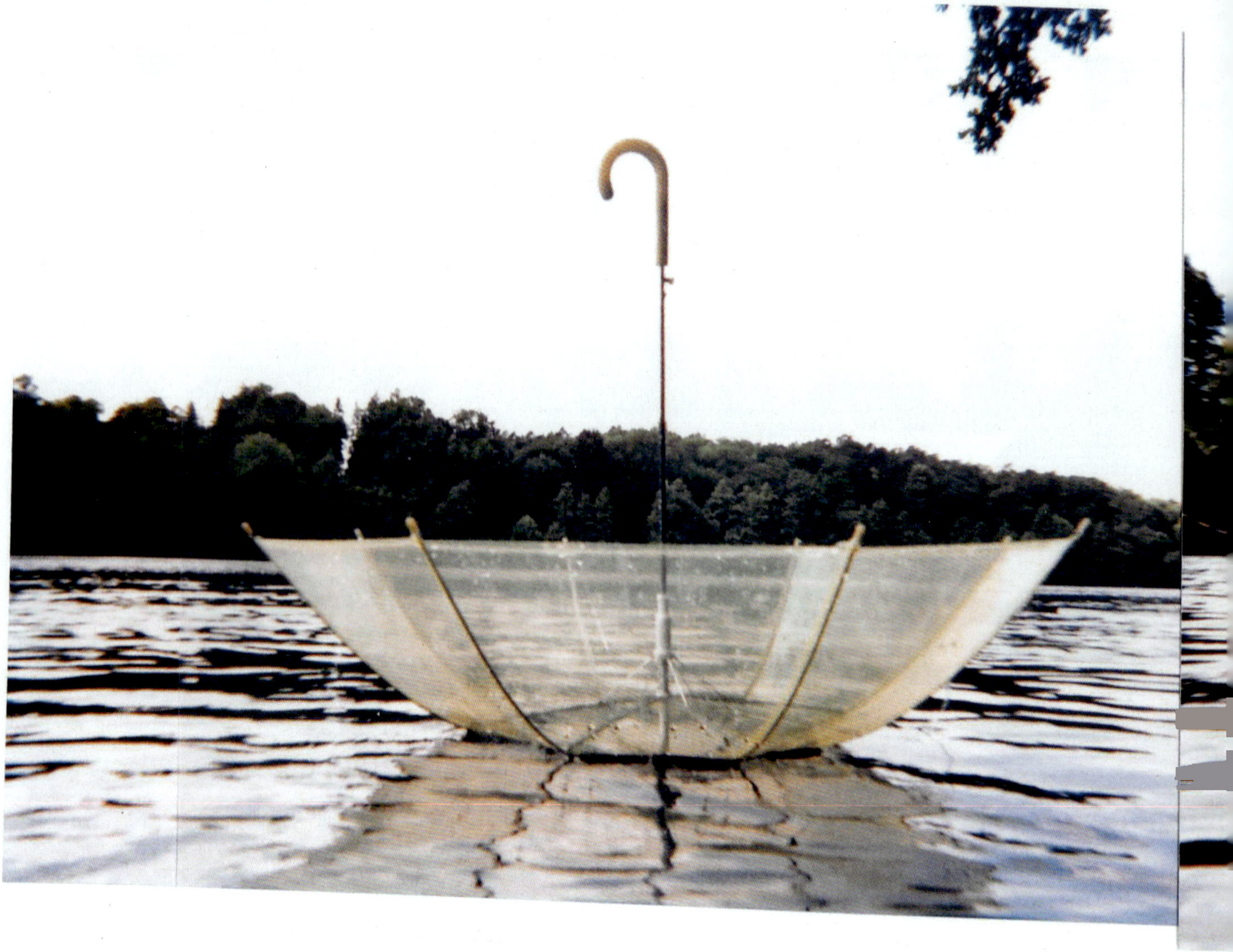

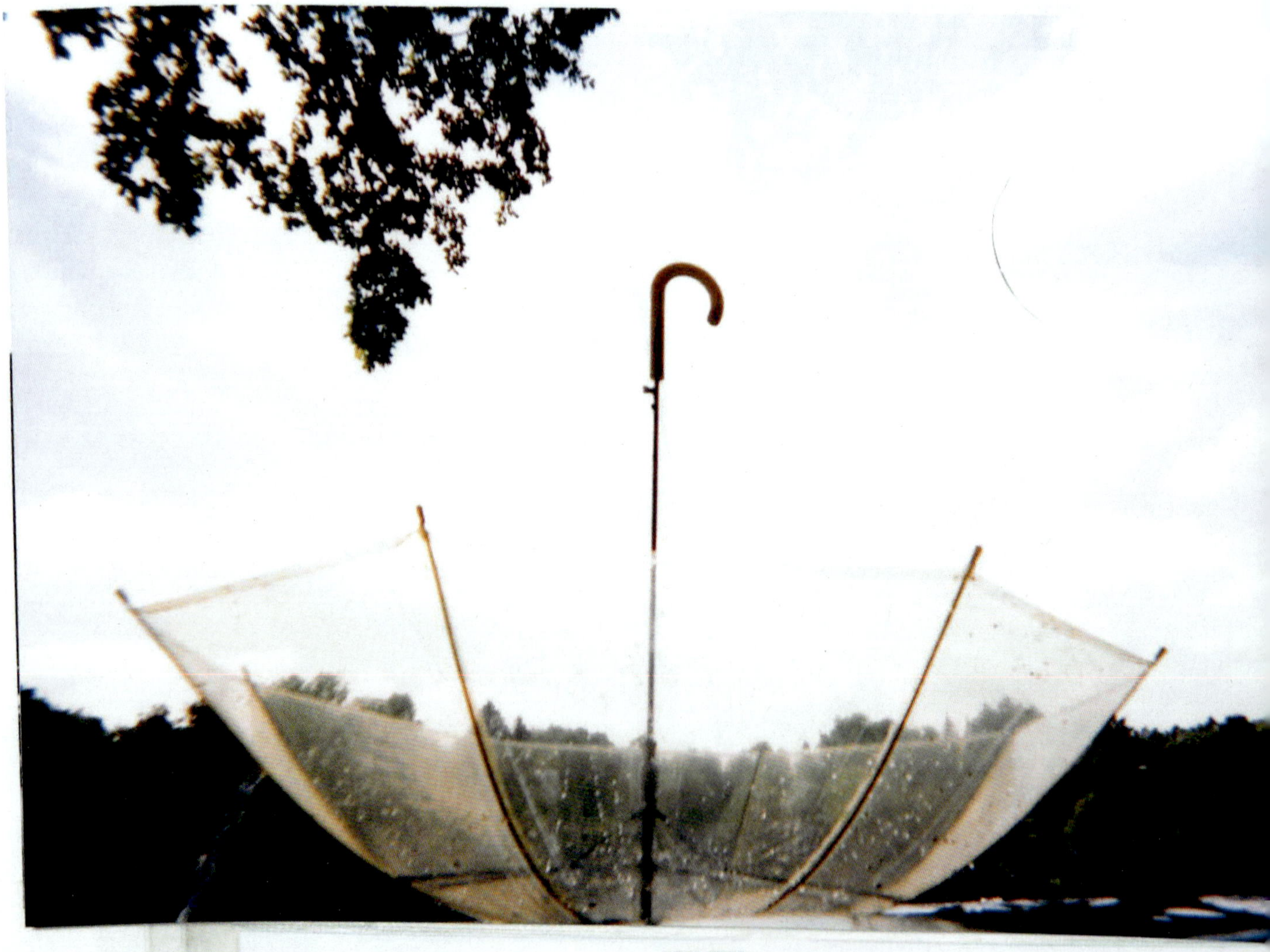

FILE NO:

DATE: ASSIGNMENT:

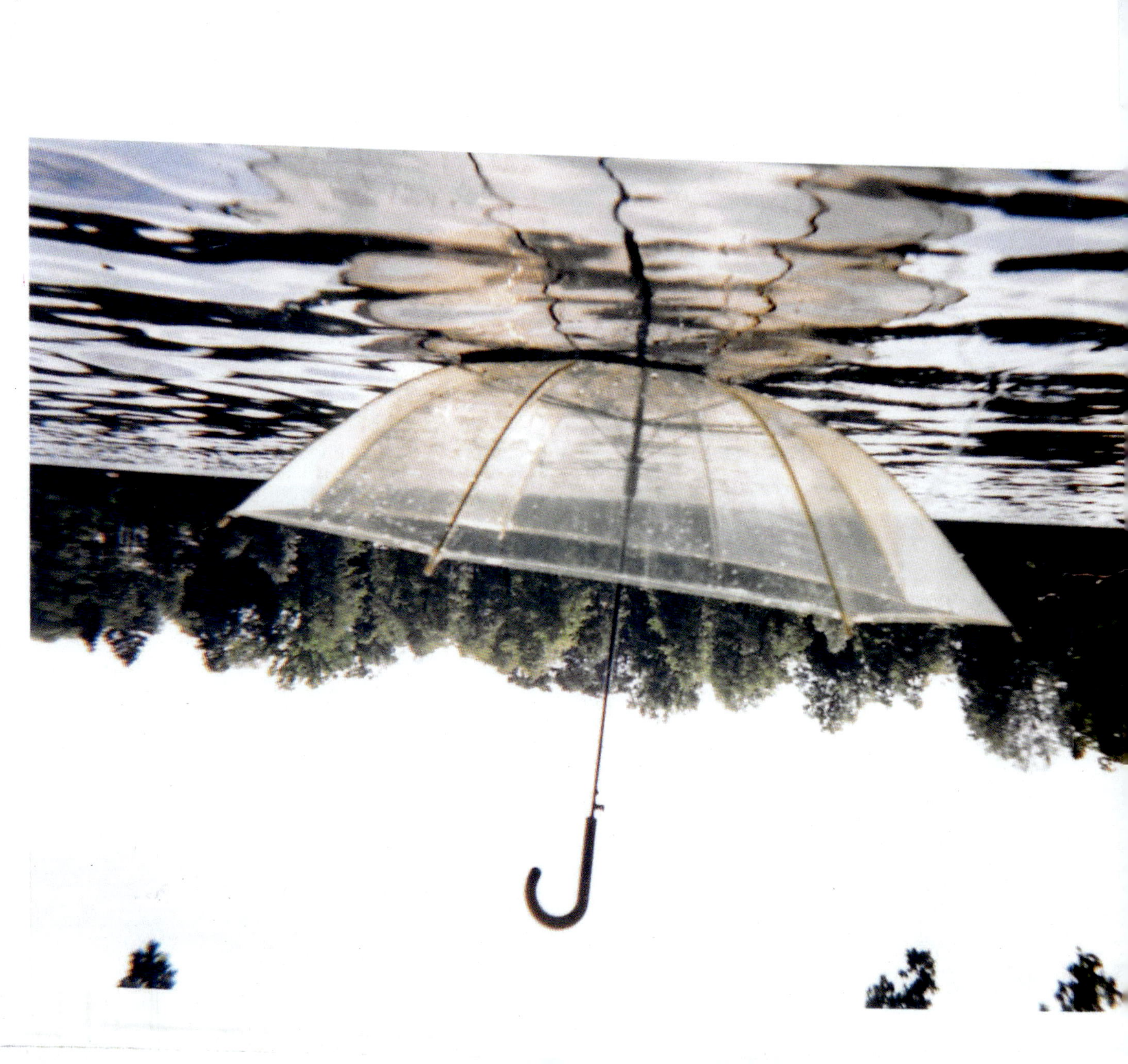

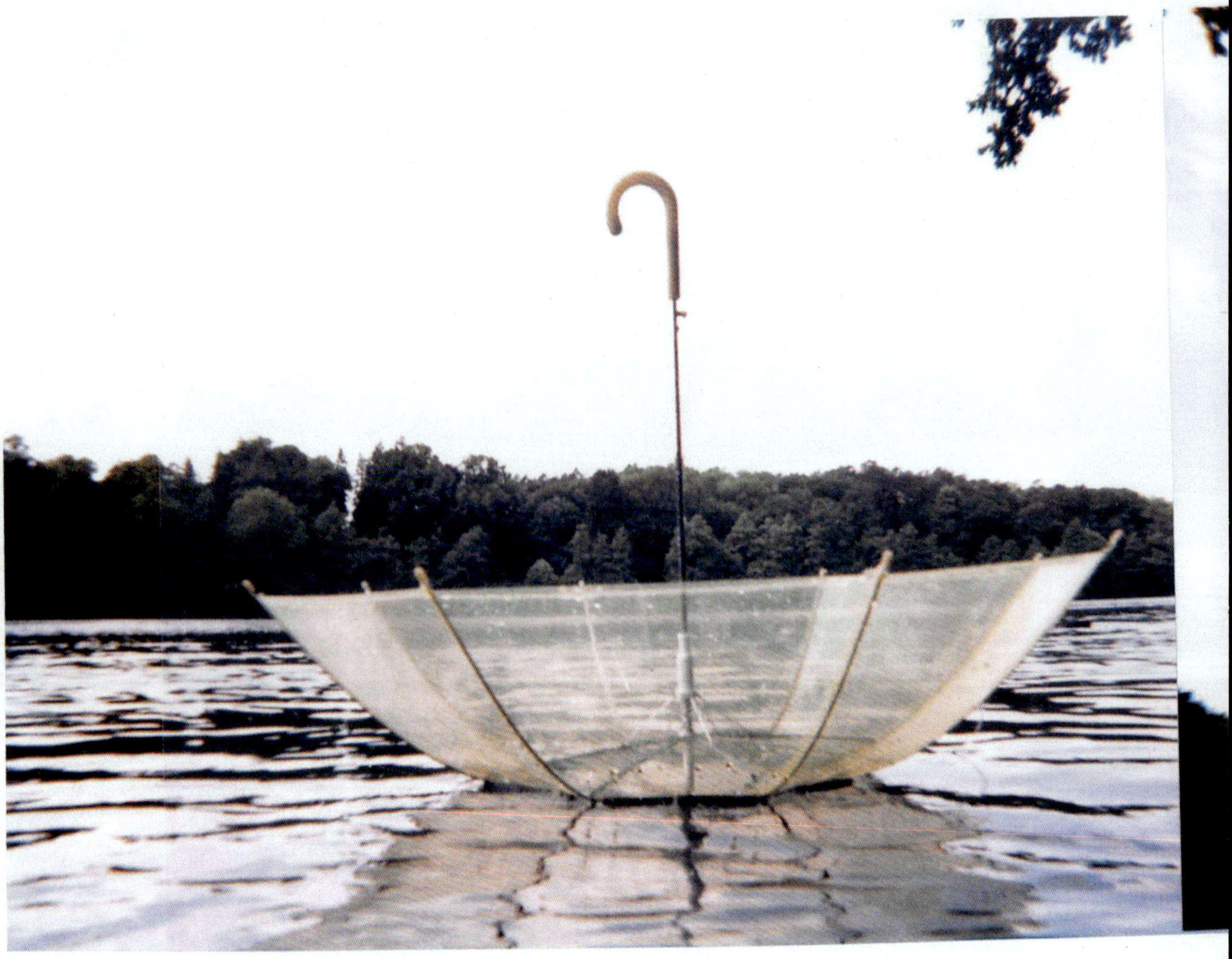

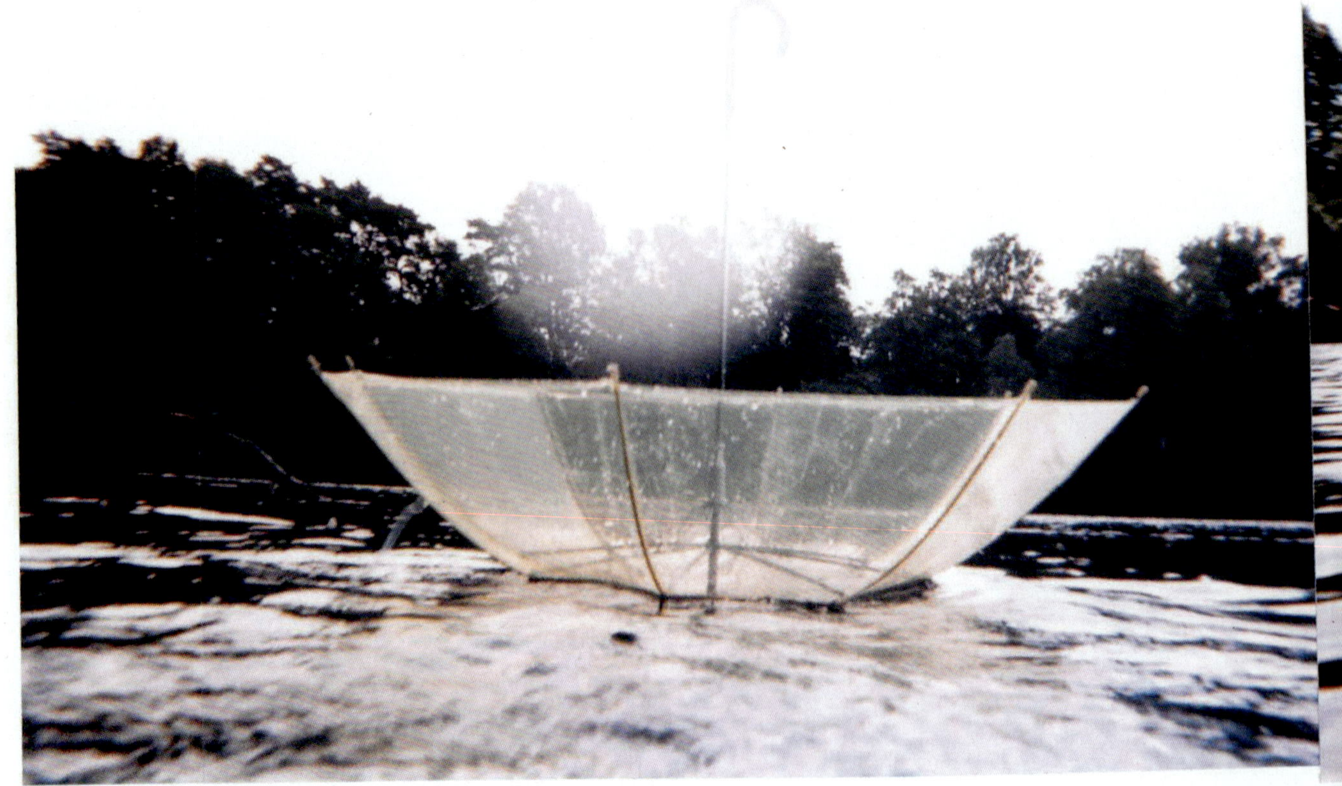

DATE: ASSIGNMENT:

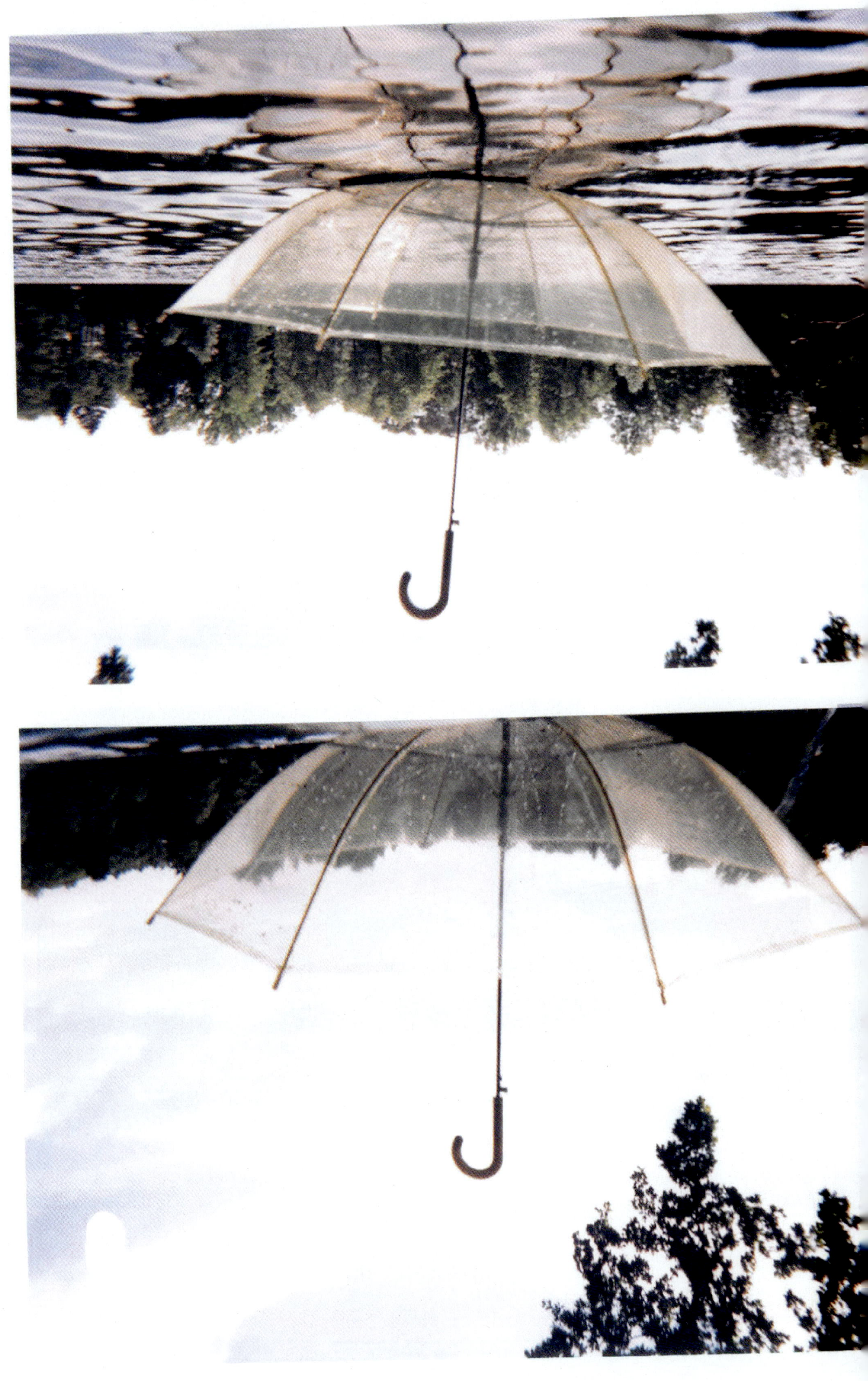

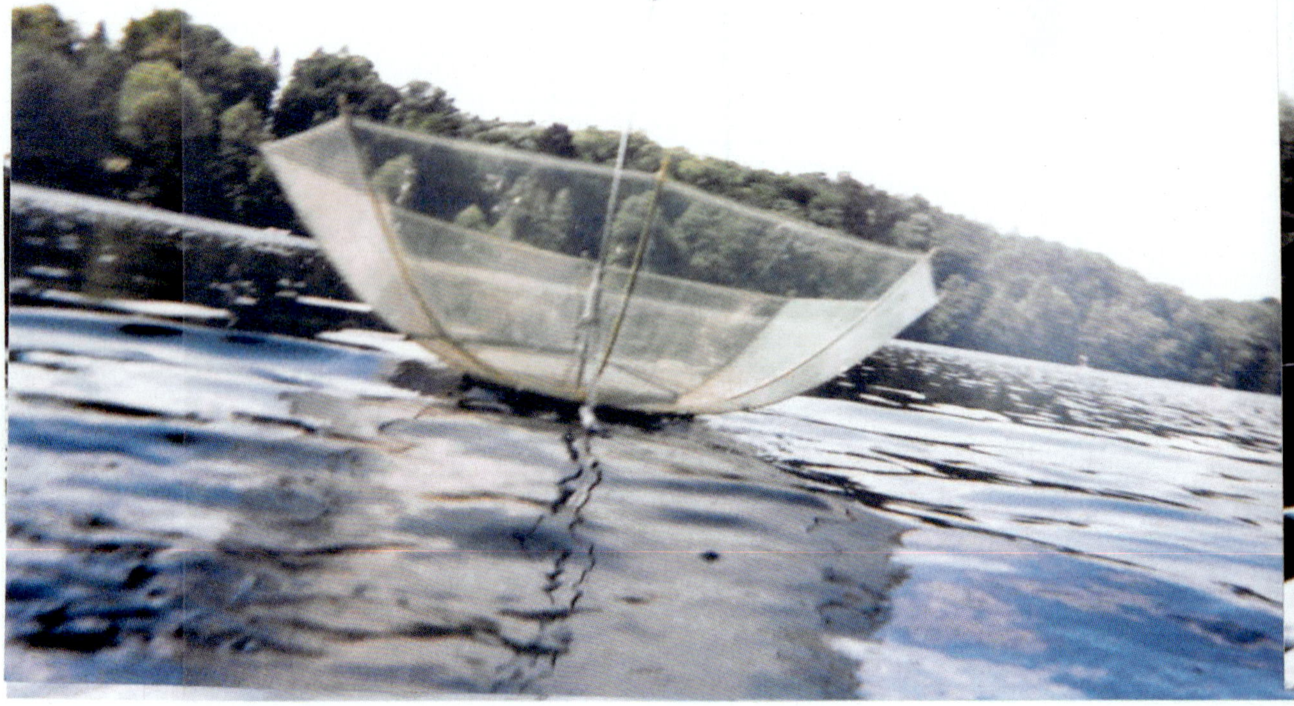

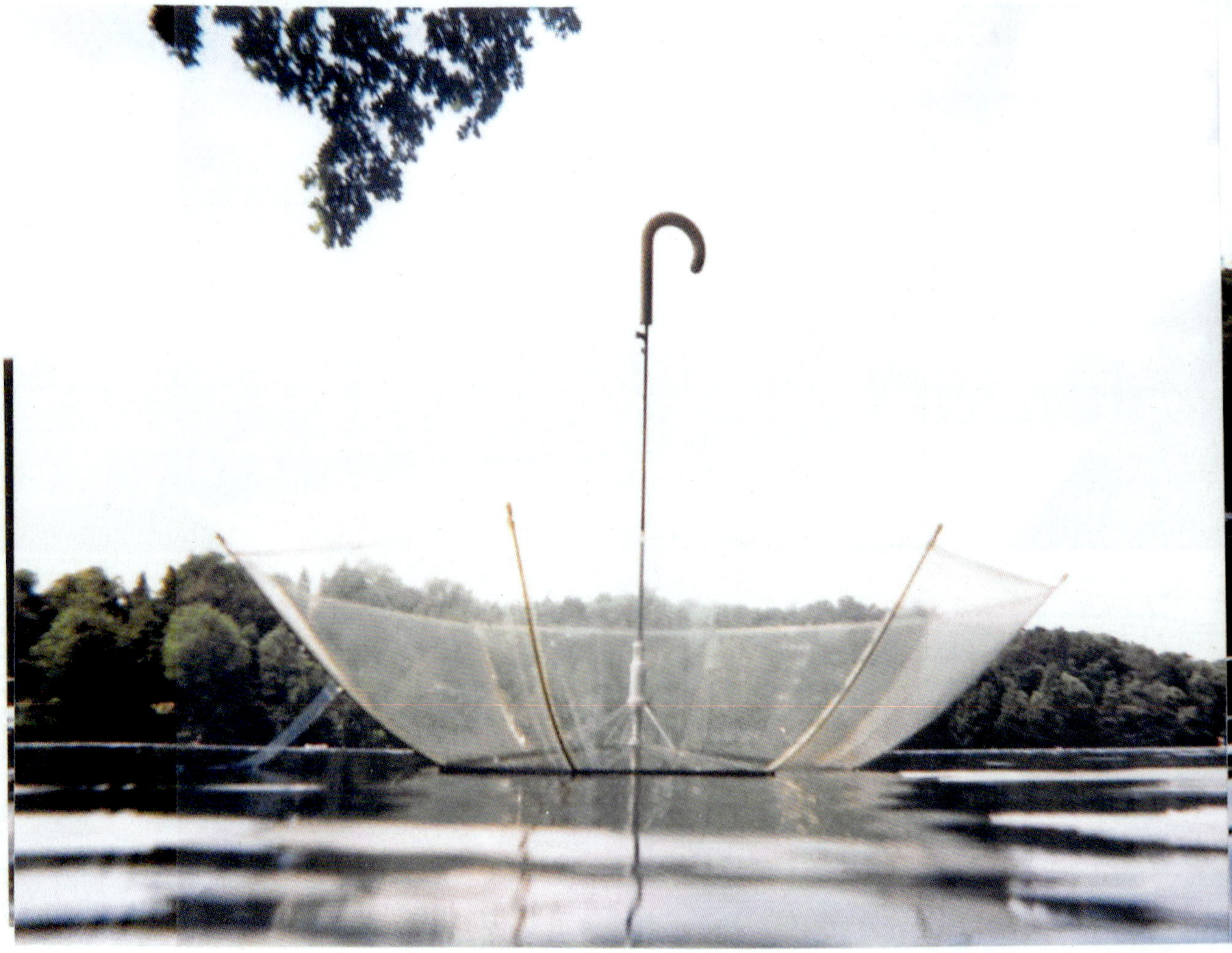

FILE NO:

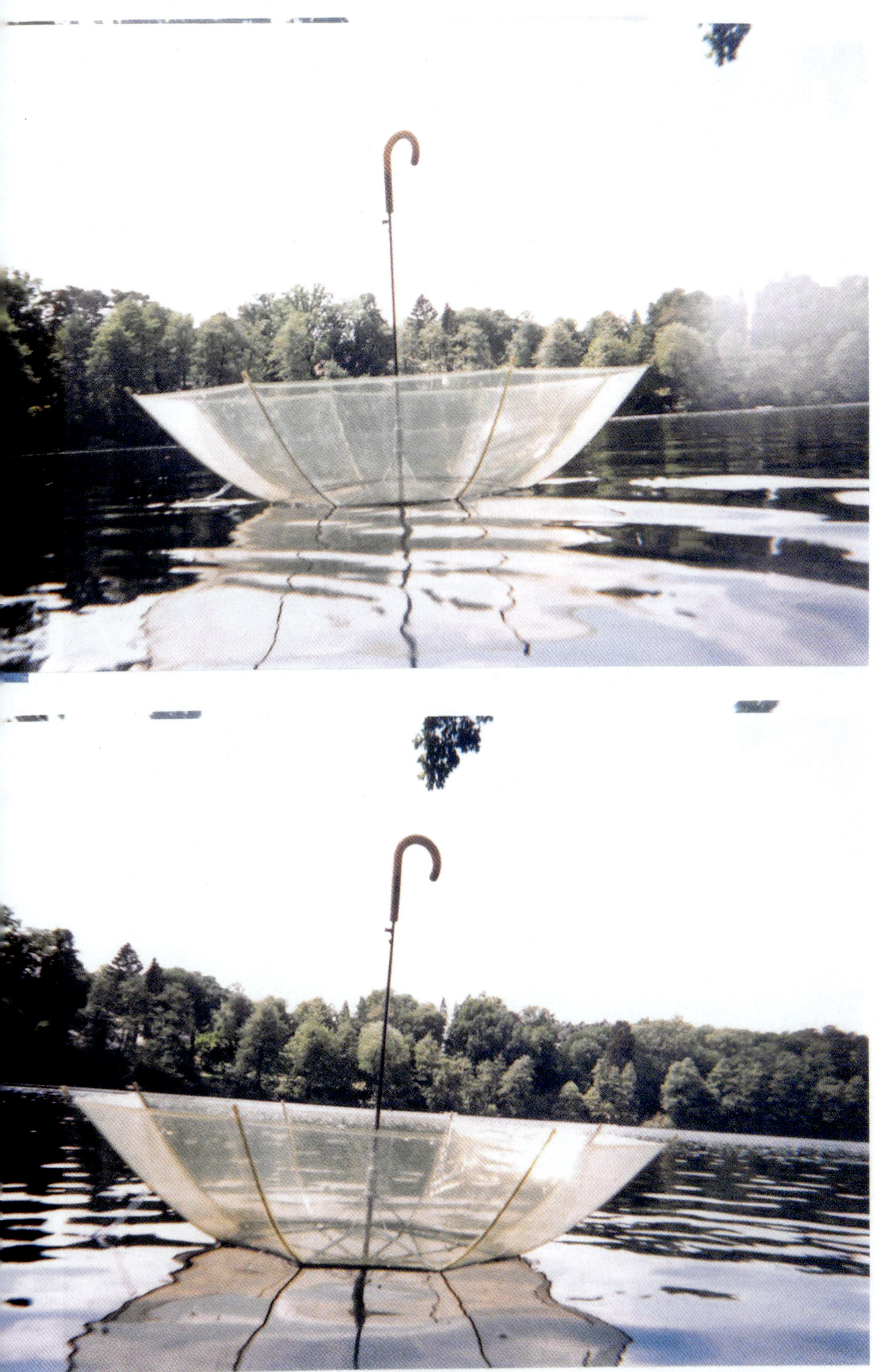

ASSIGNMENT:

DATE:

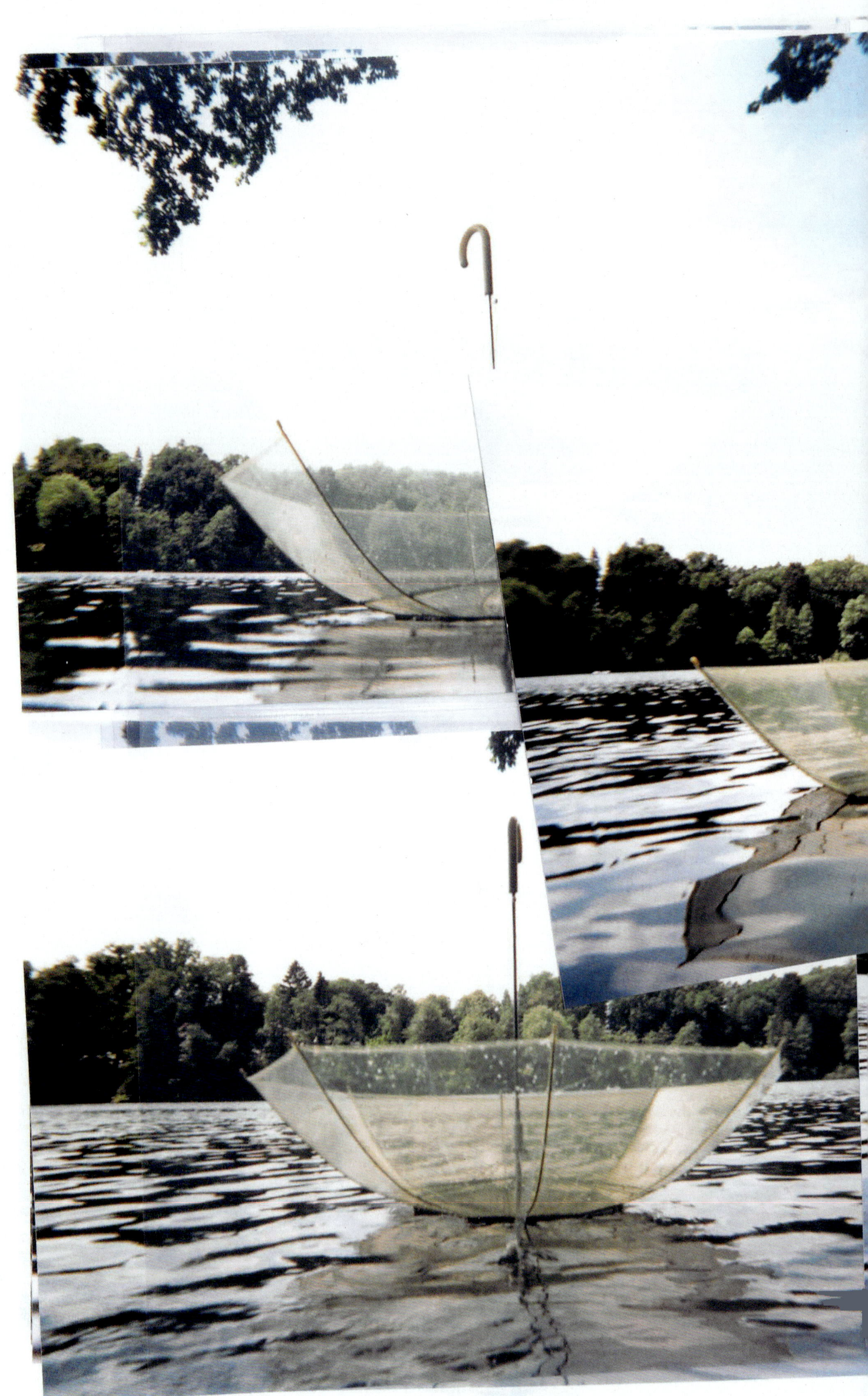

FILE NO:

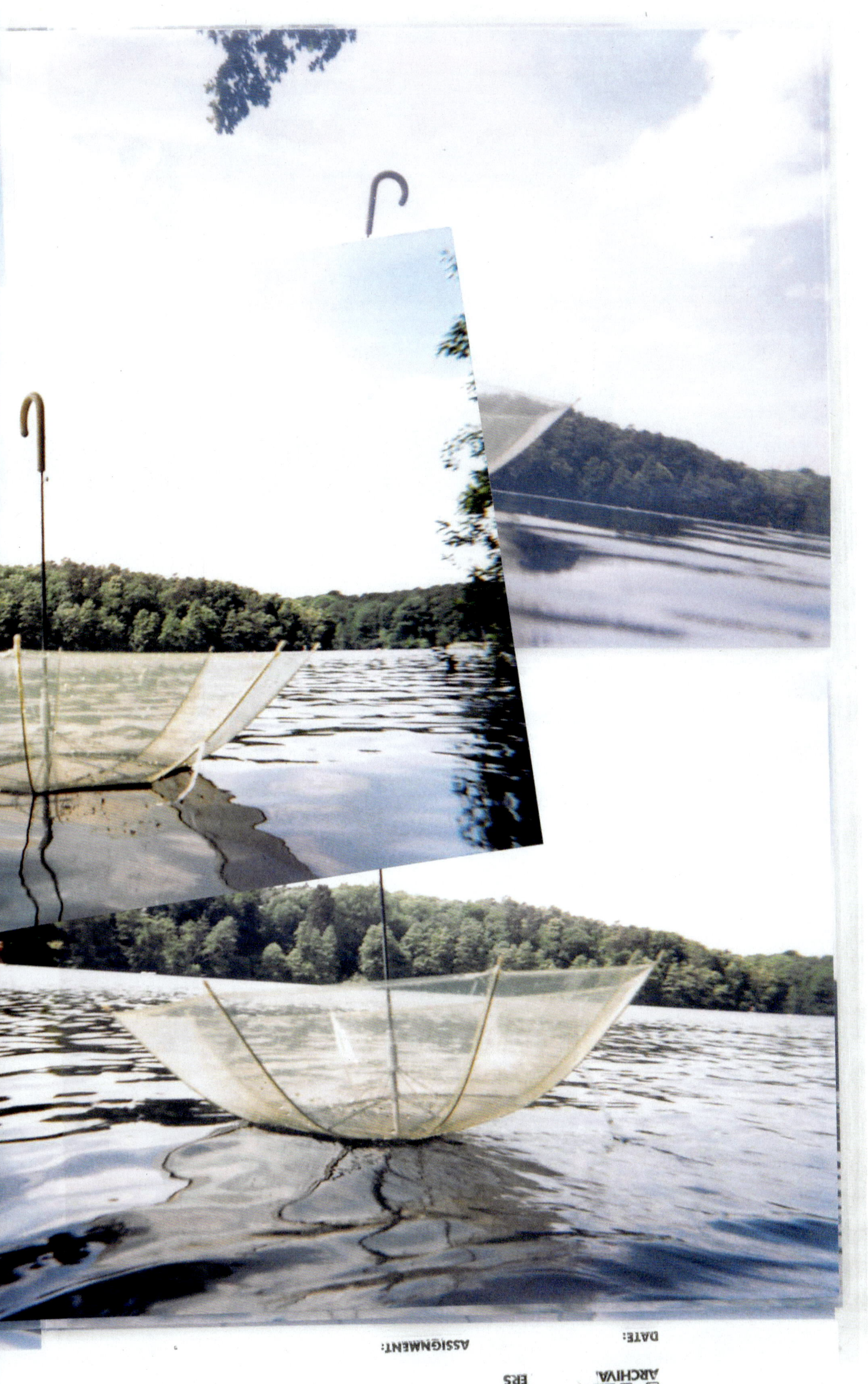

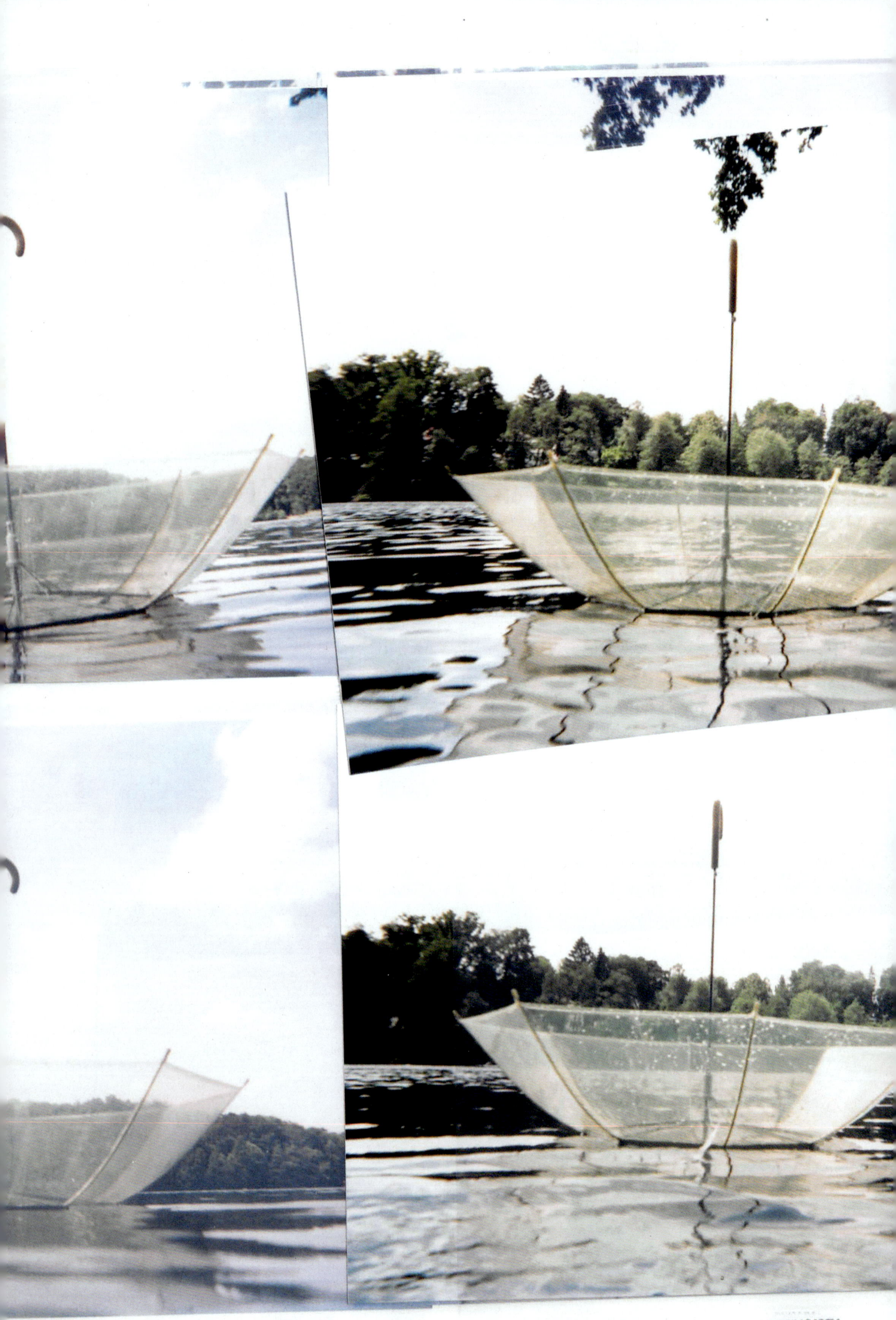

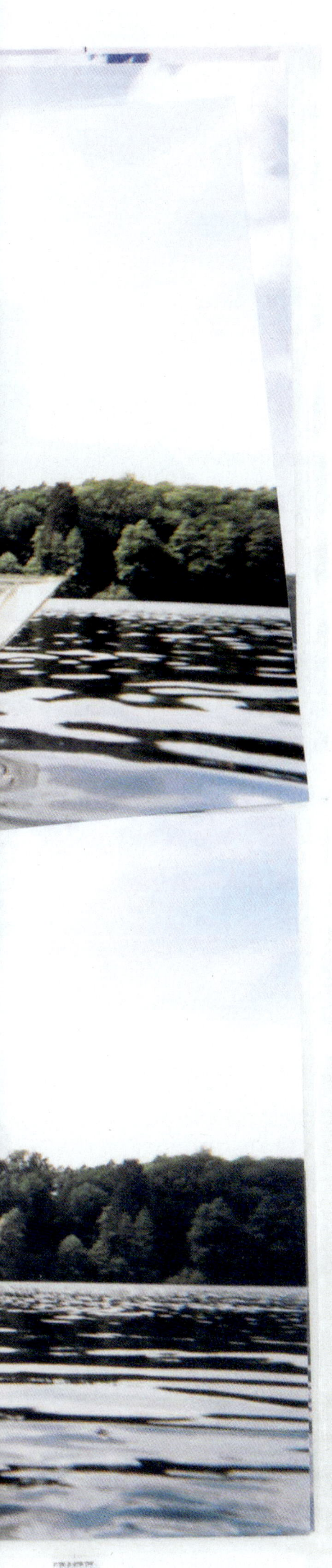

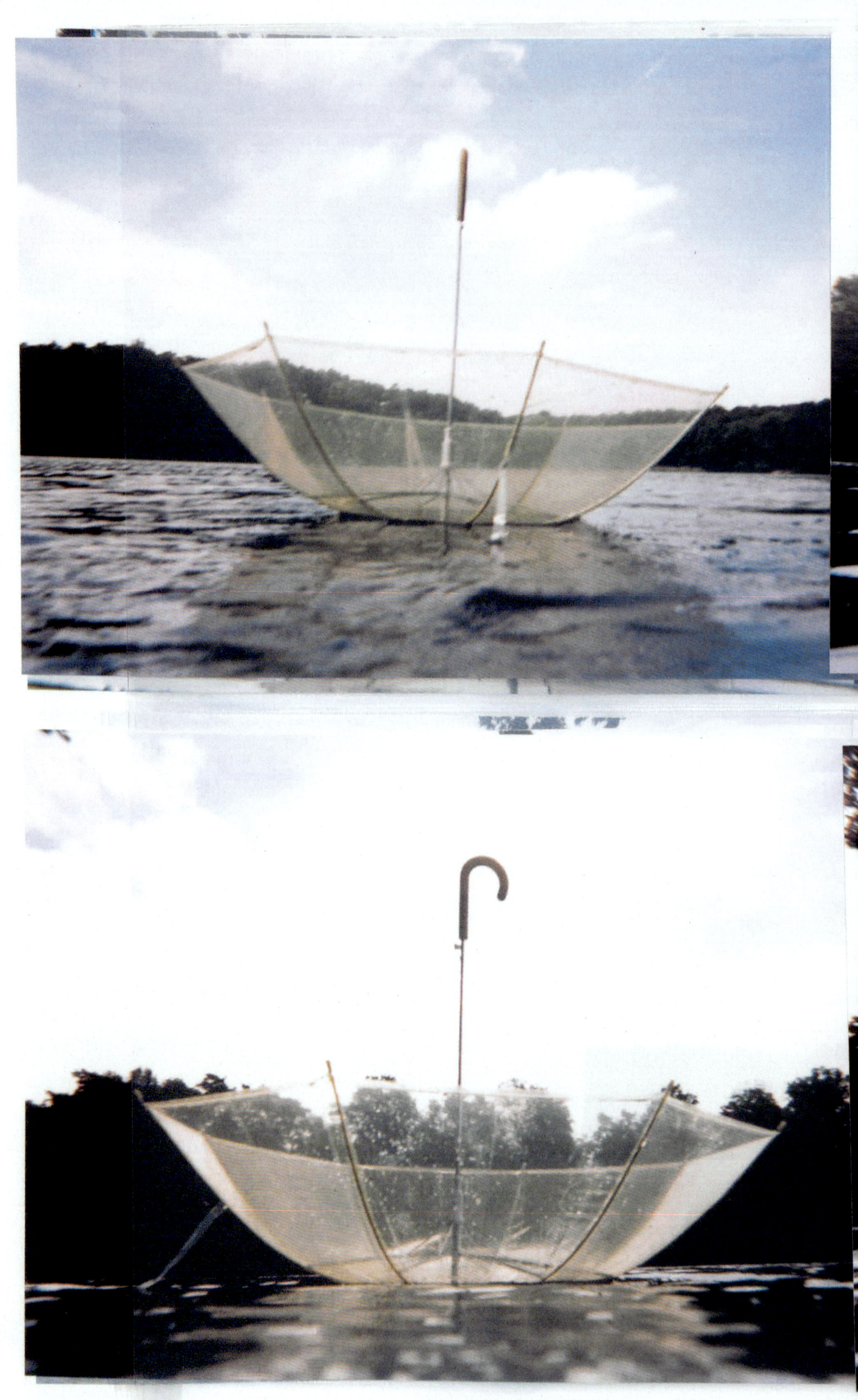

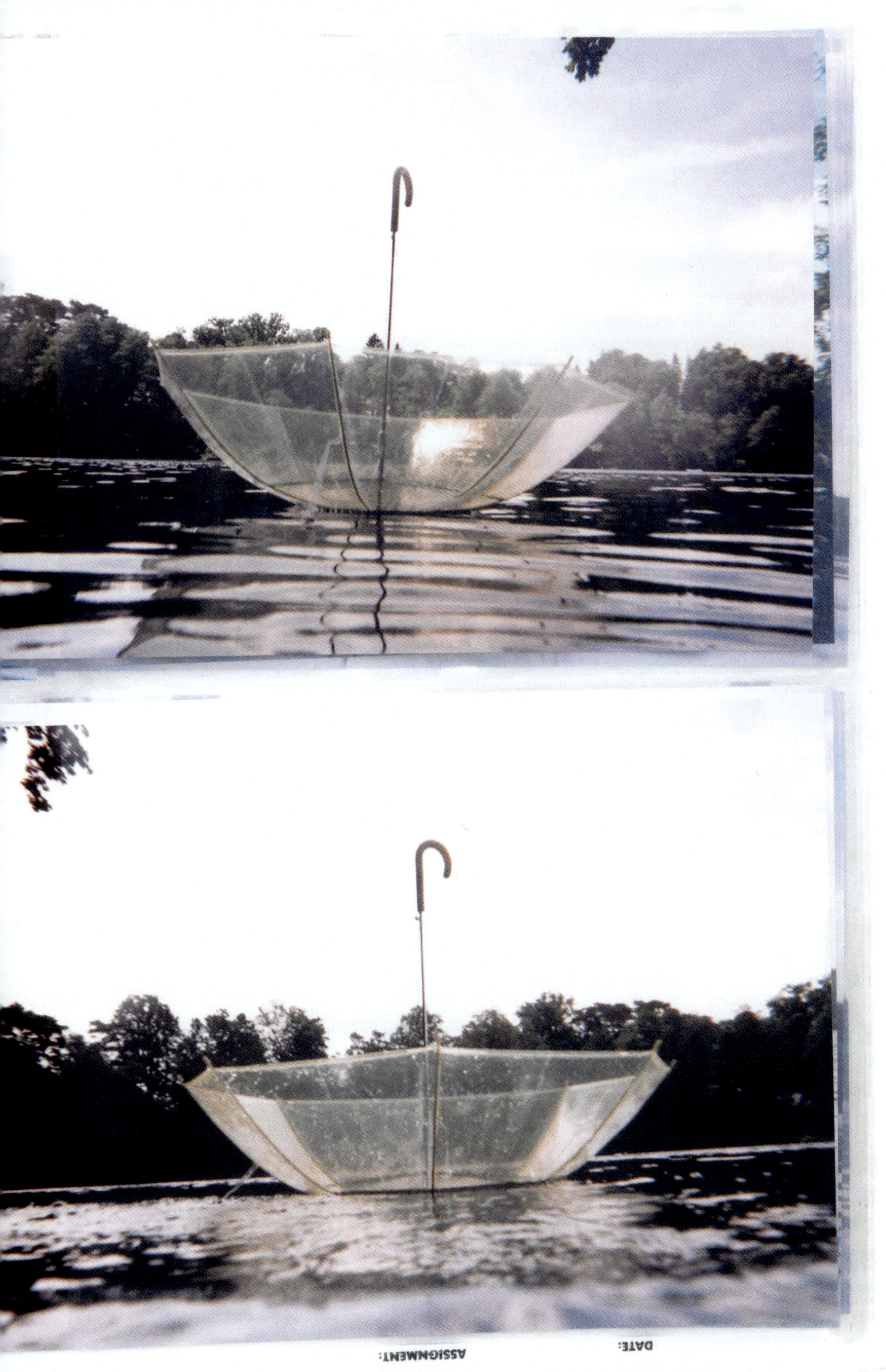

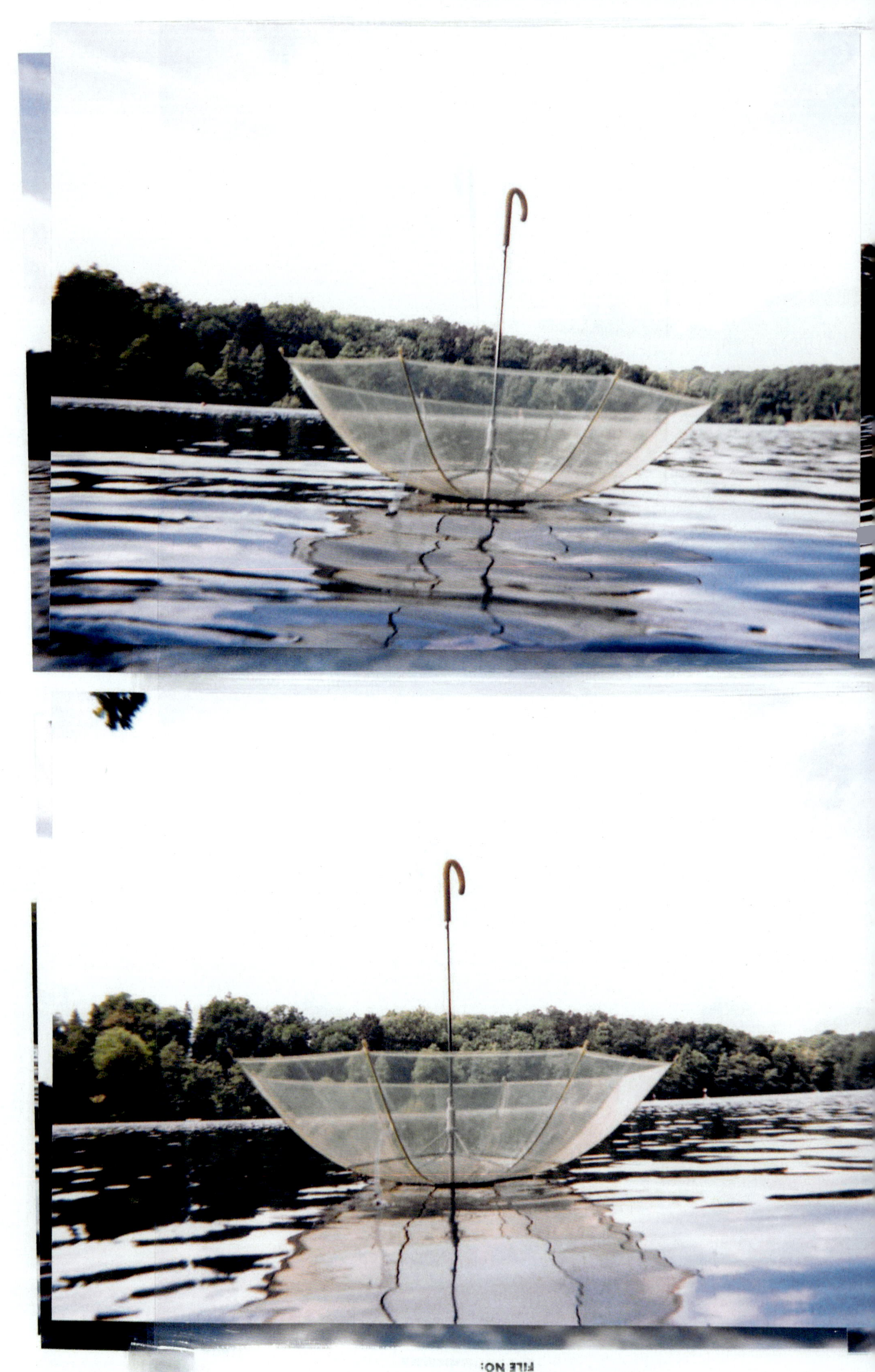
FILE NO:

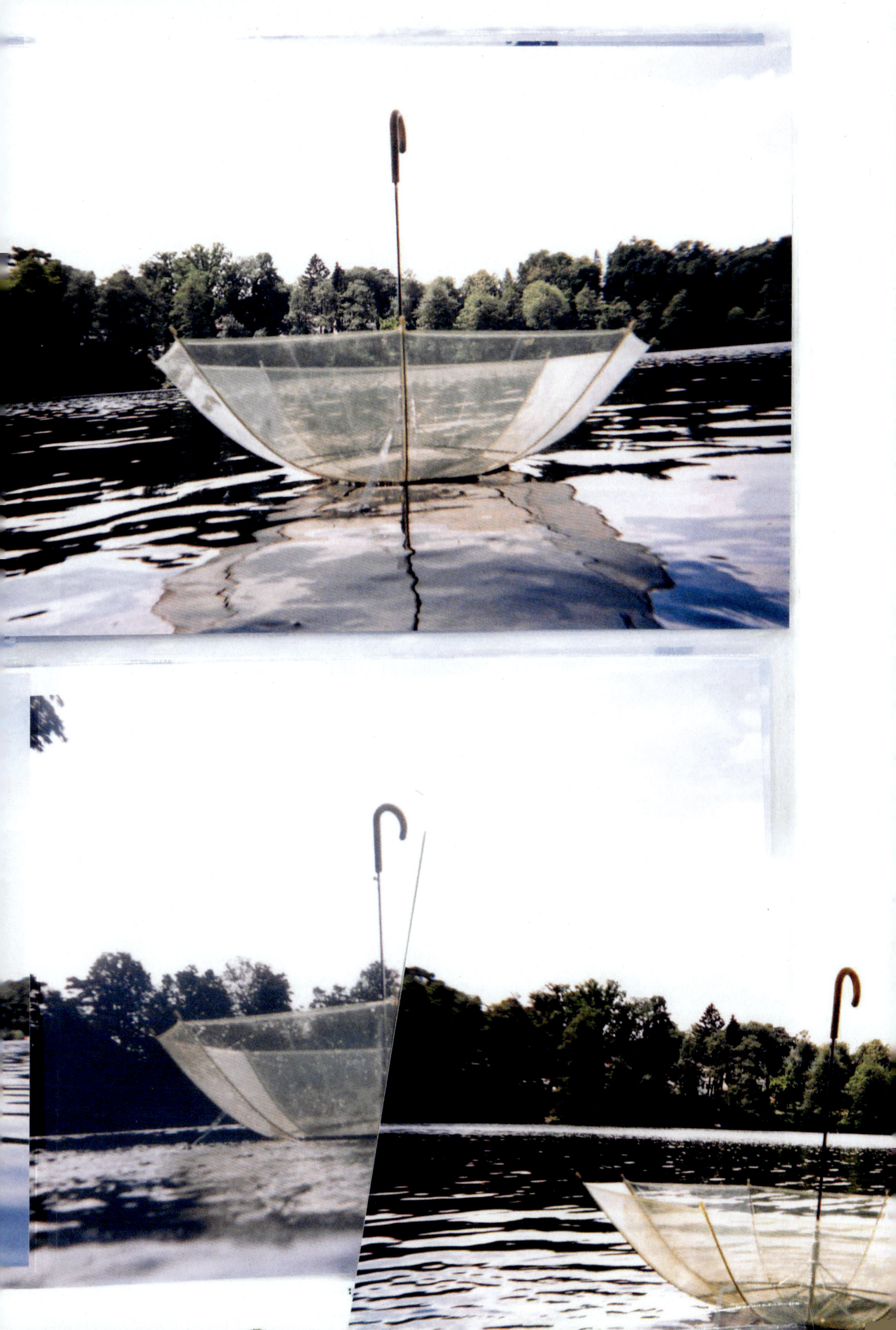

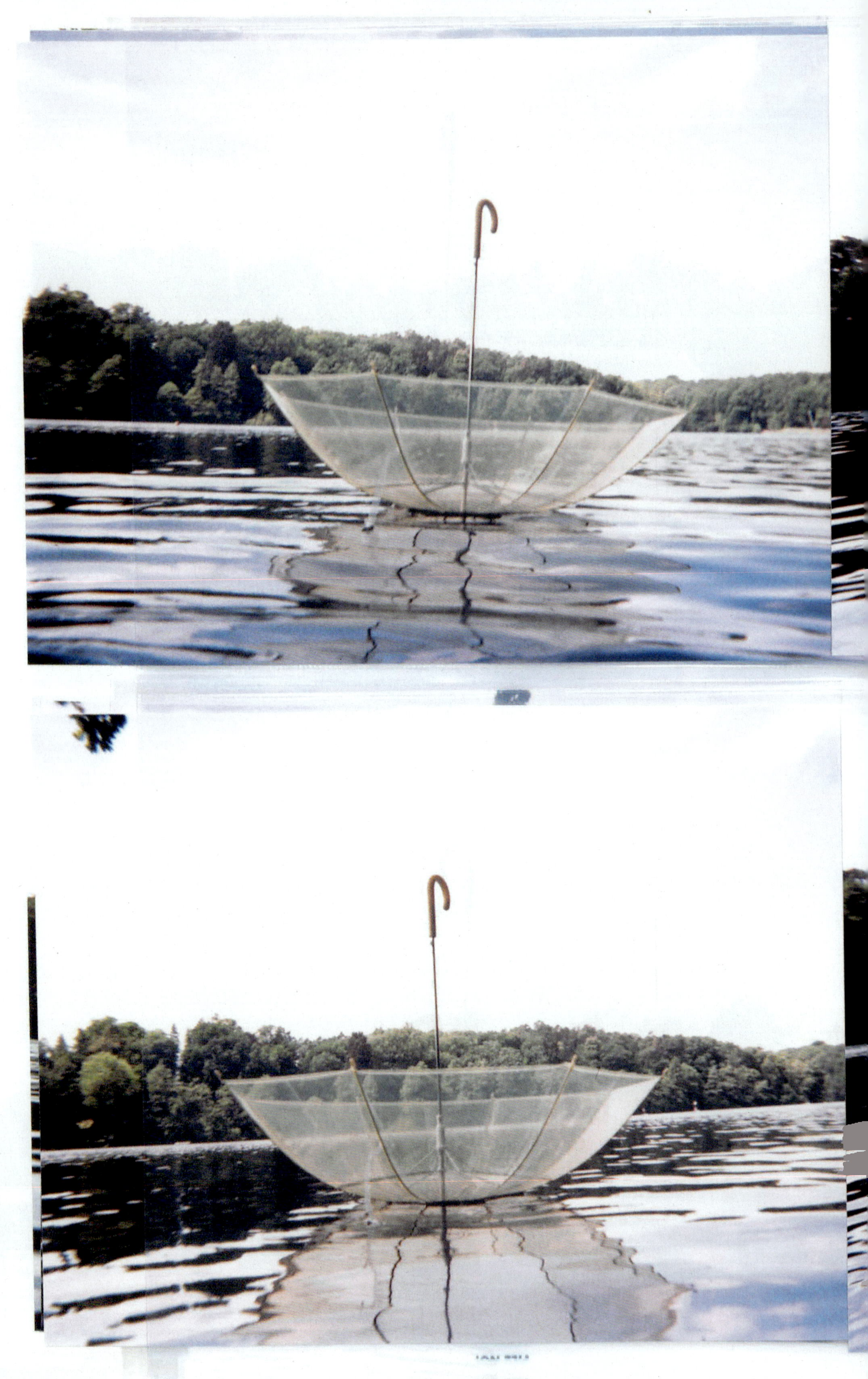
FILE NO:

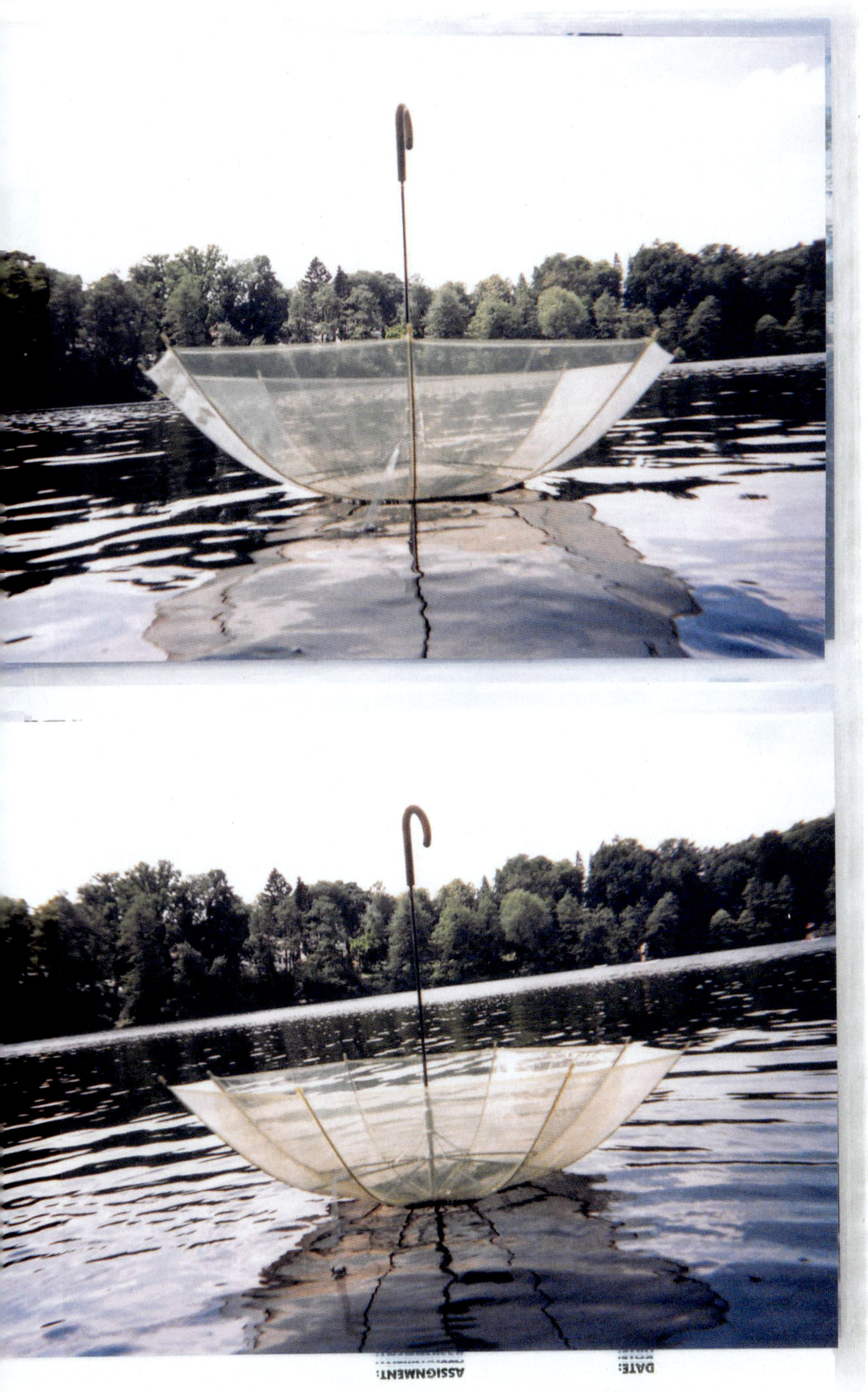

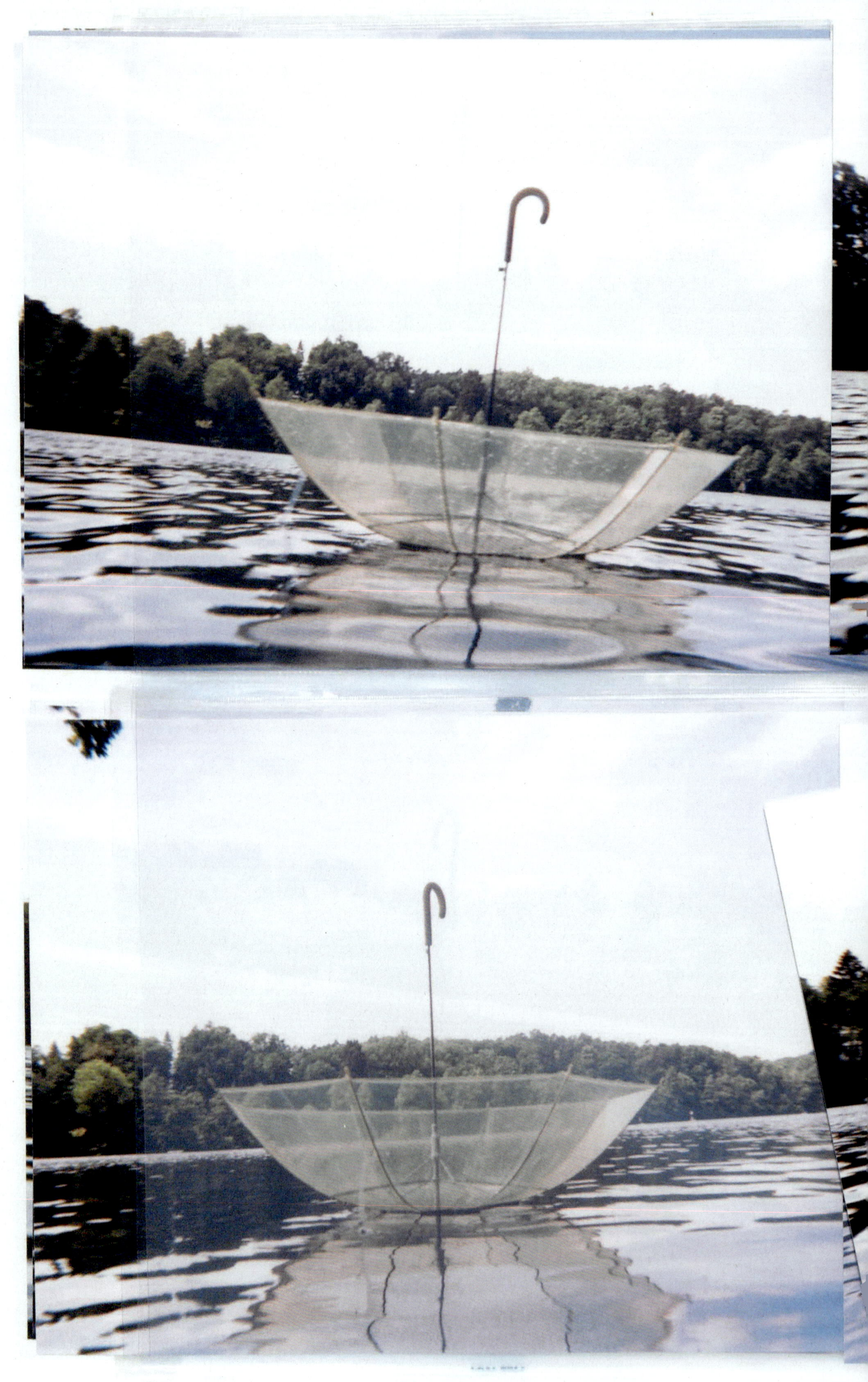
FILE NO:

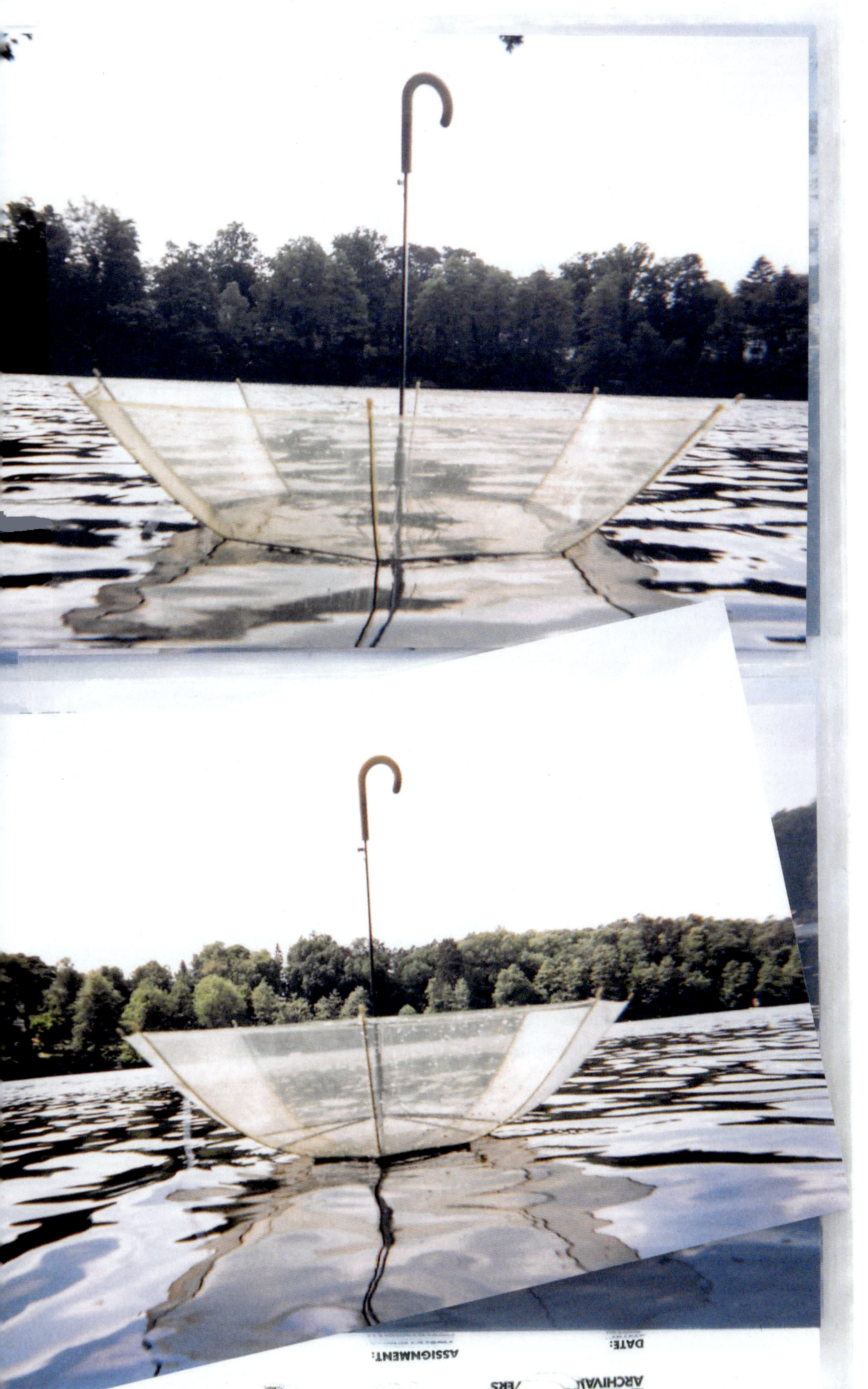

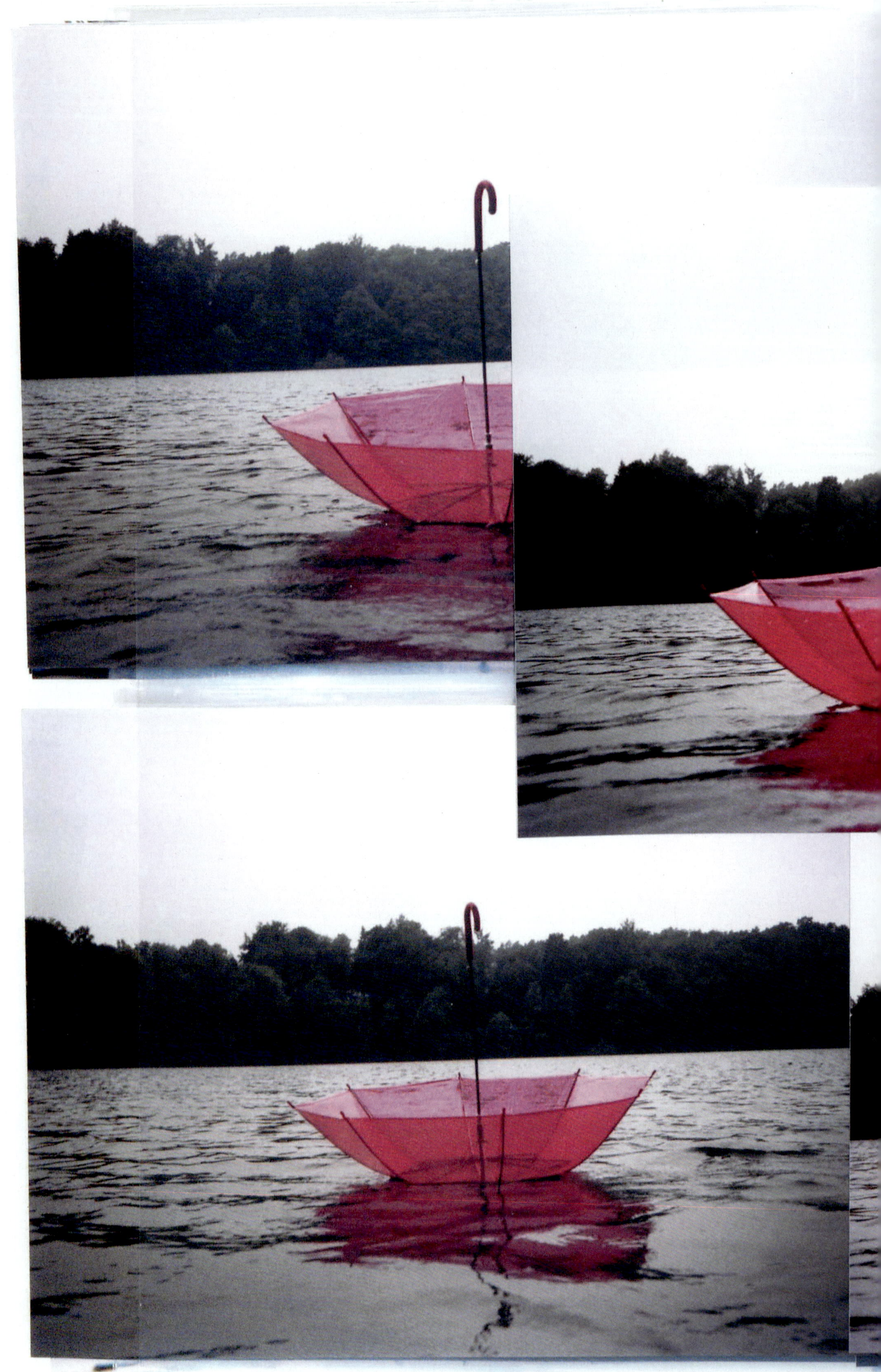

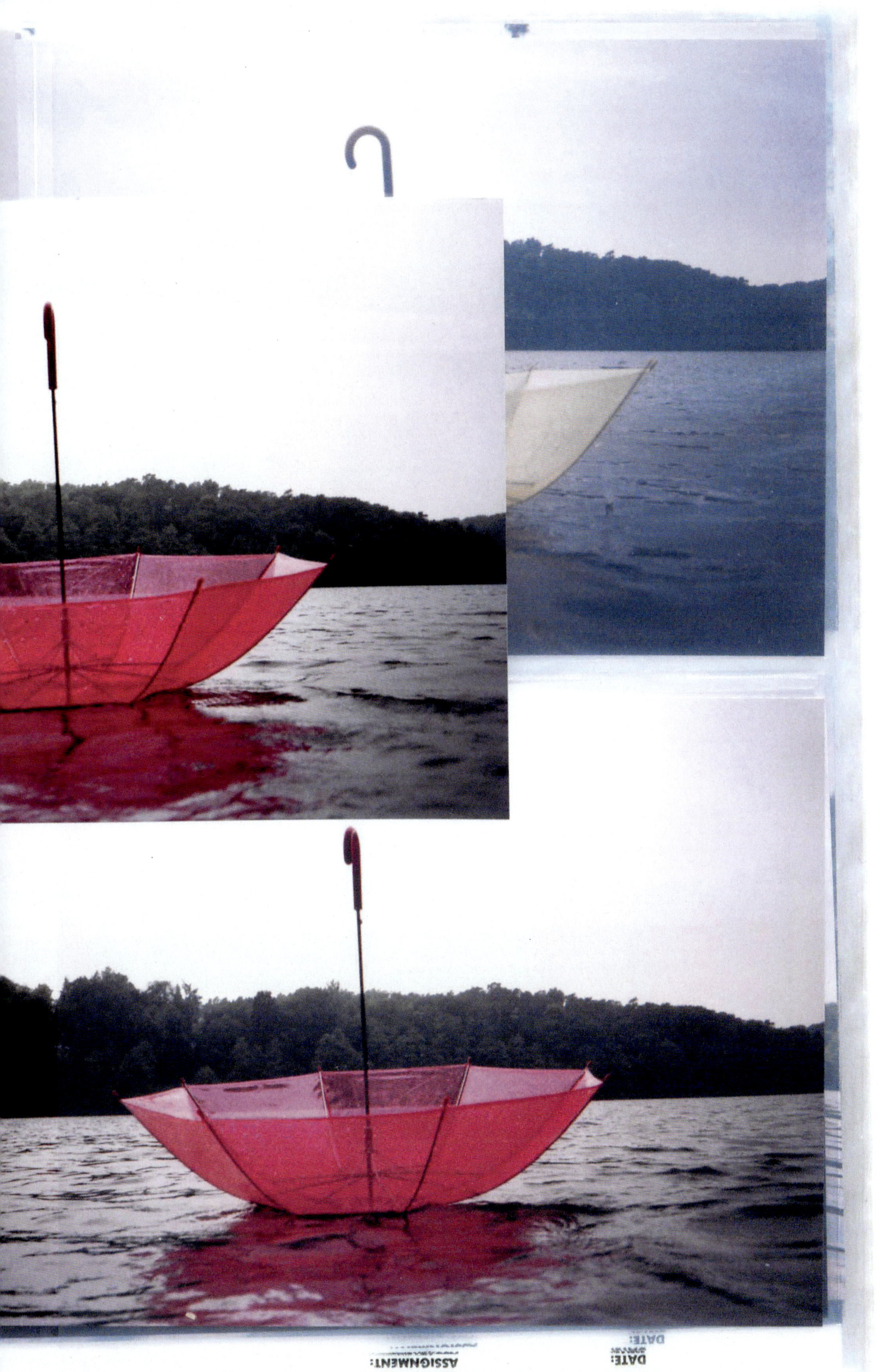
ASSIGNMENT:
DATE:

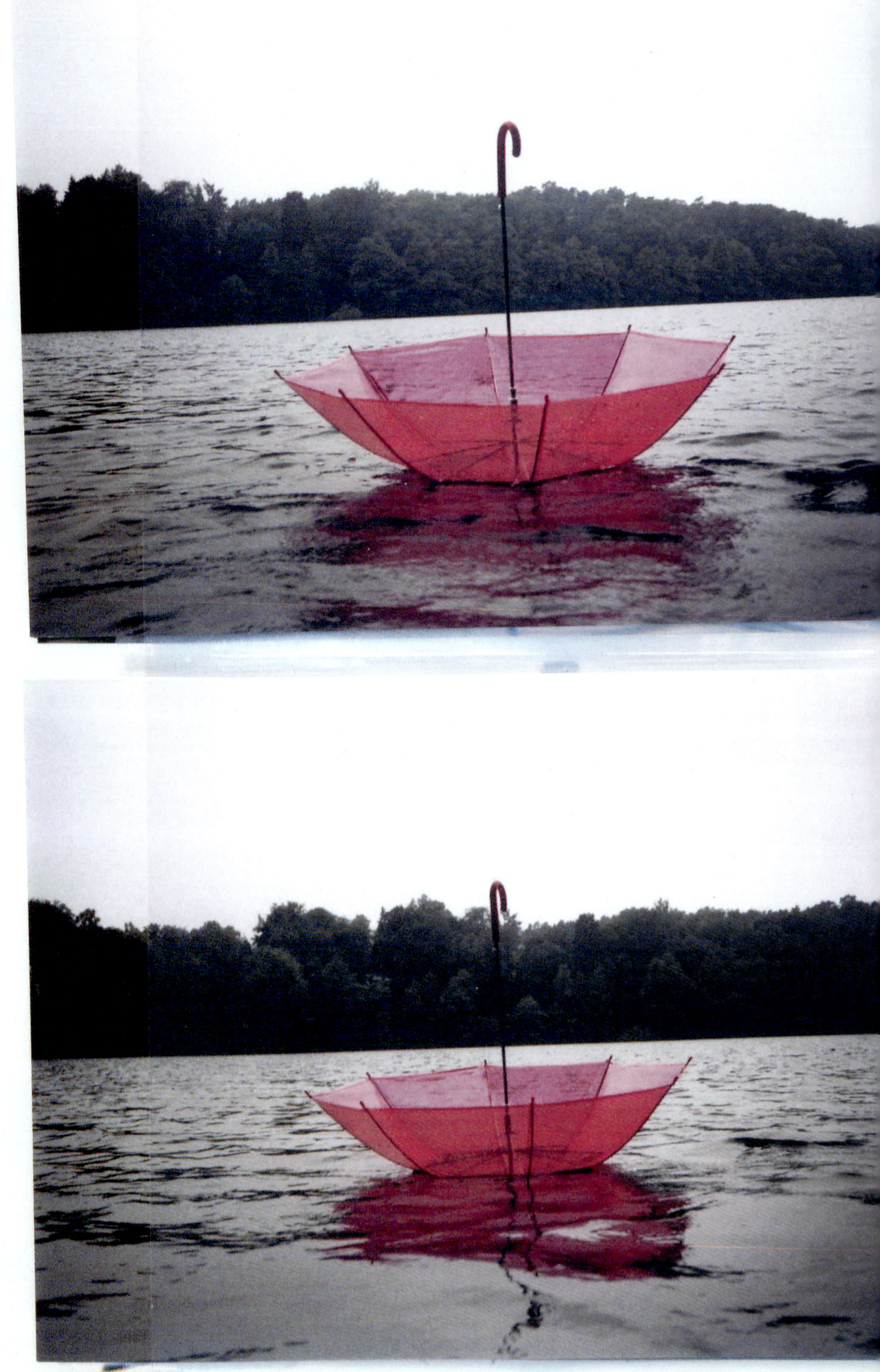
FILE NO:

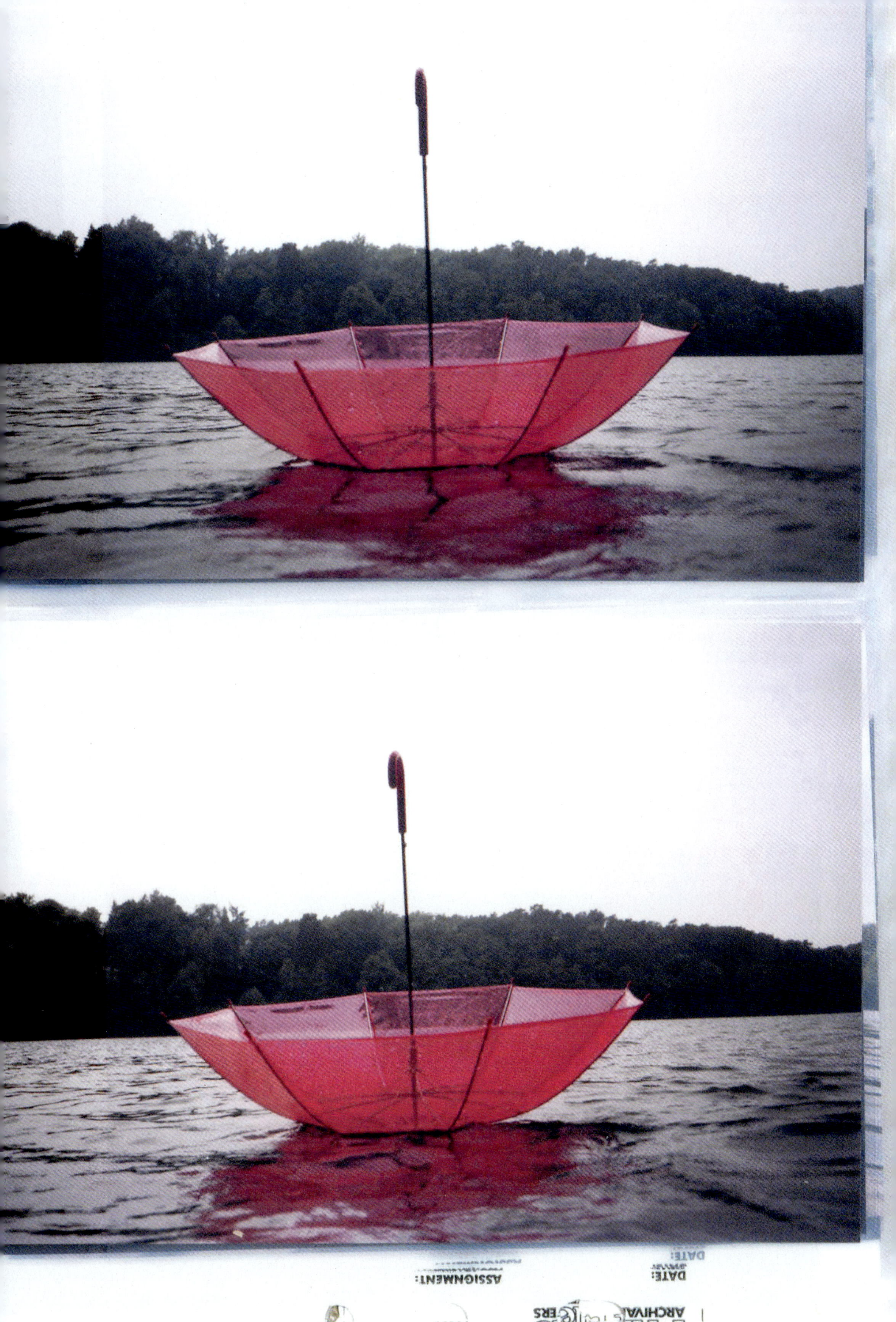

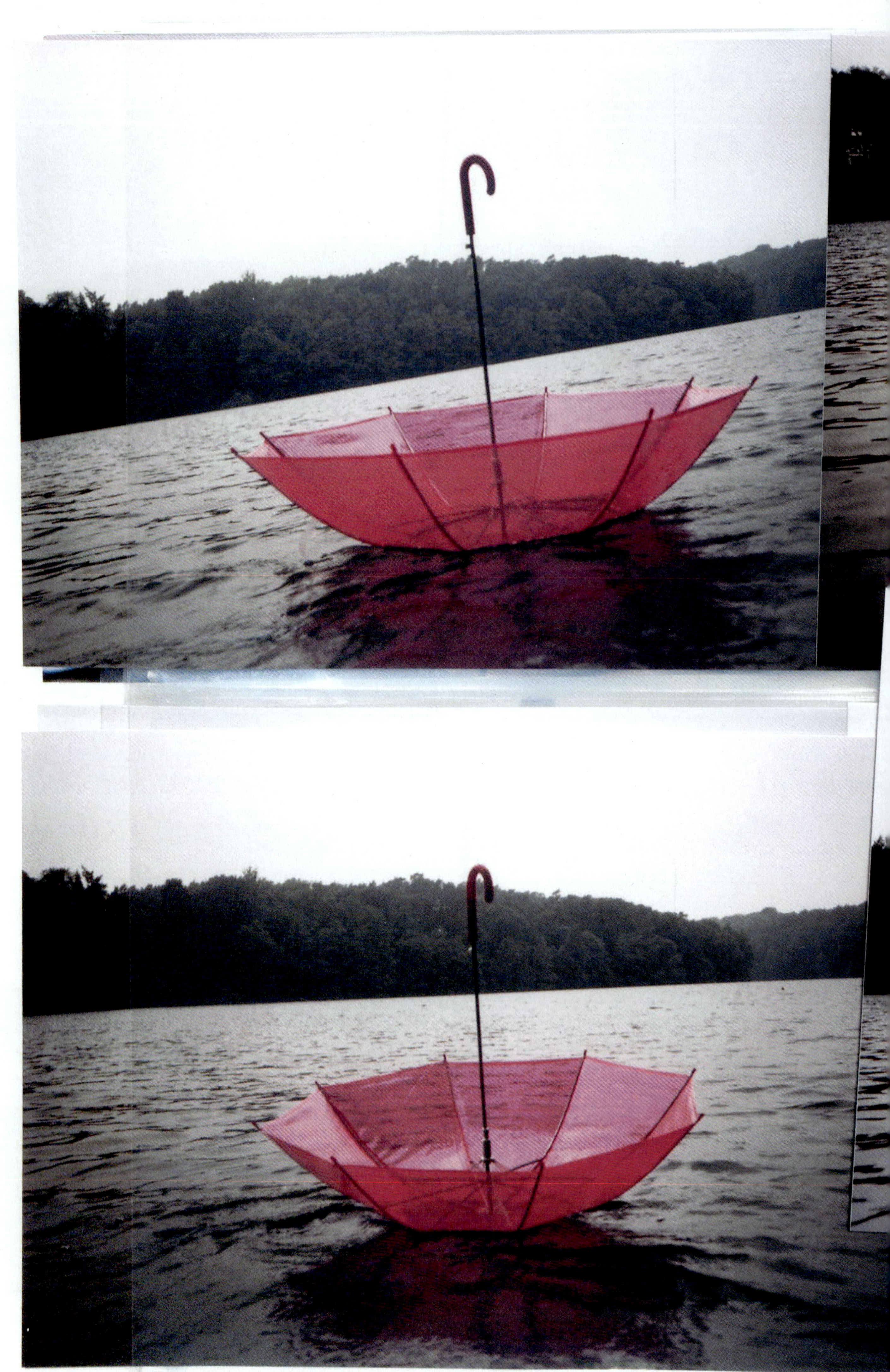

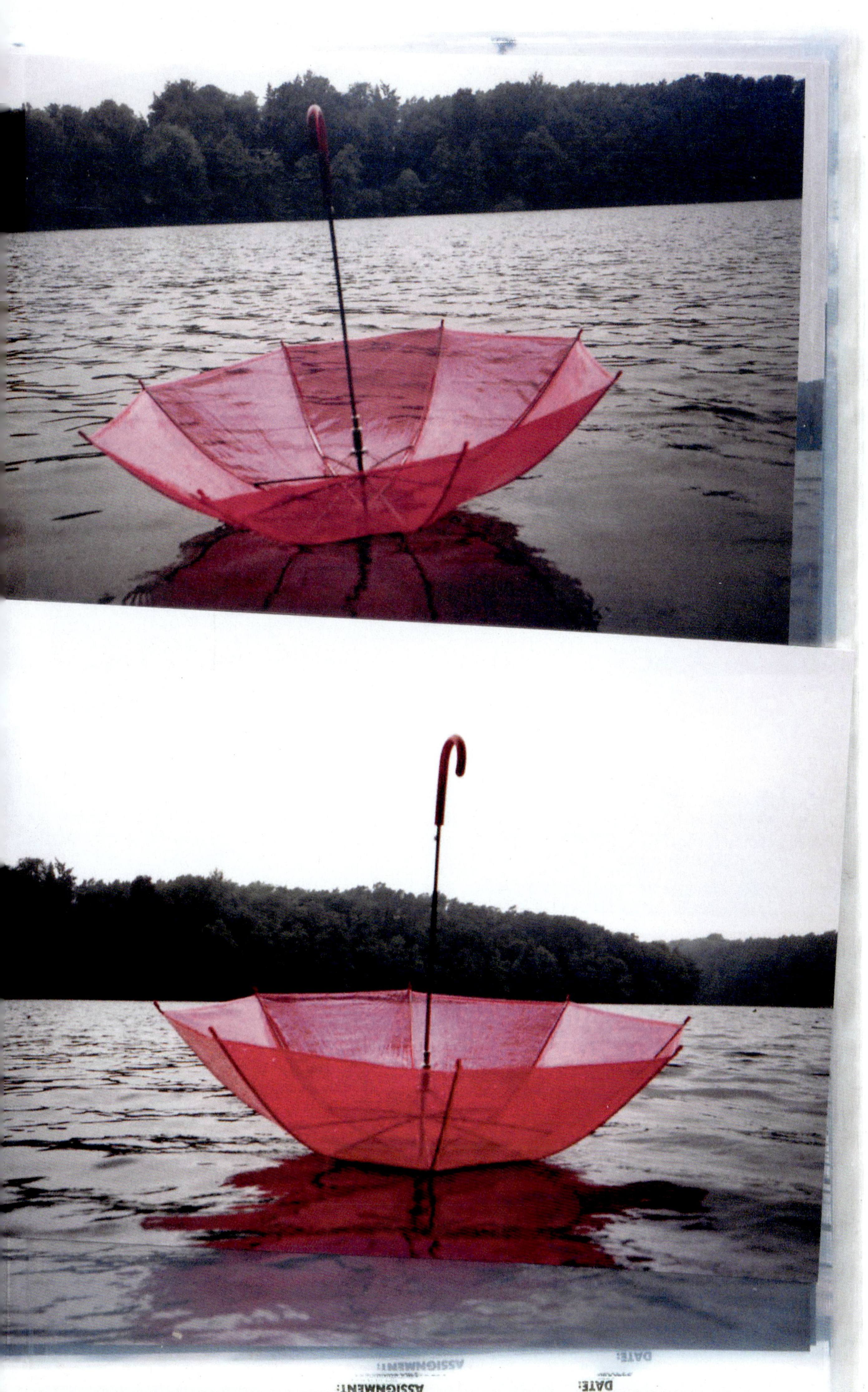
ASSIGNMENT:
DATE:

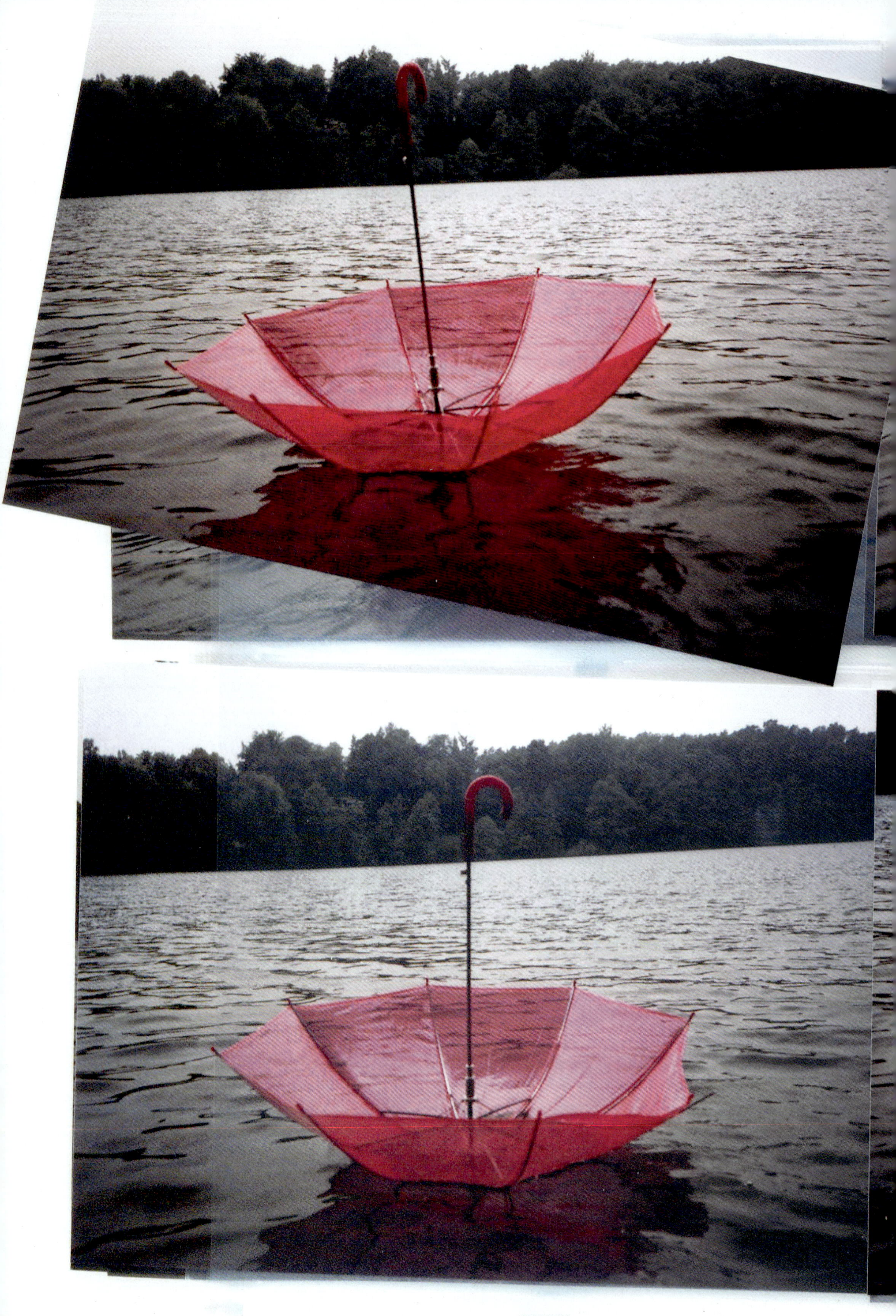
FILE NO:

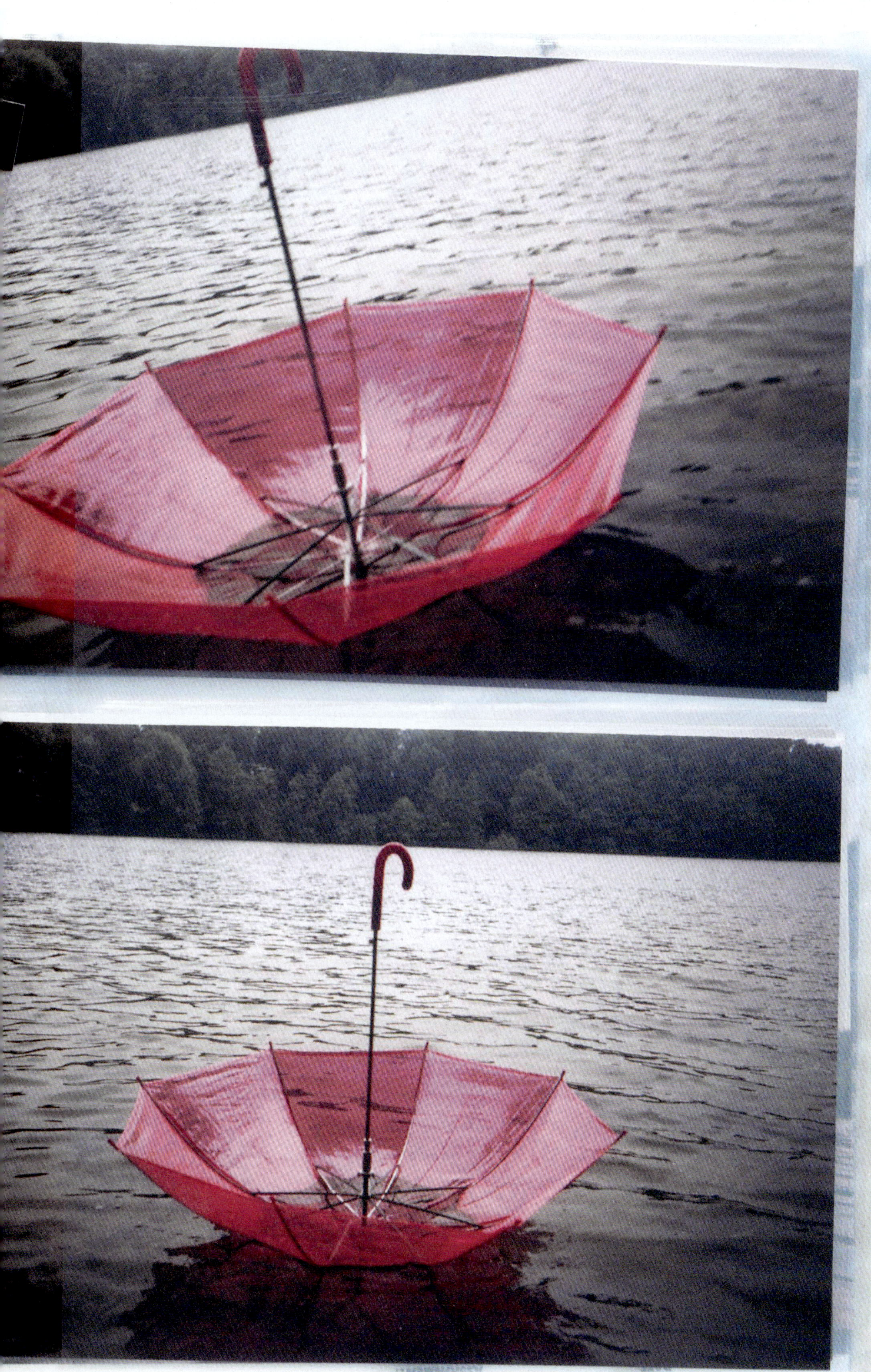
ASSIGNMENT:
DATE:

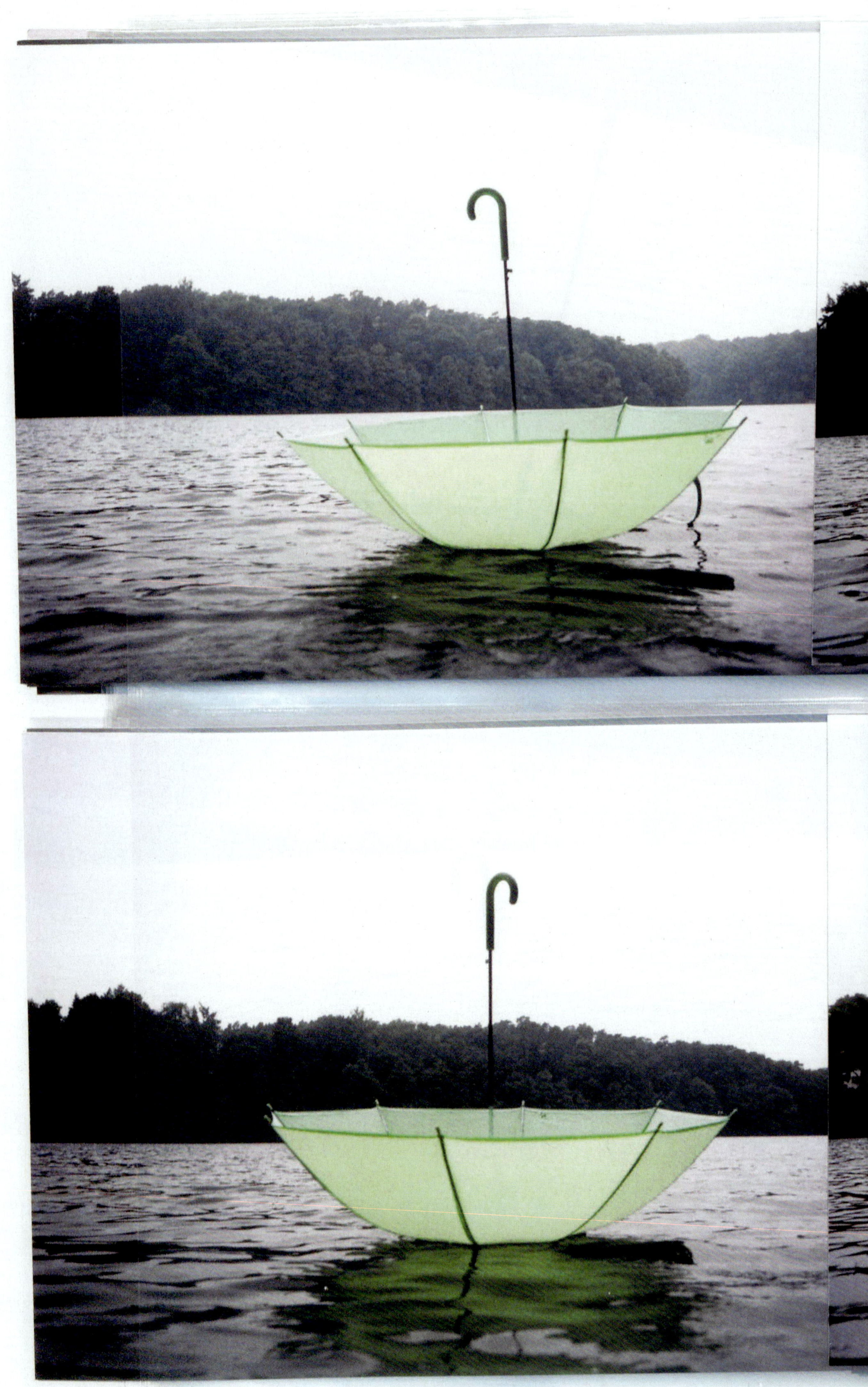

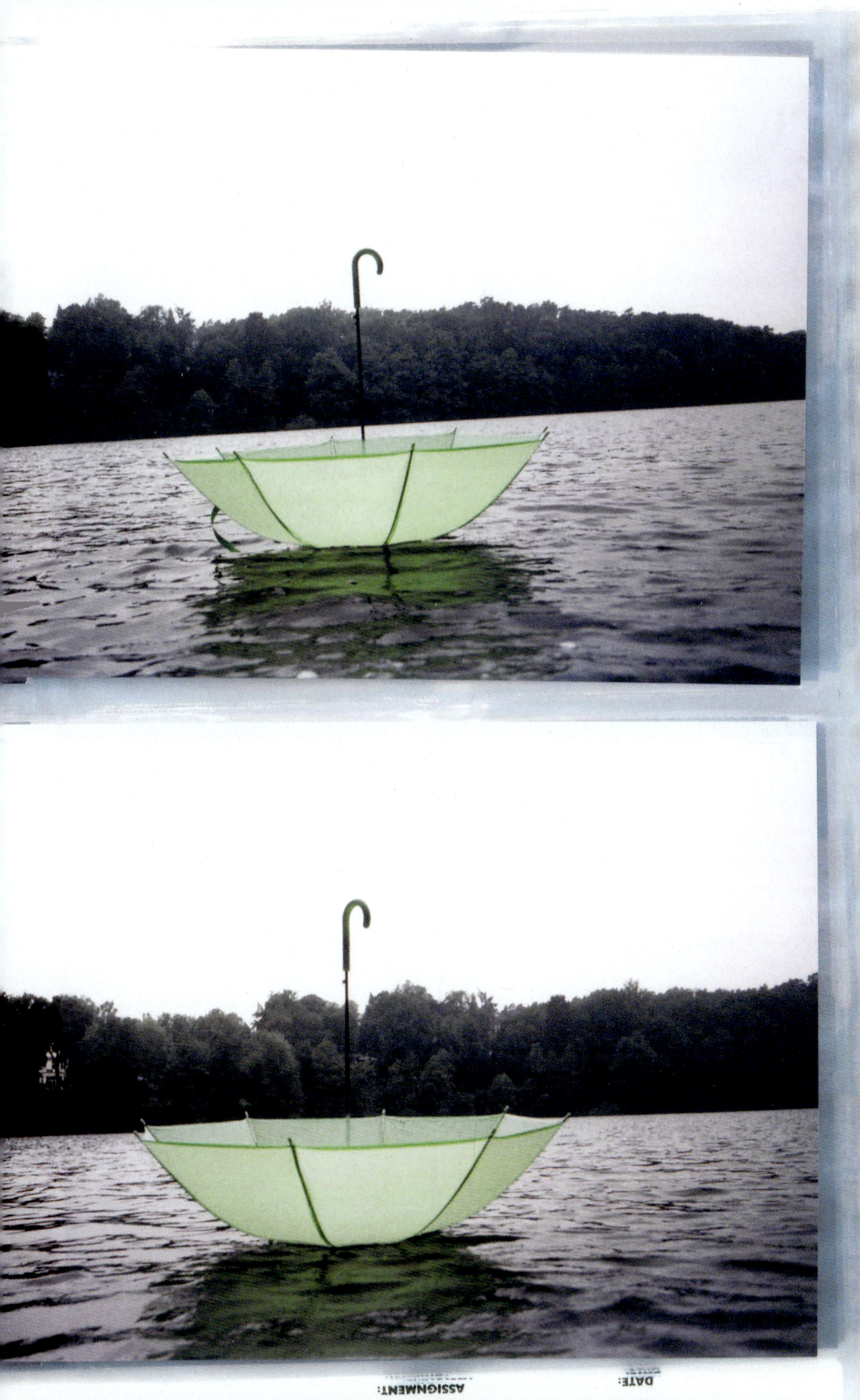
ASSIGNMENT:
DATE:

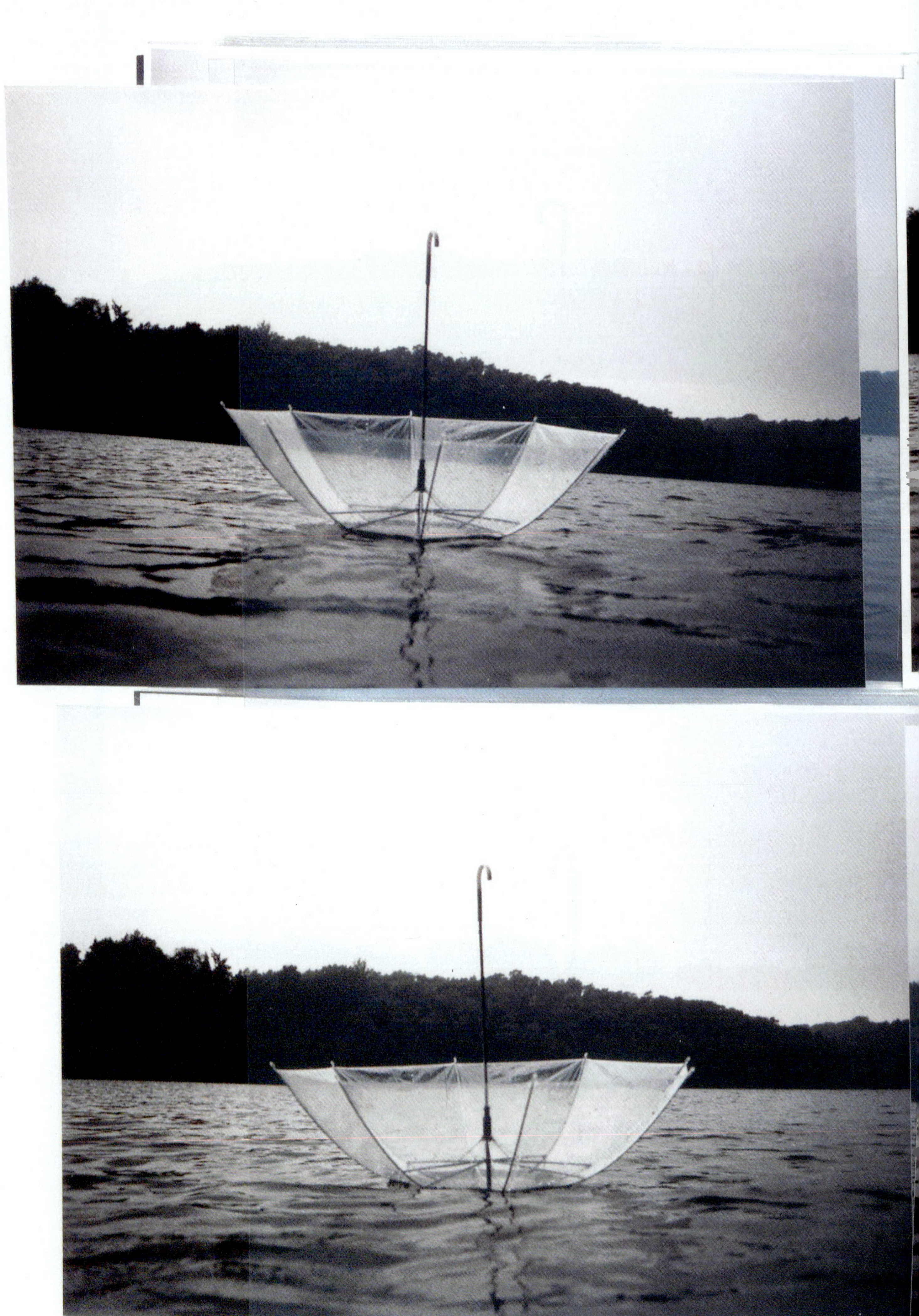

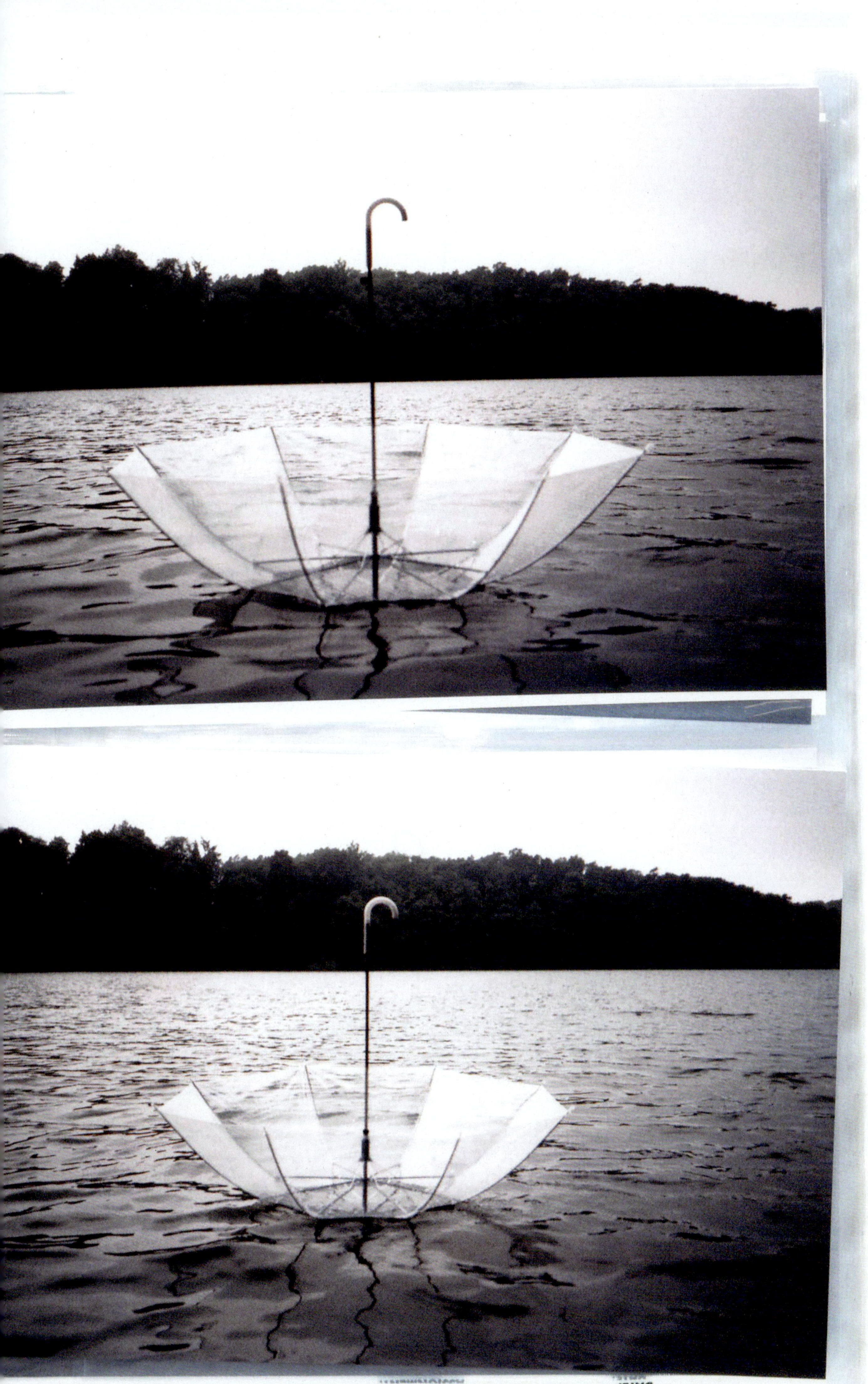

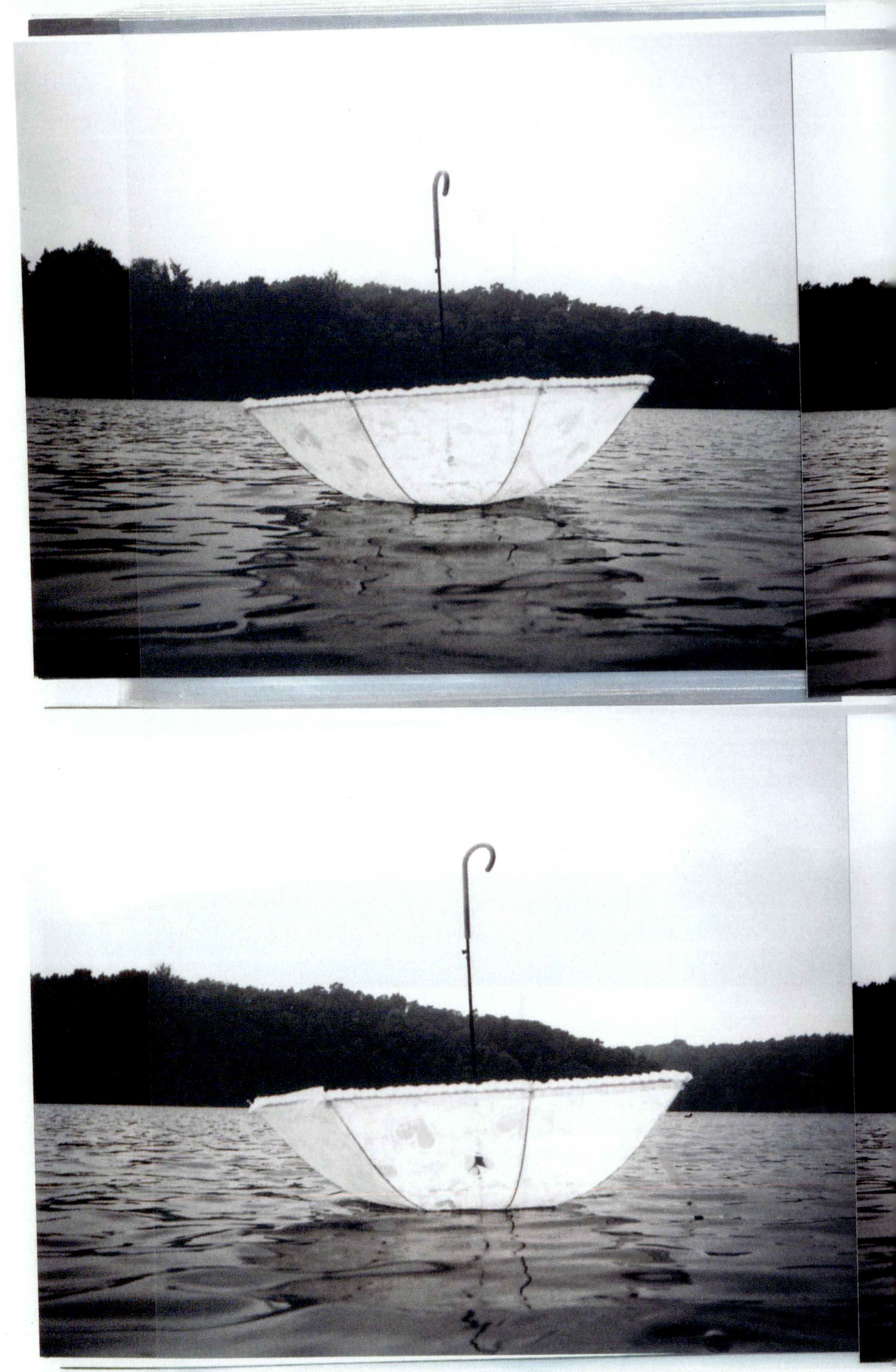

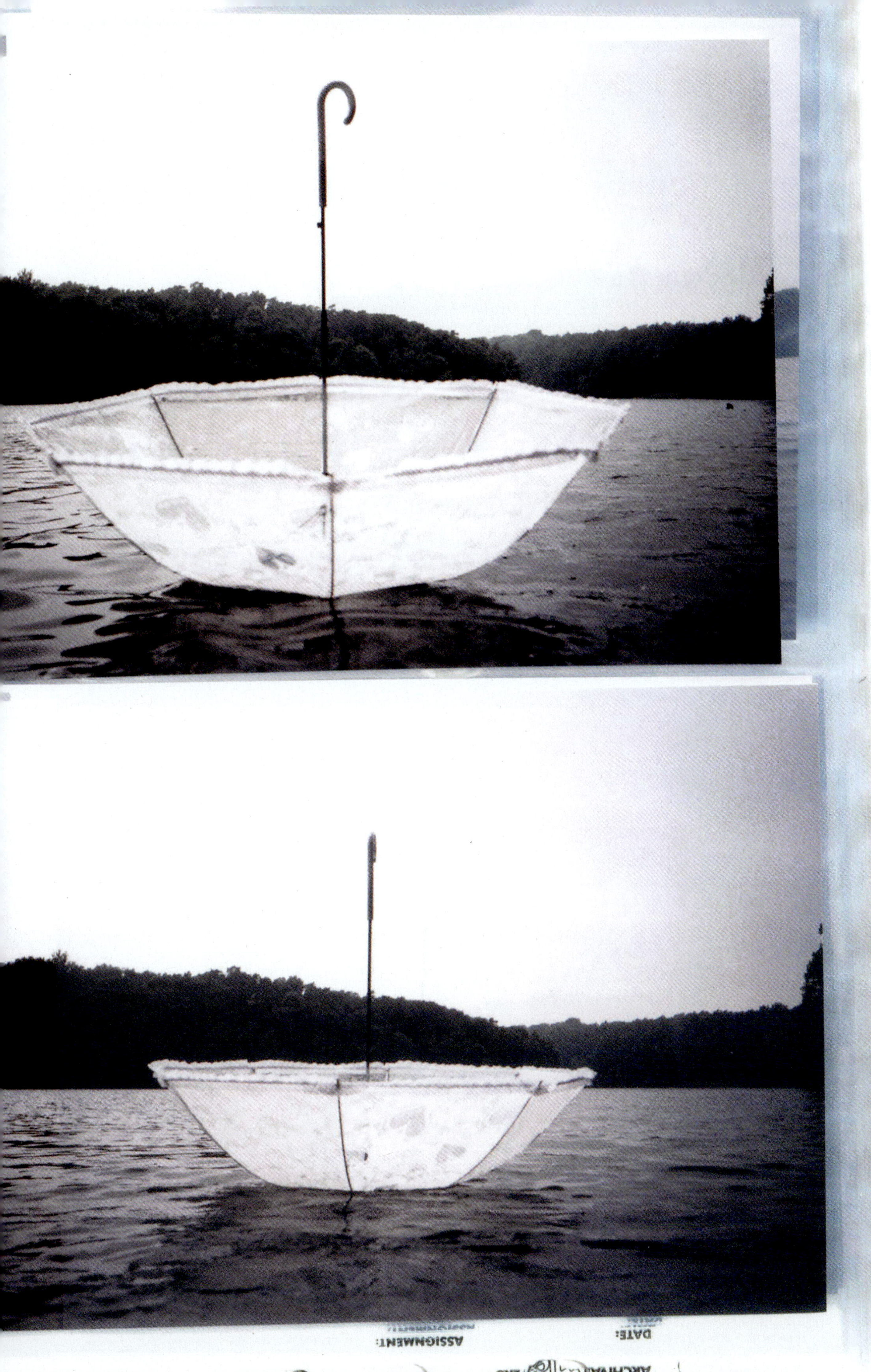

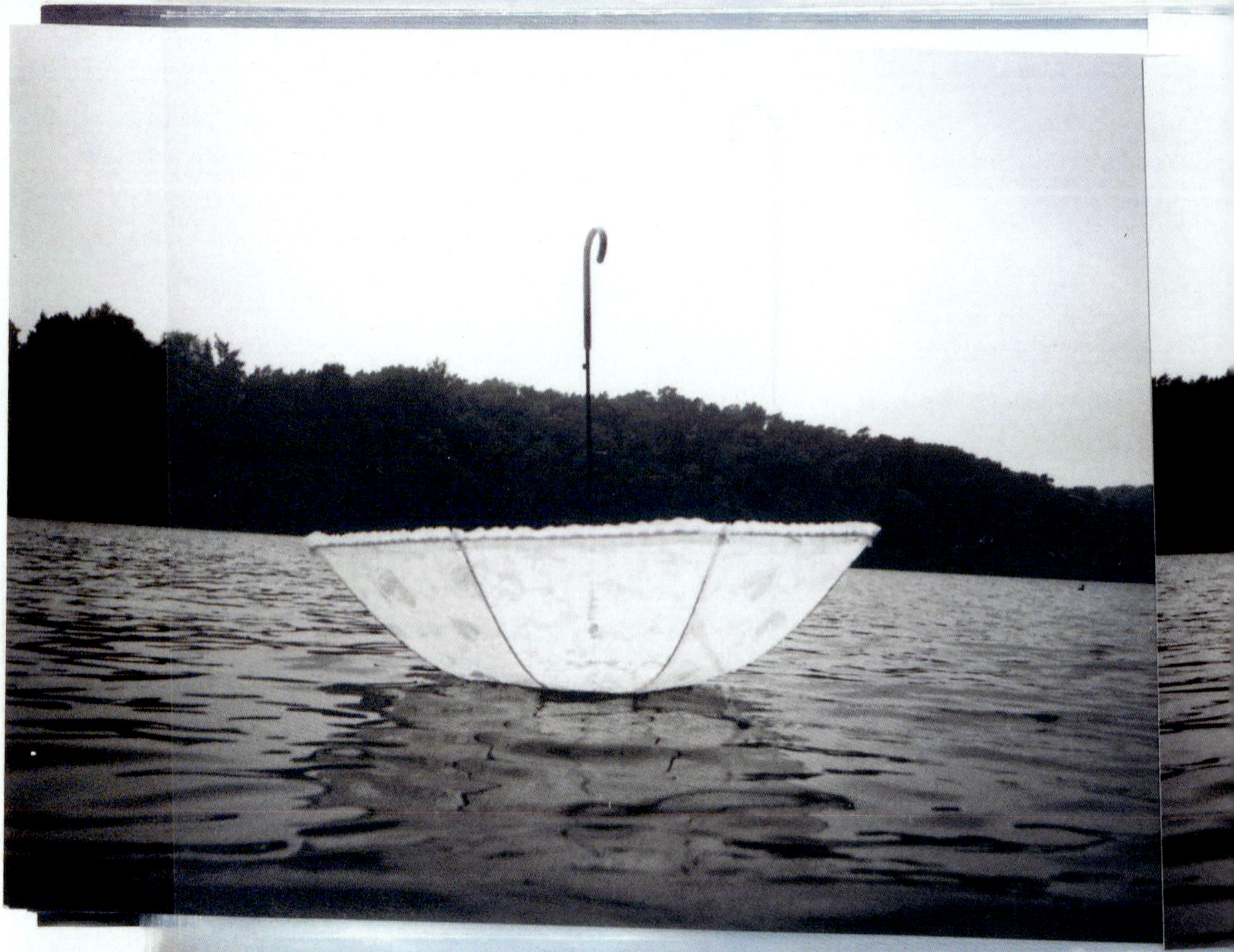

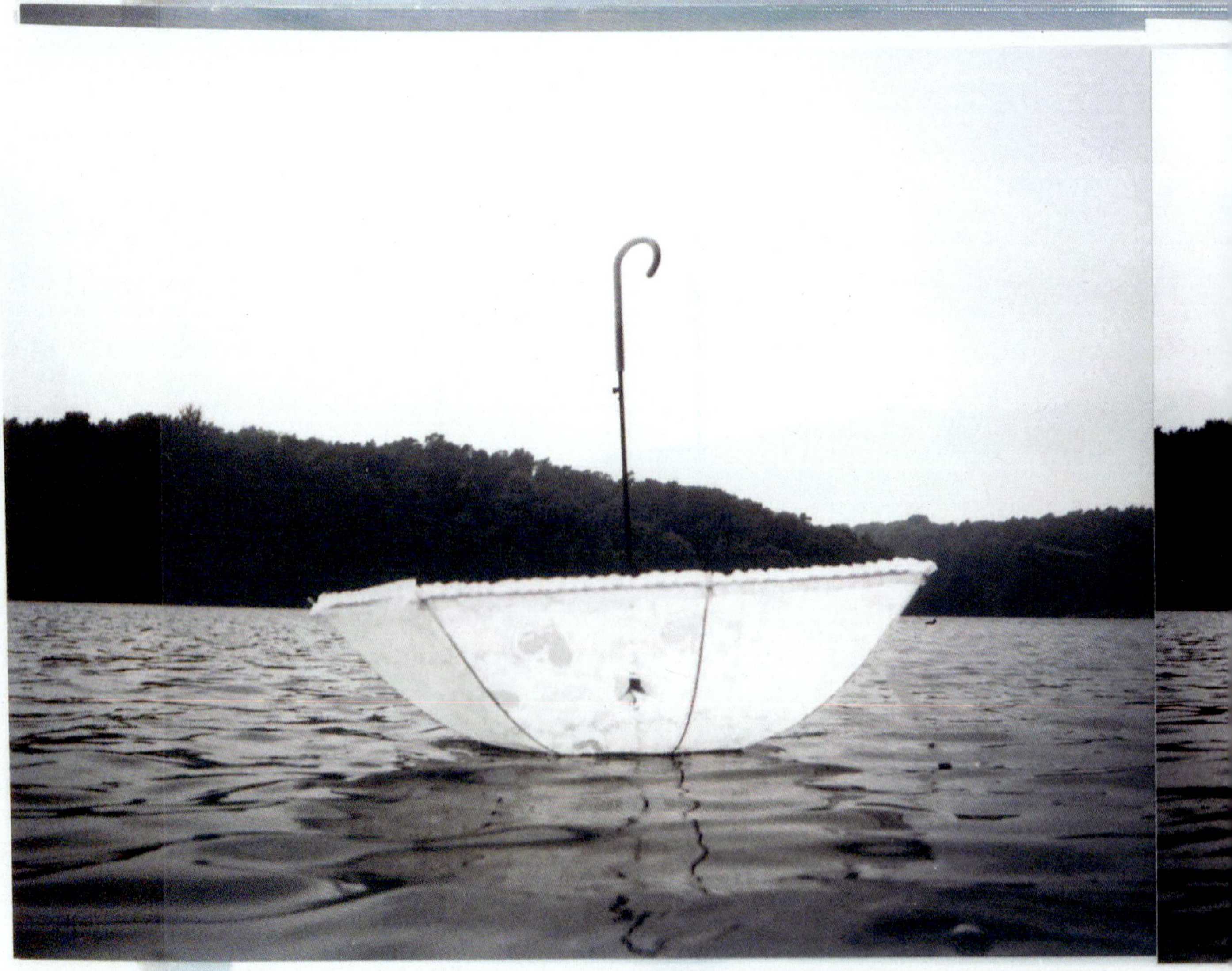

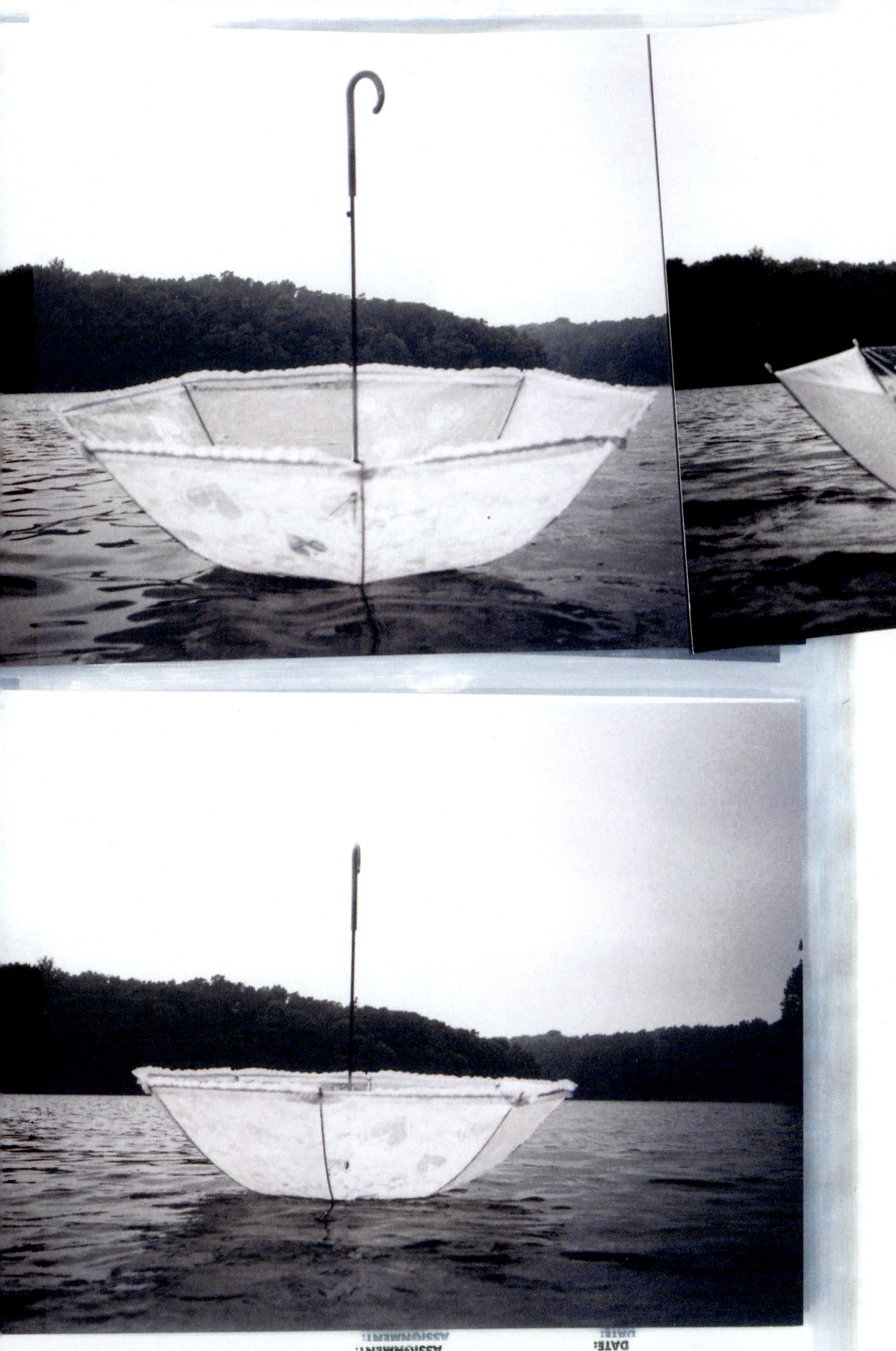
ASSIGNMENT:
DATE:

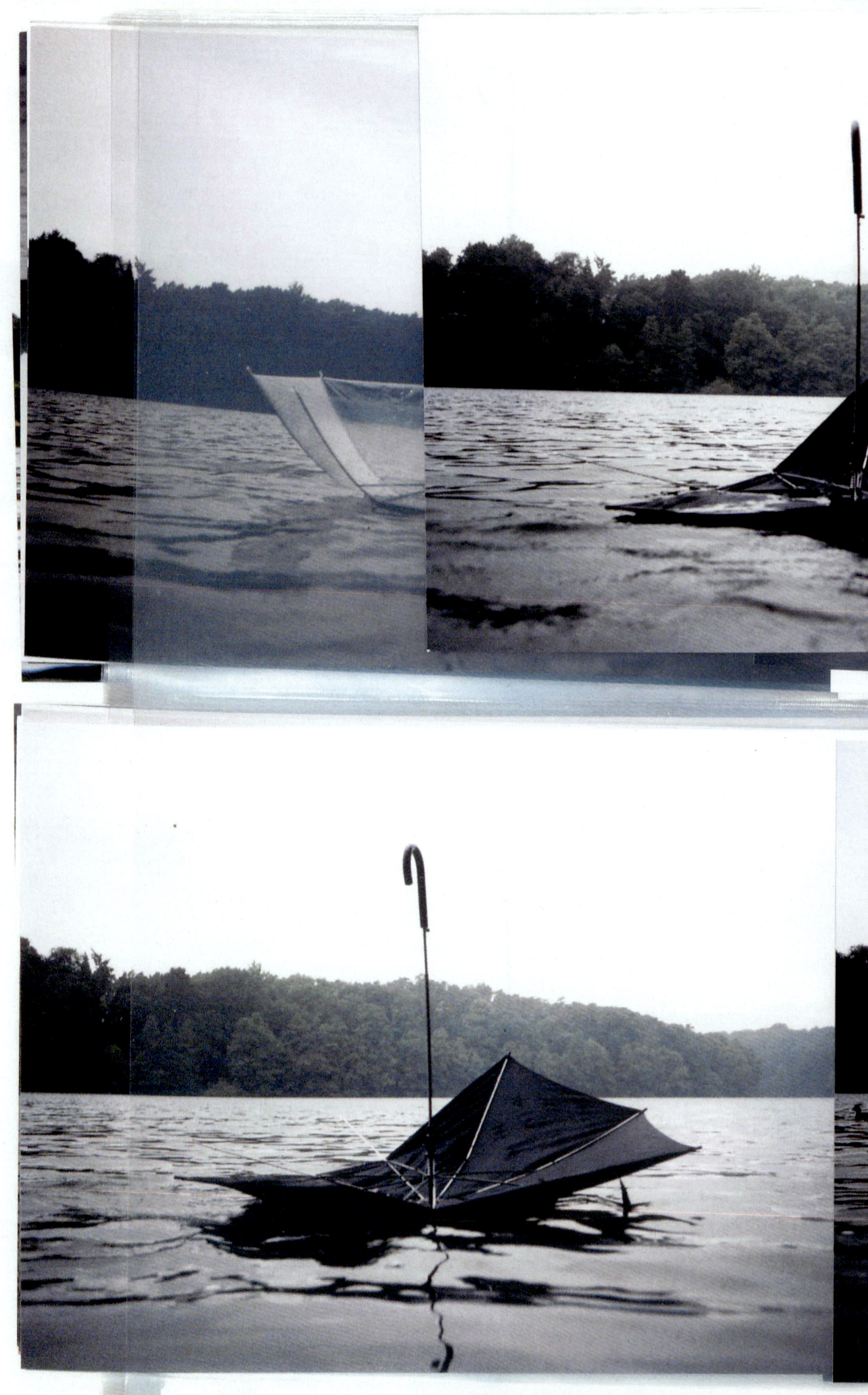

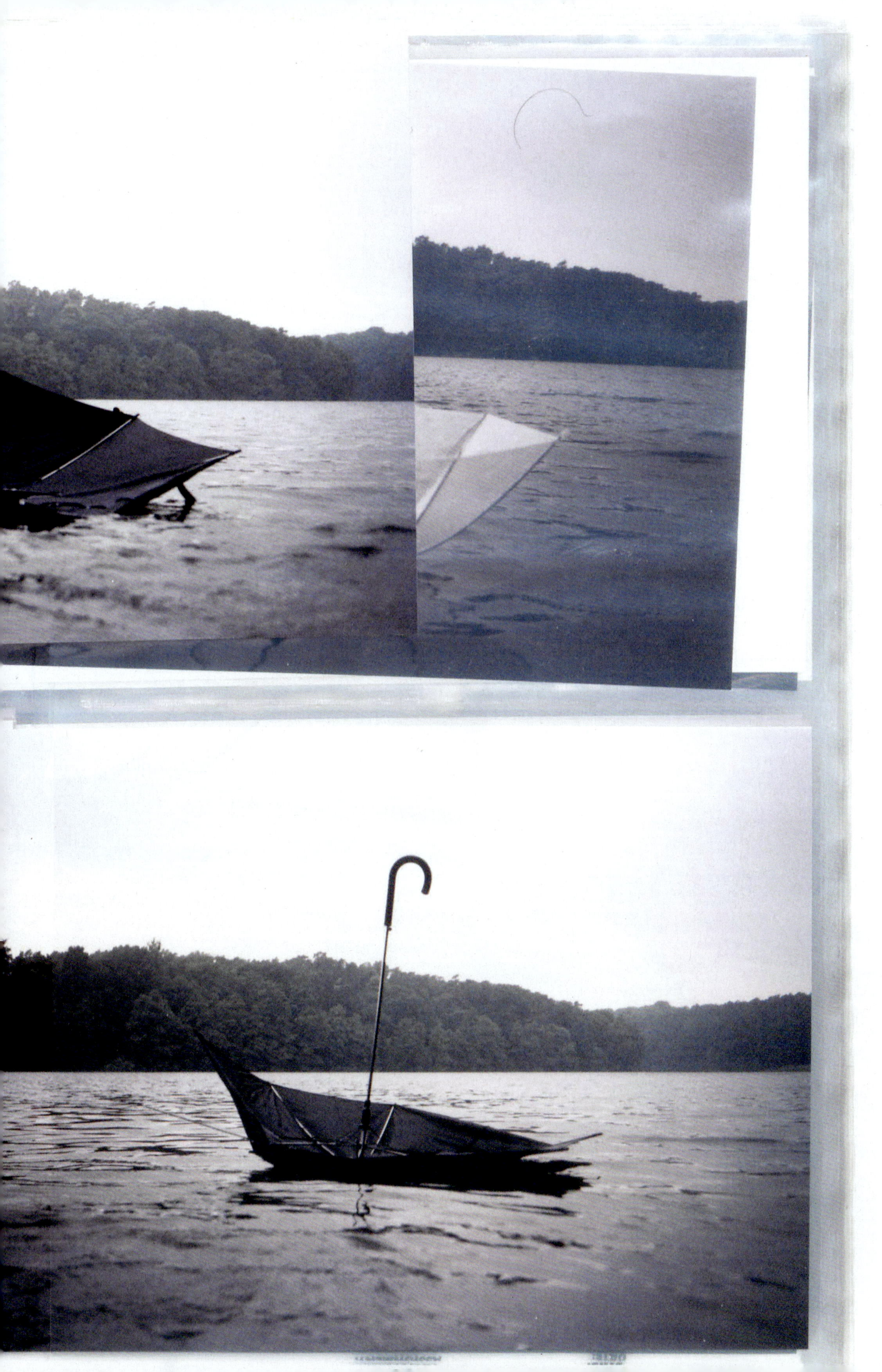

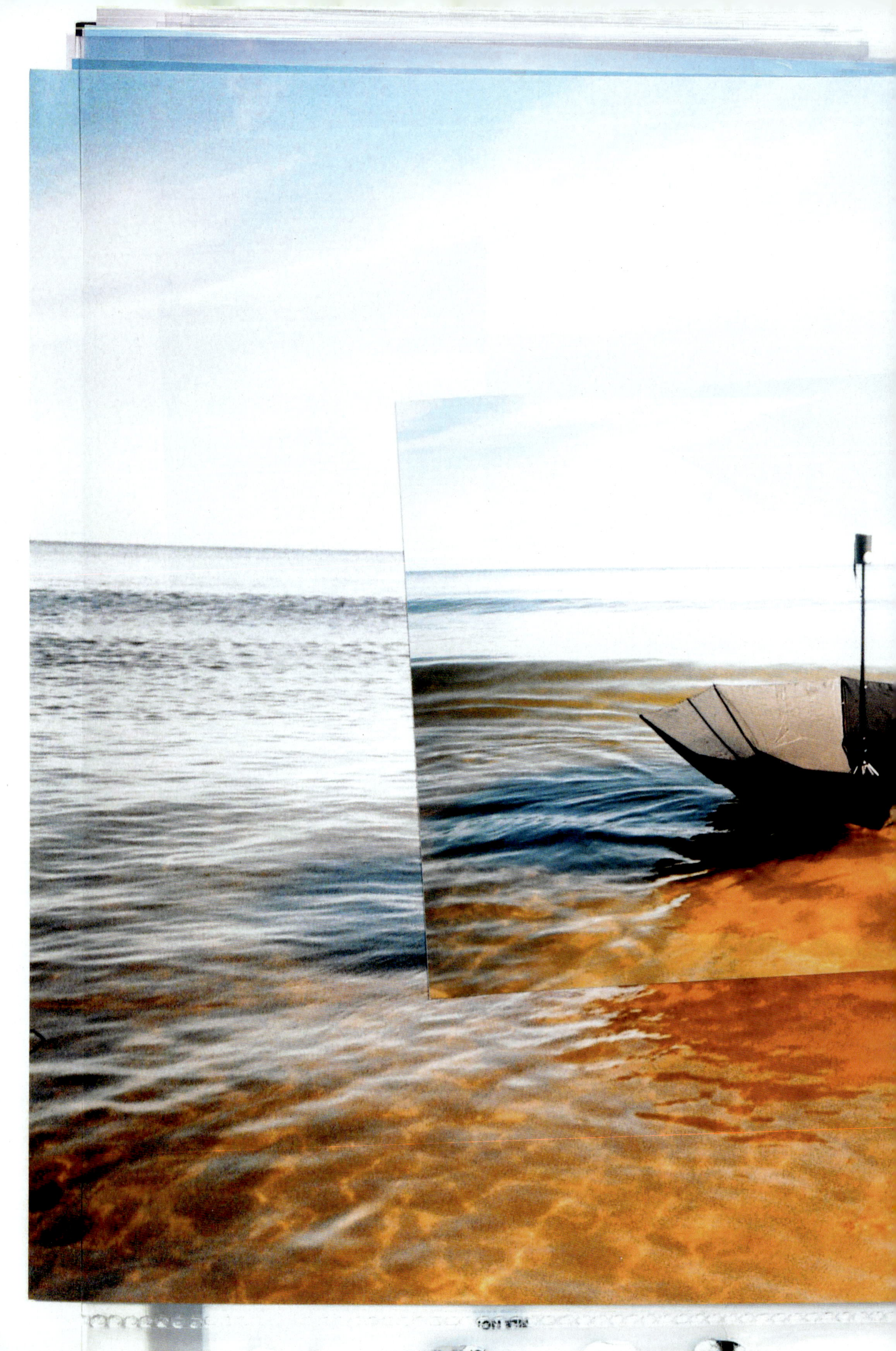

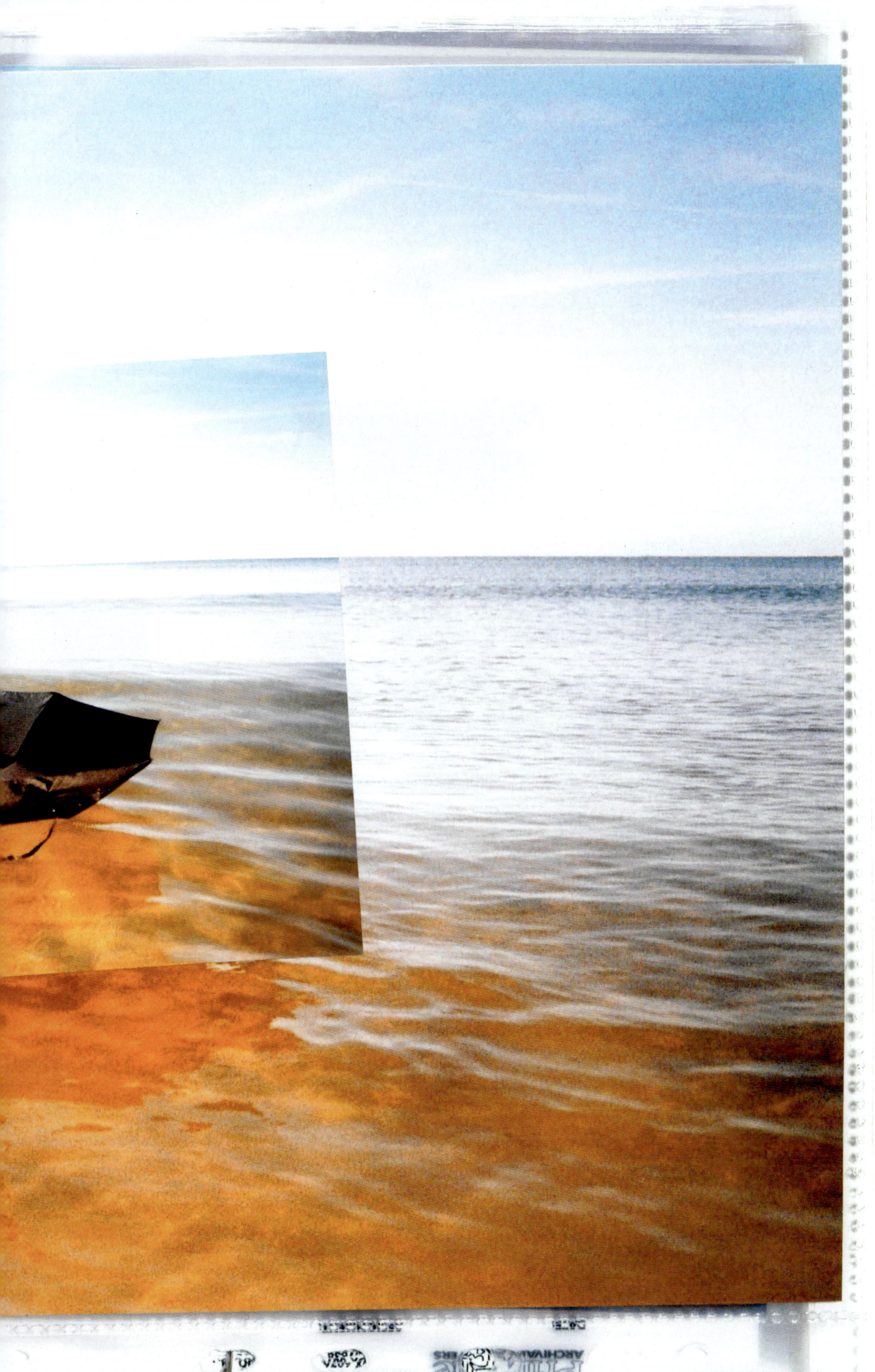

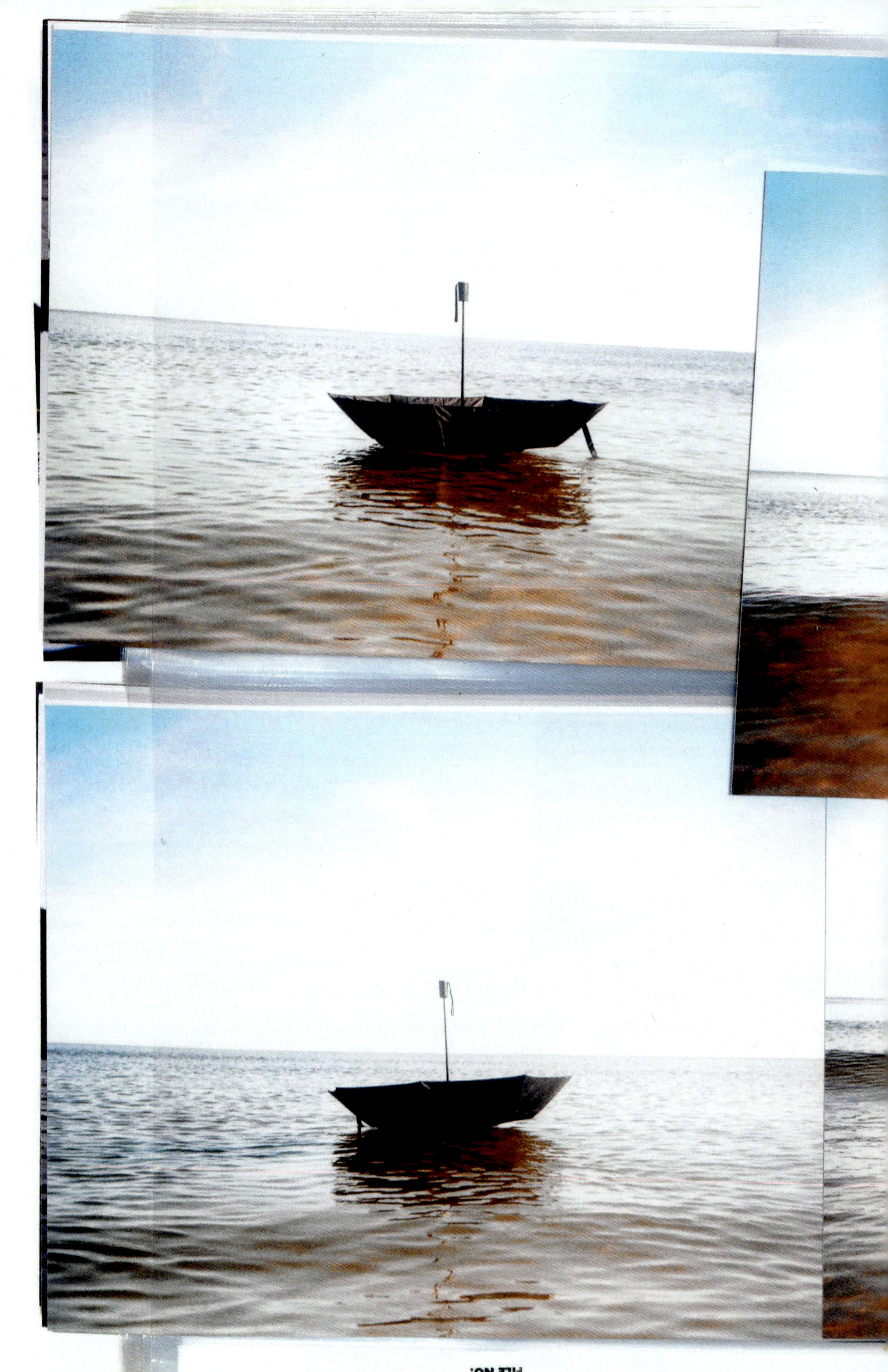

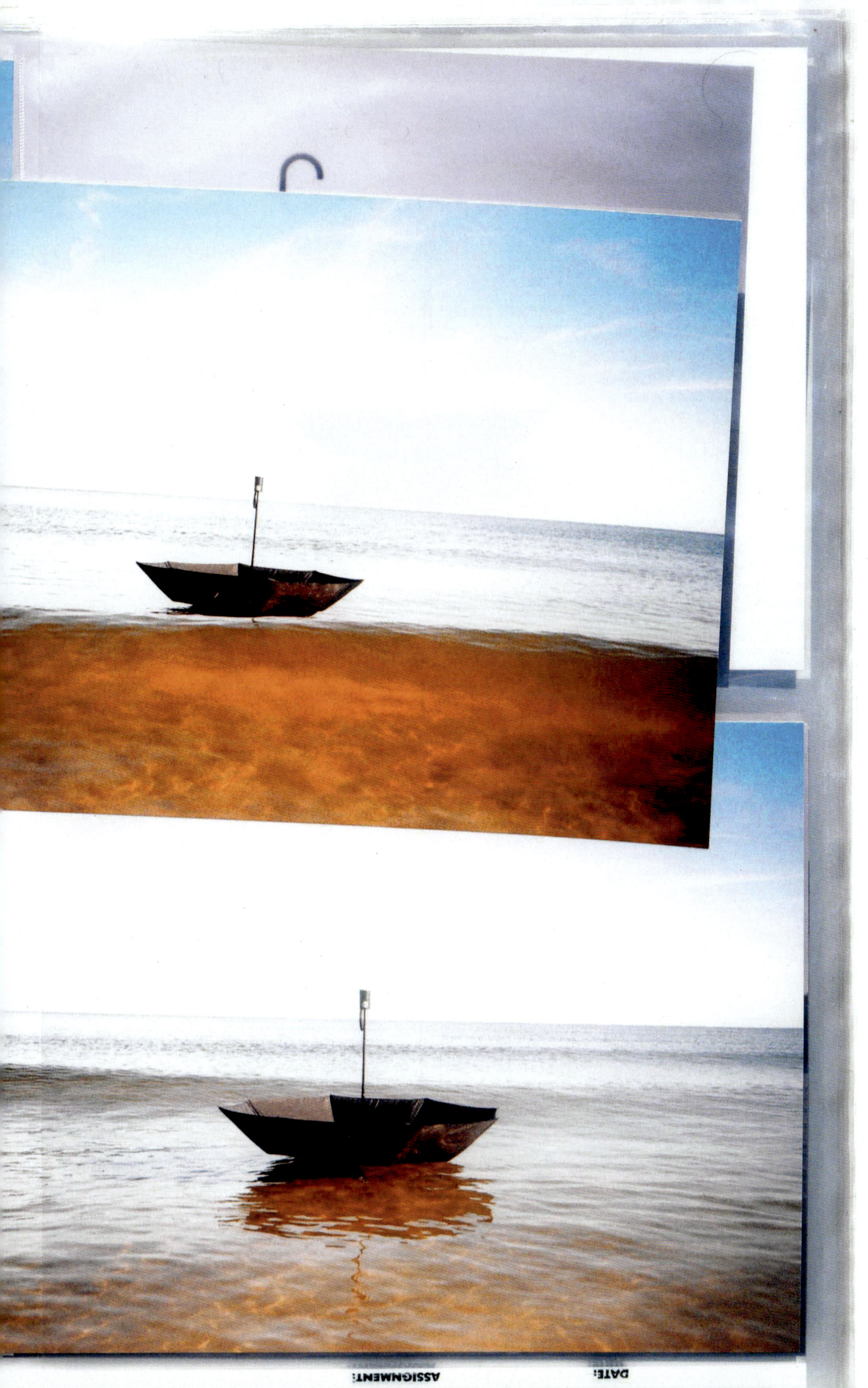
ASSIGNMENT:
DATE:

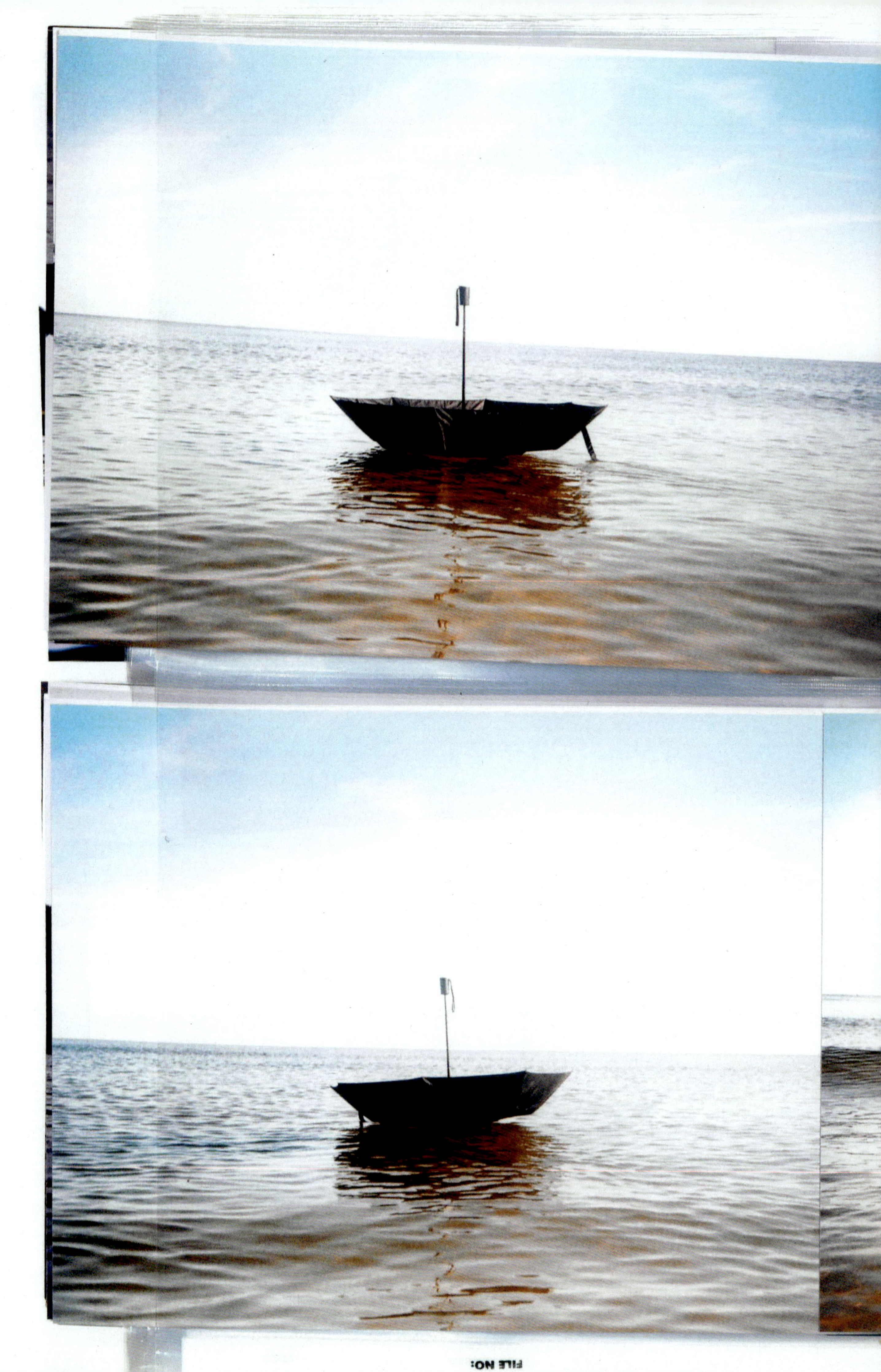
FILE NO:

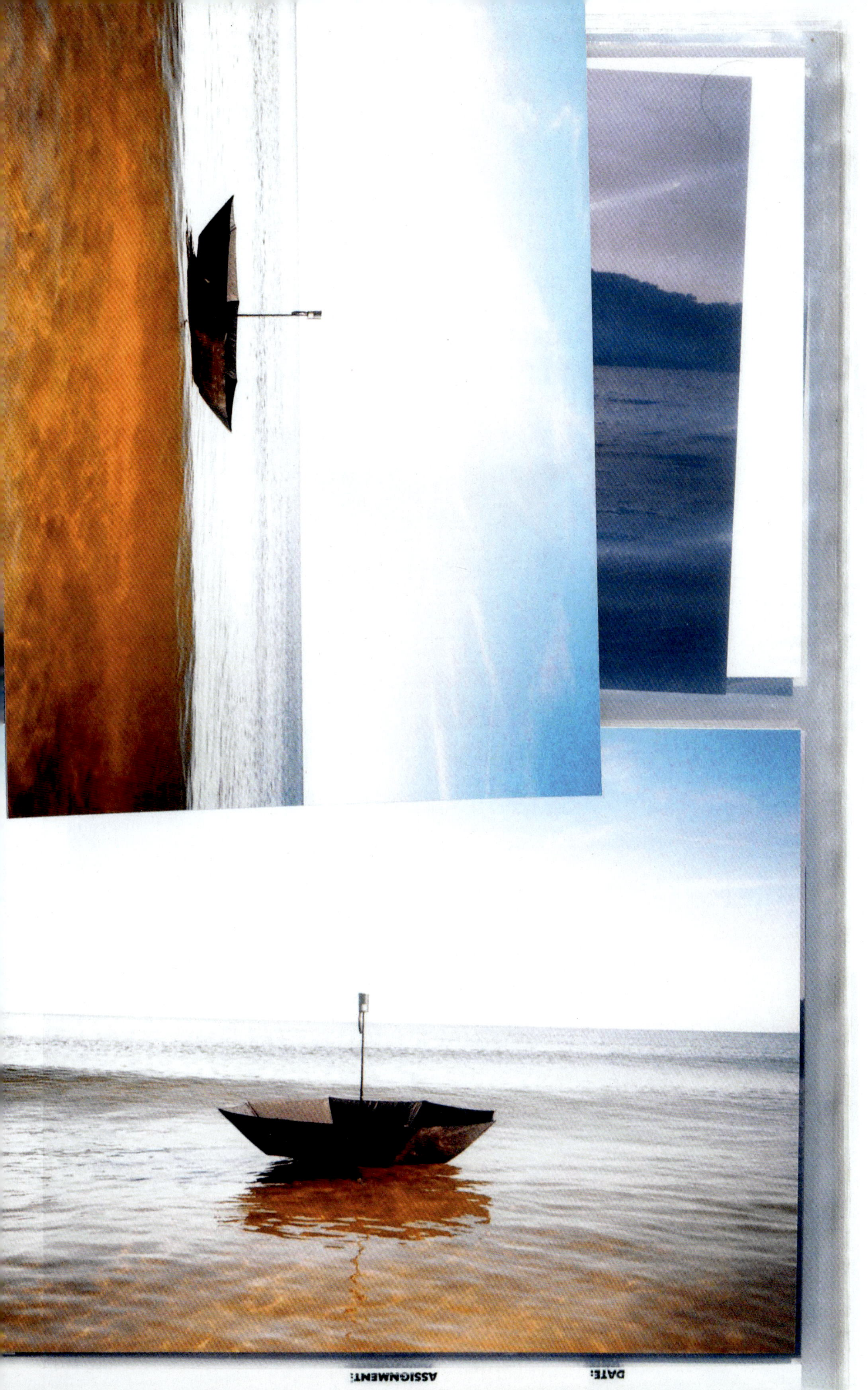
DATE:
ASSIGNMENT:

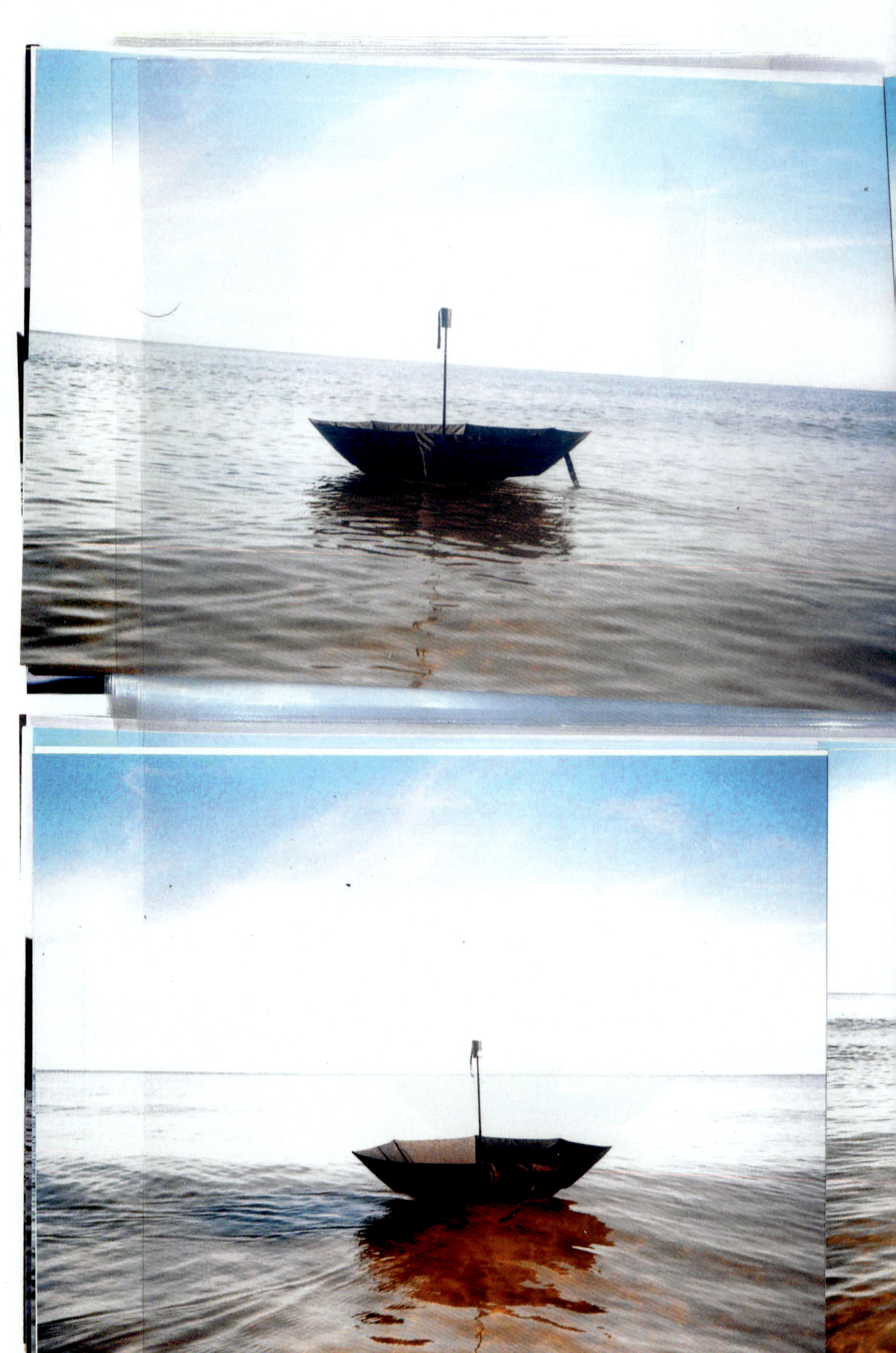

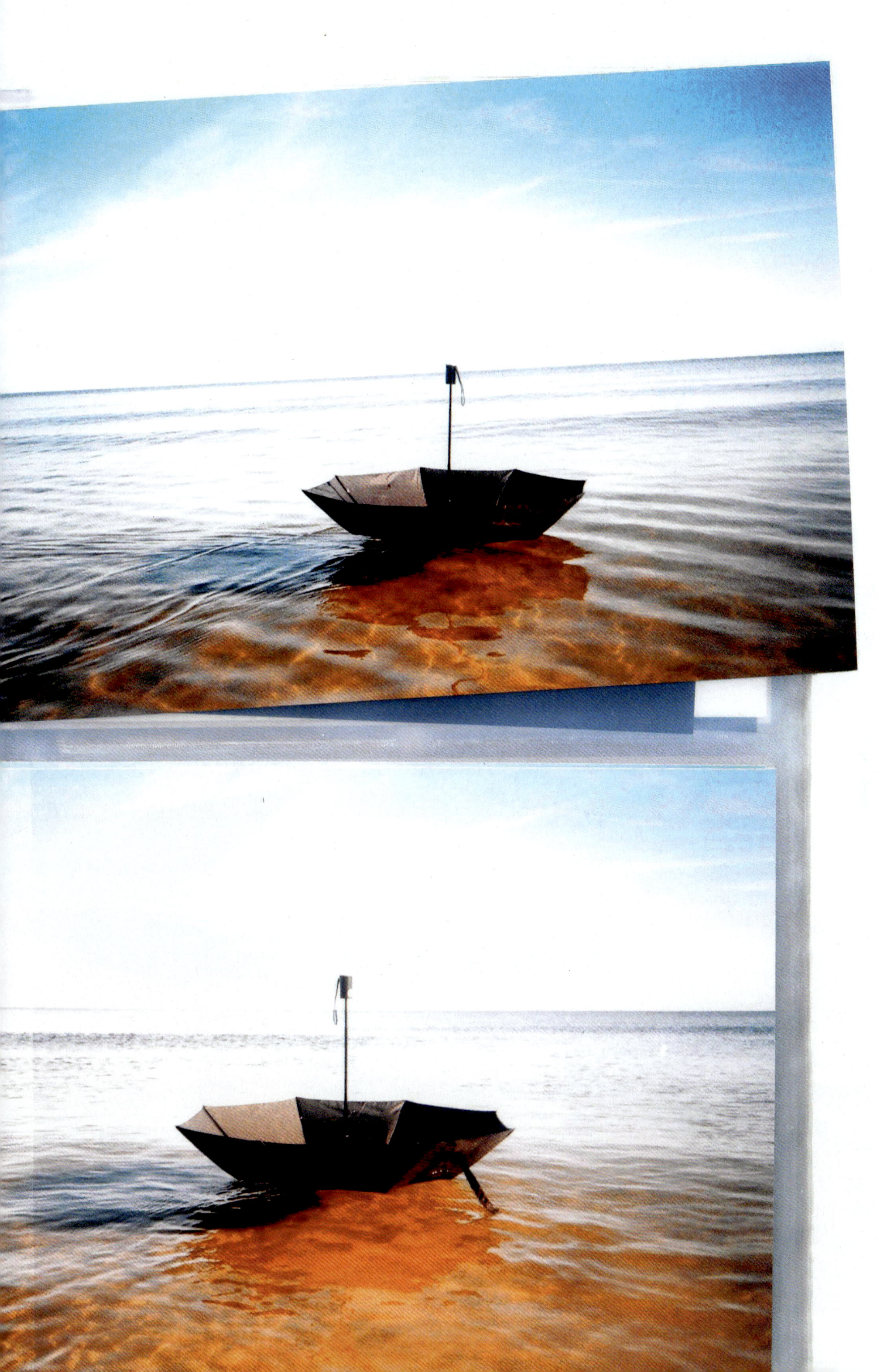

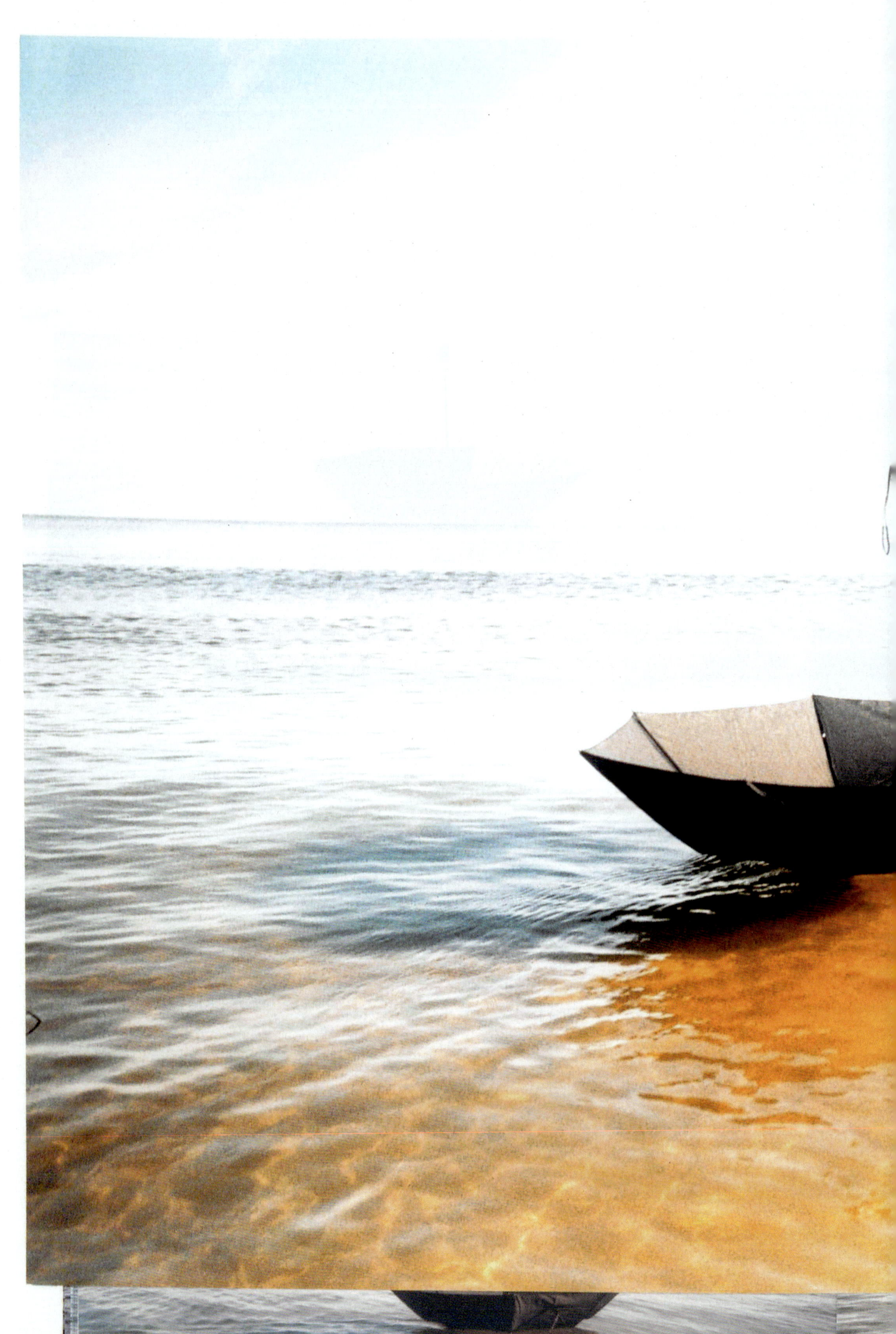

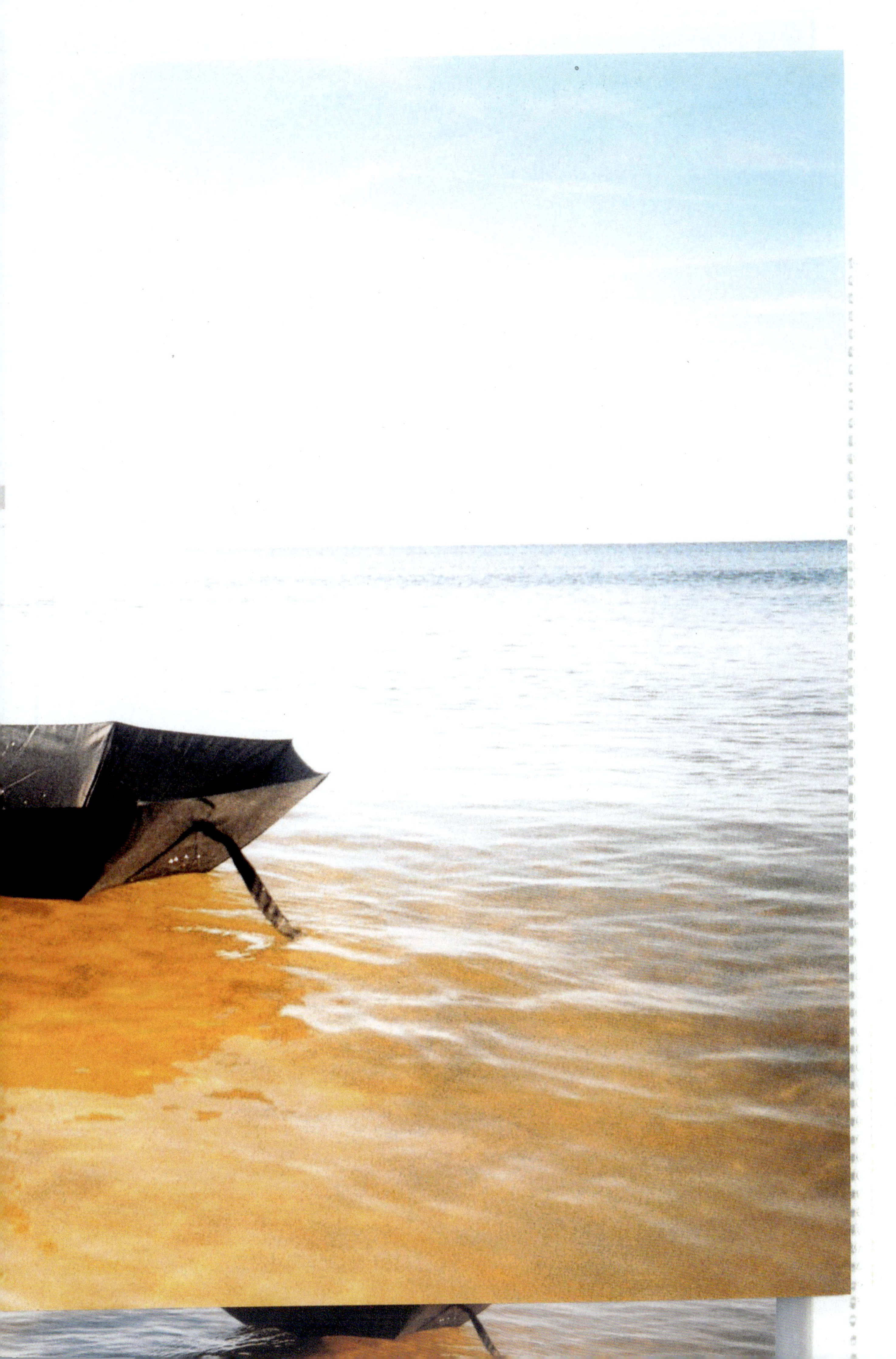

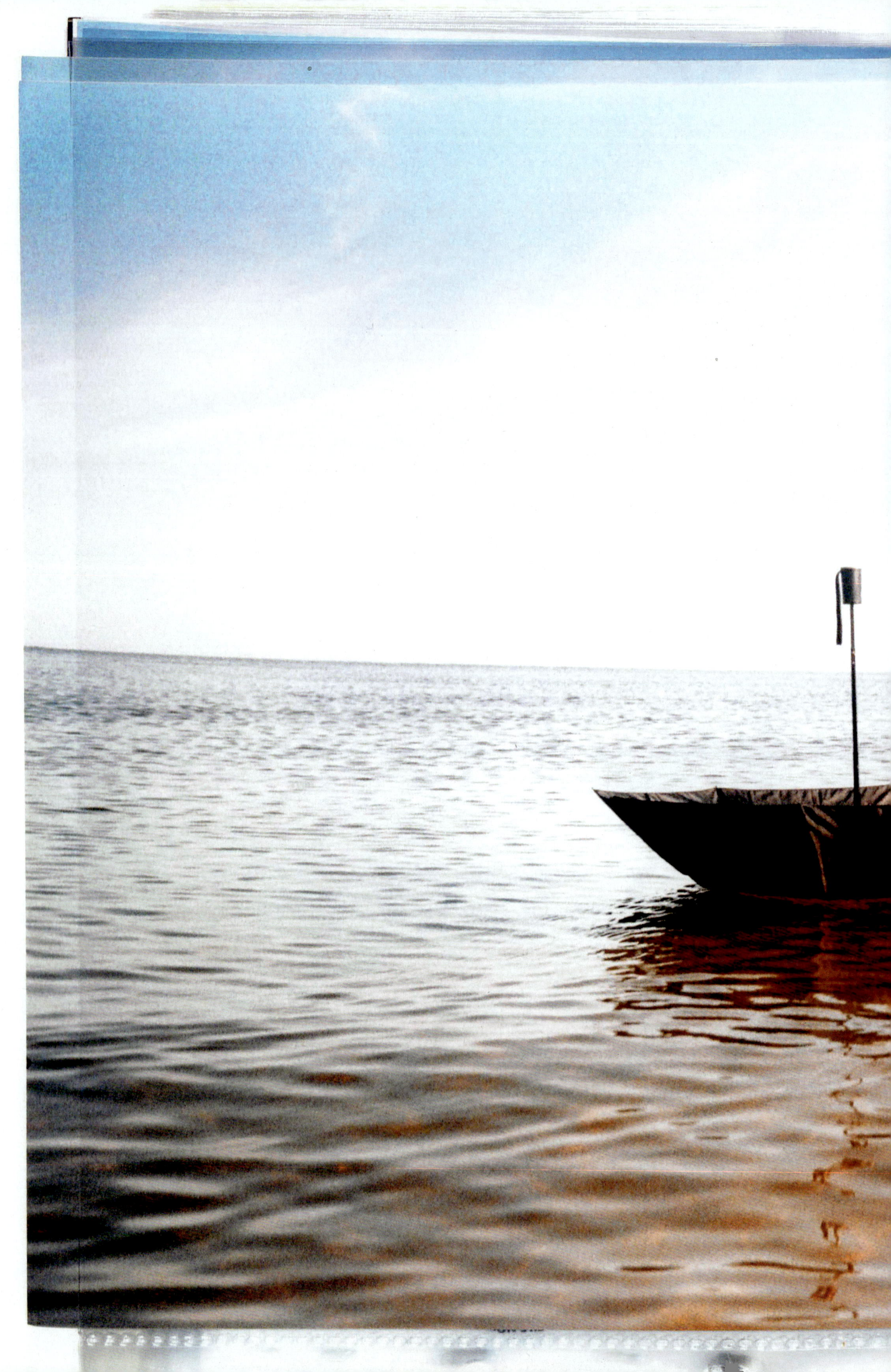

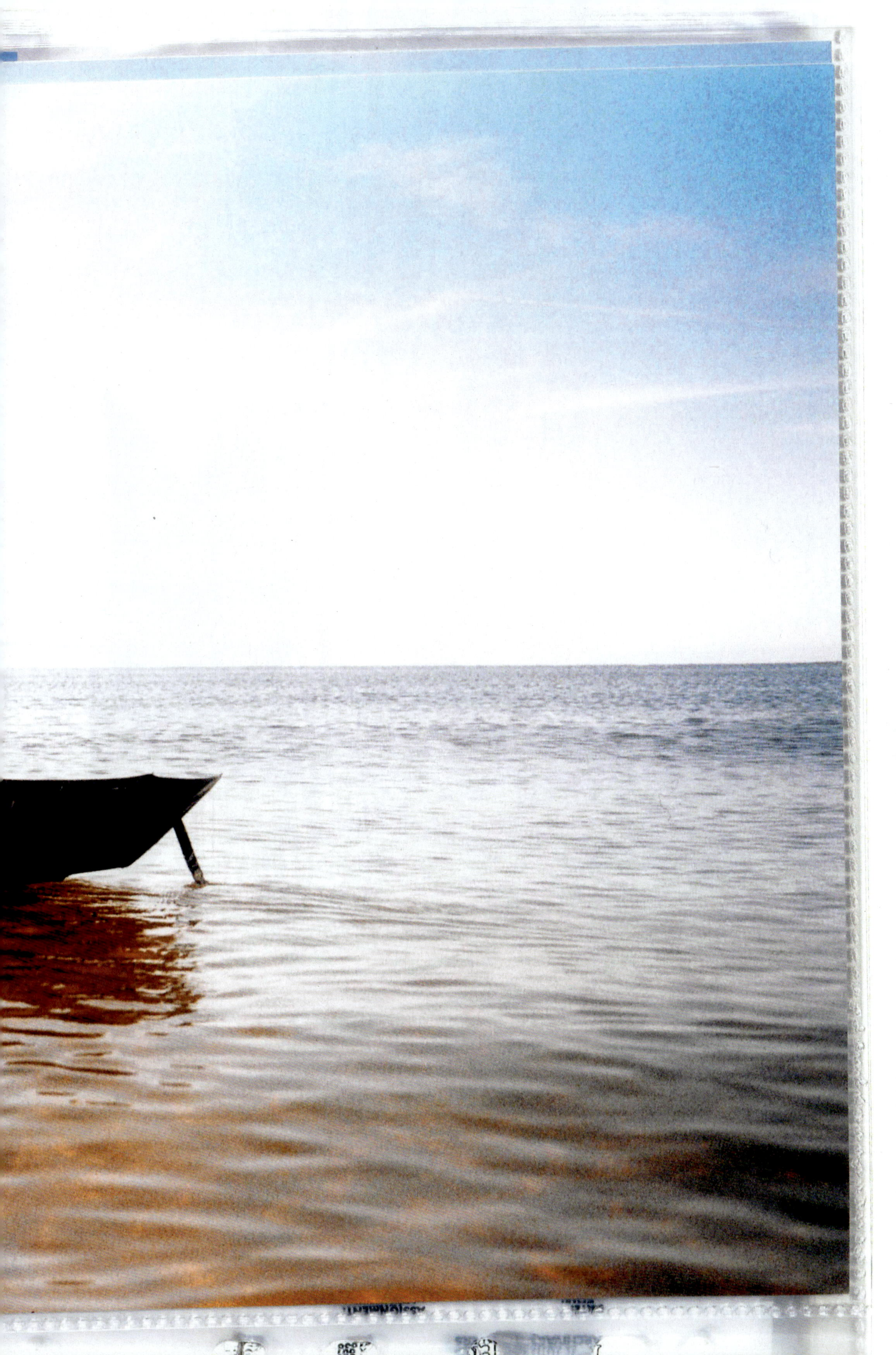

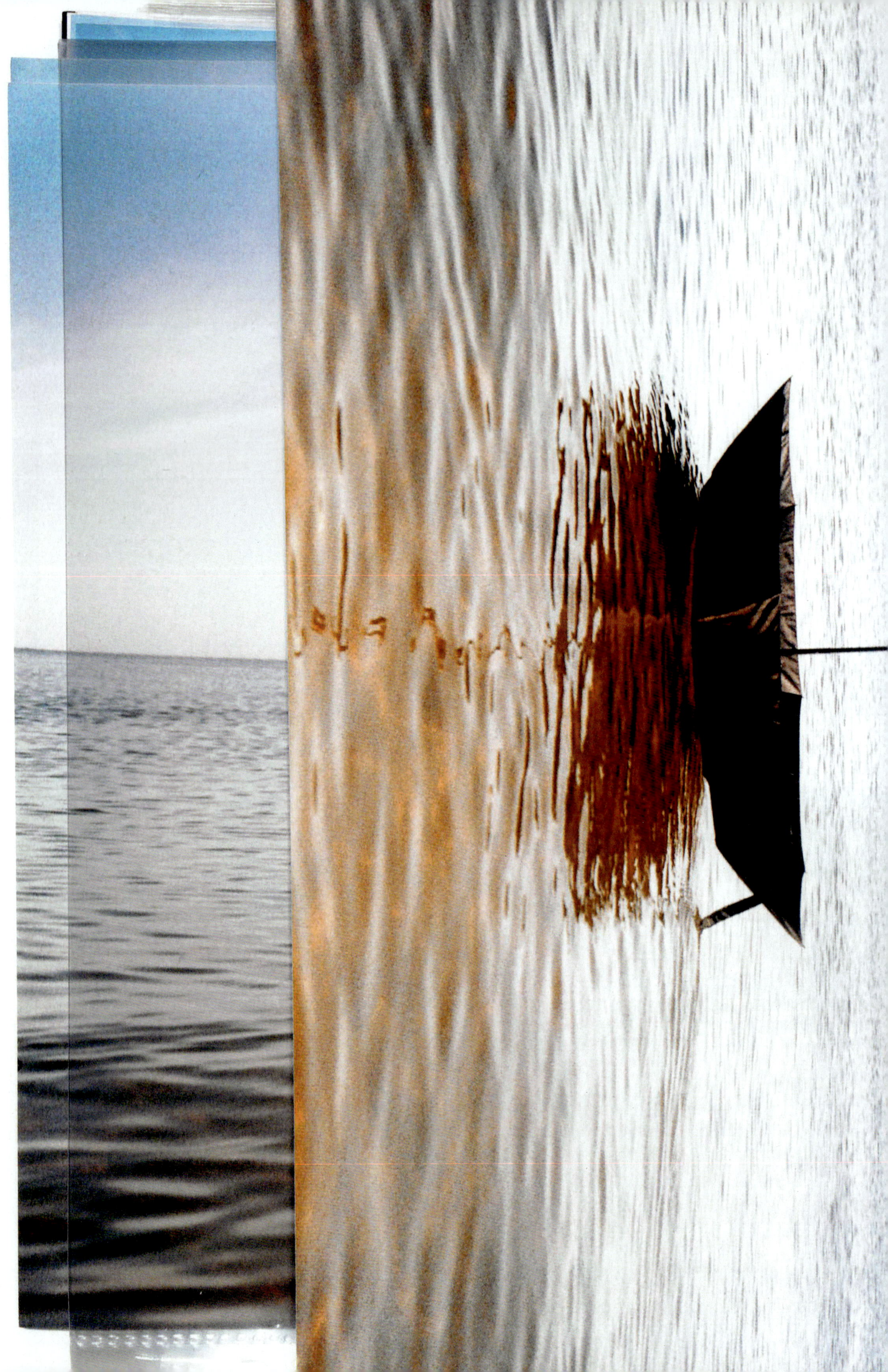

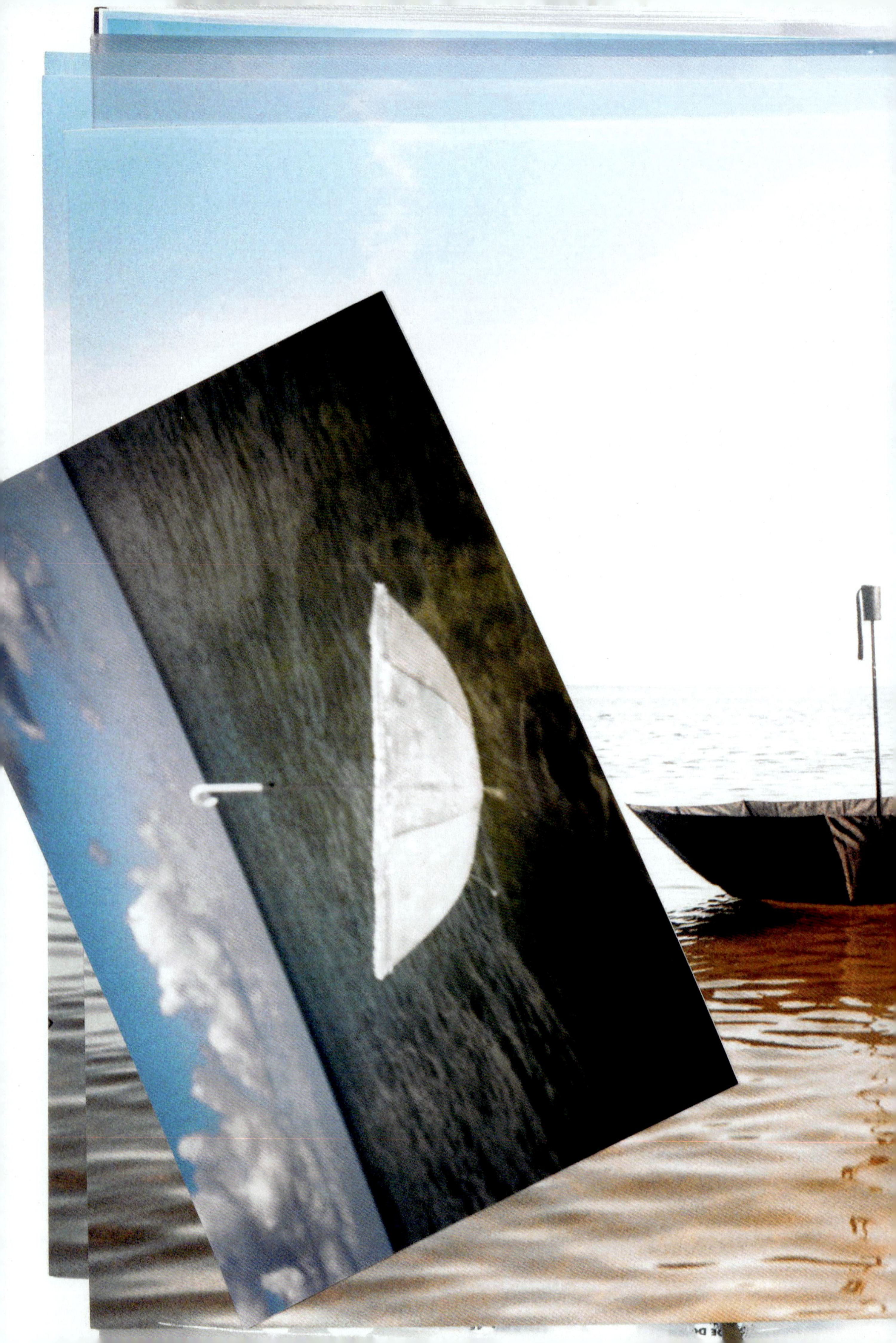

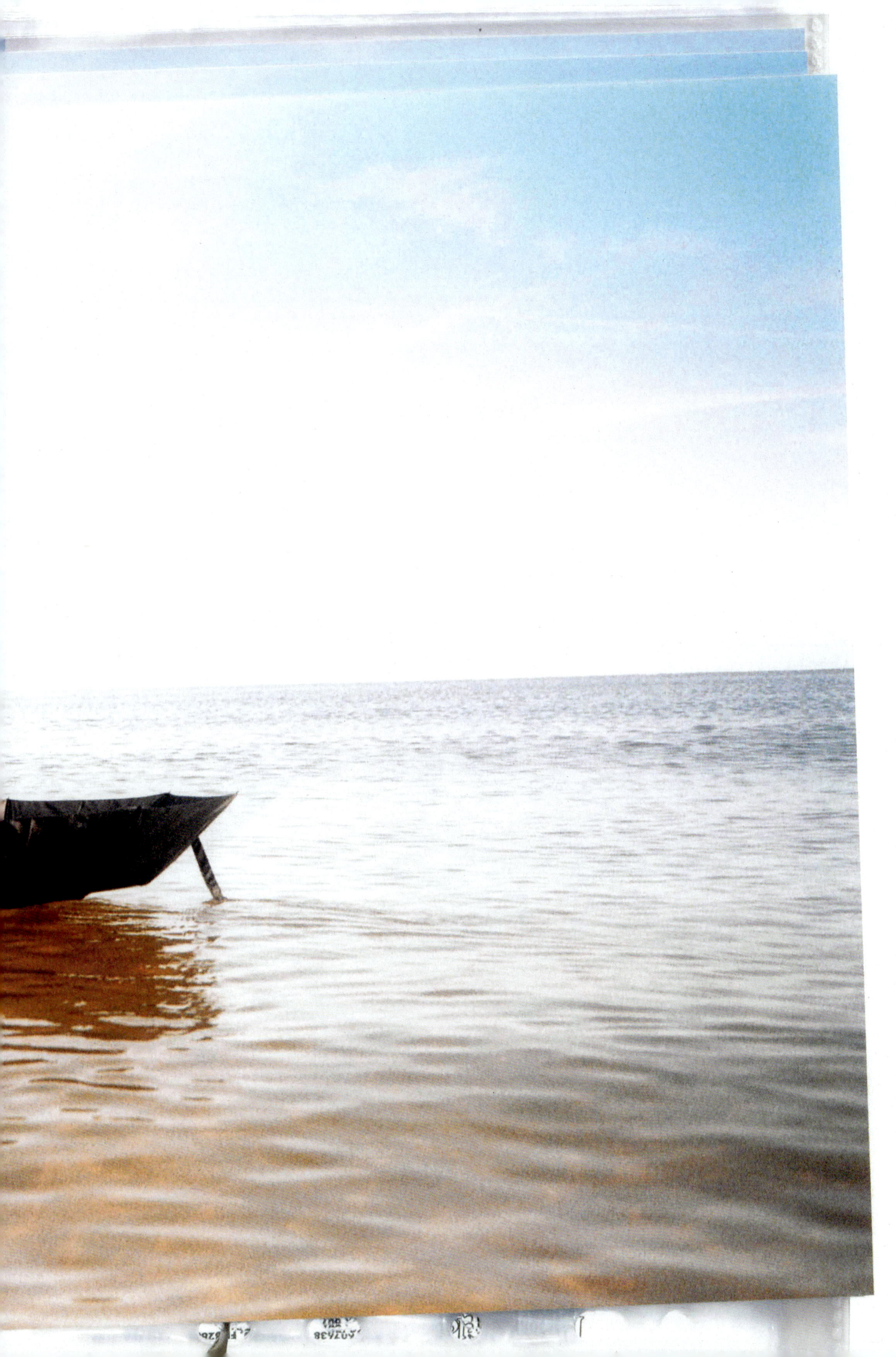

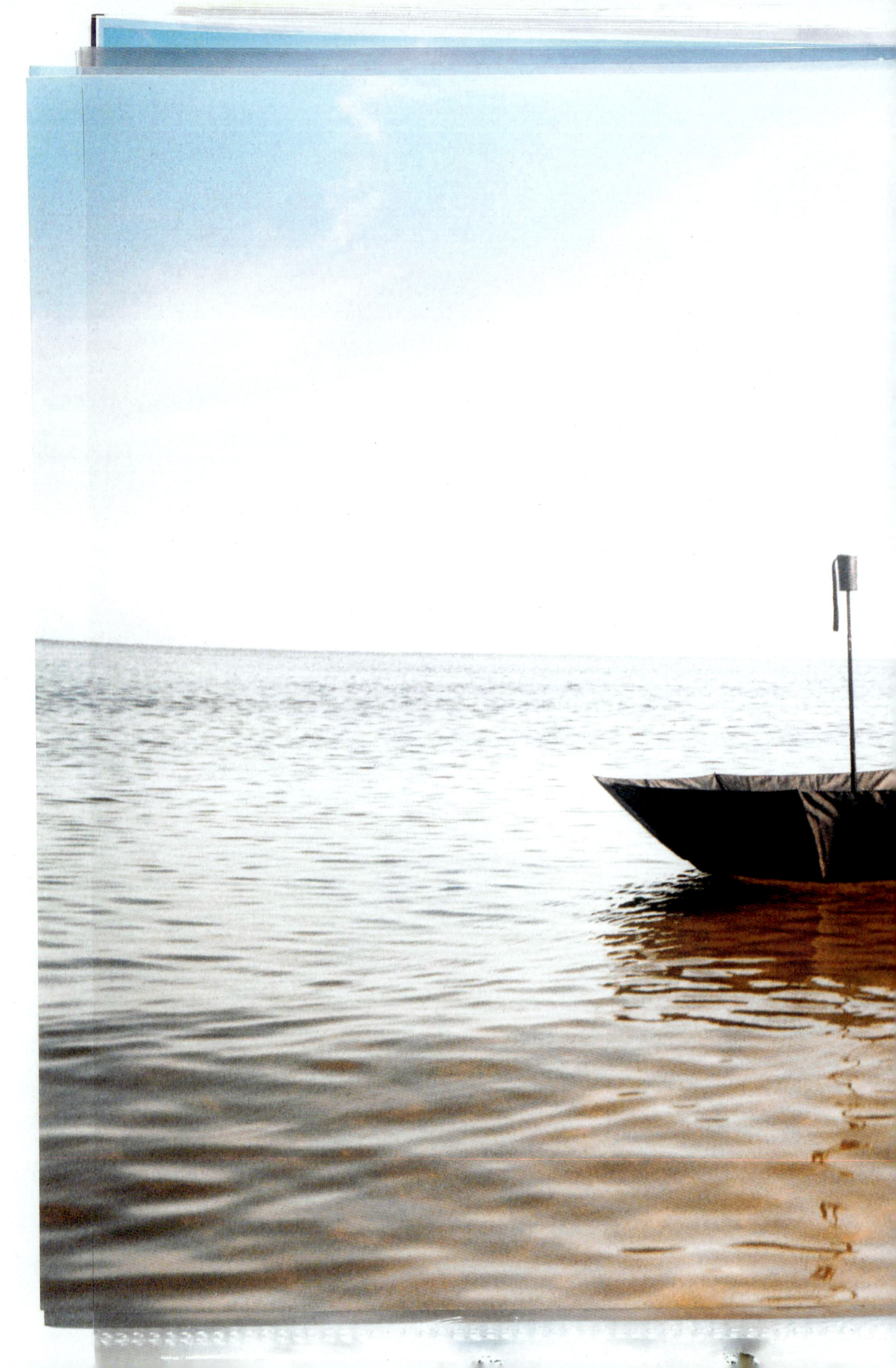

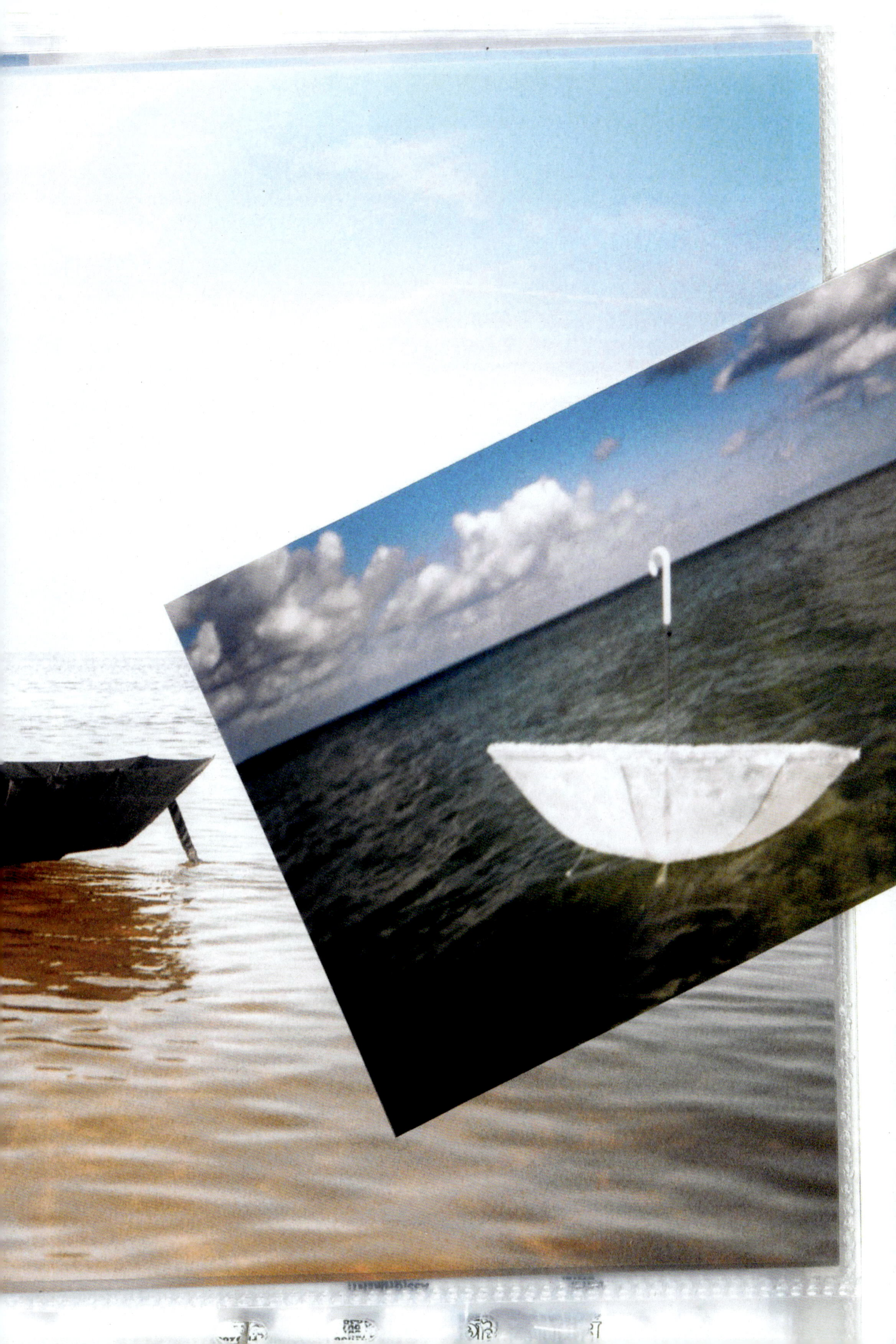

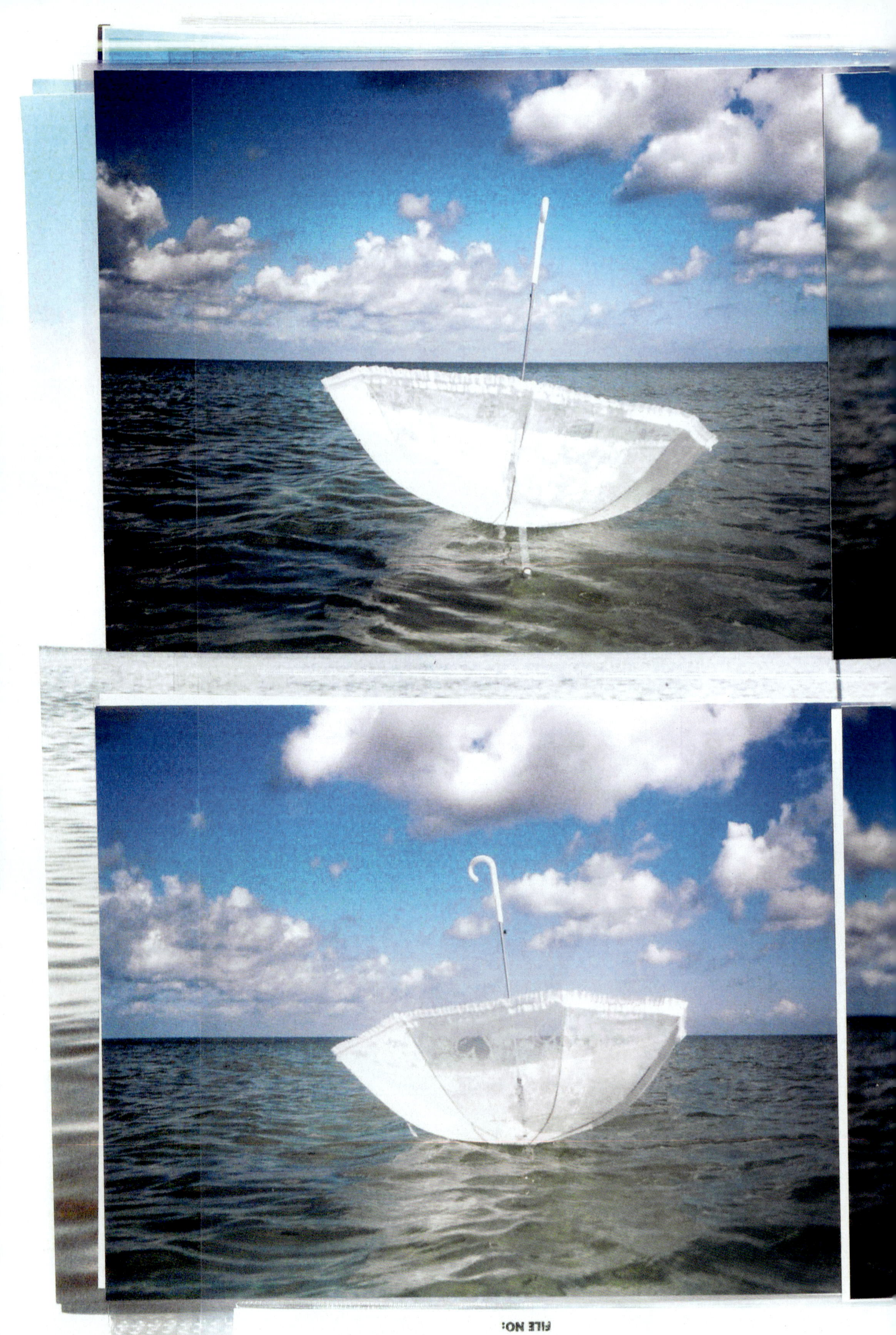
FILE NO:

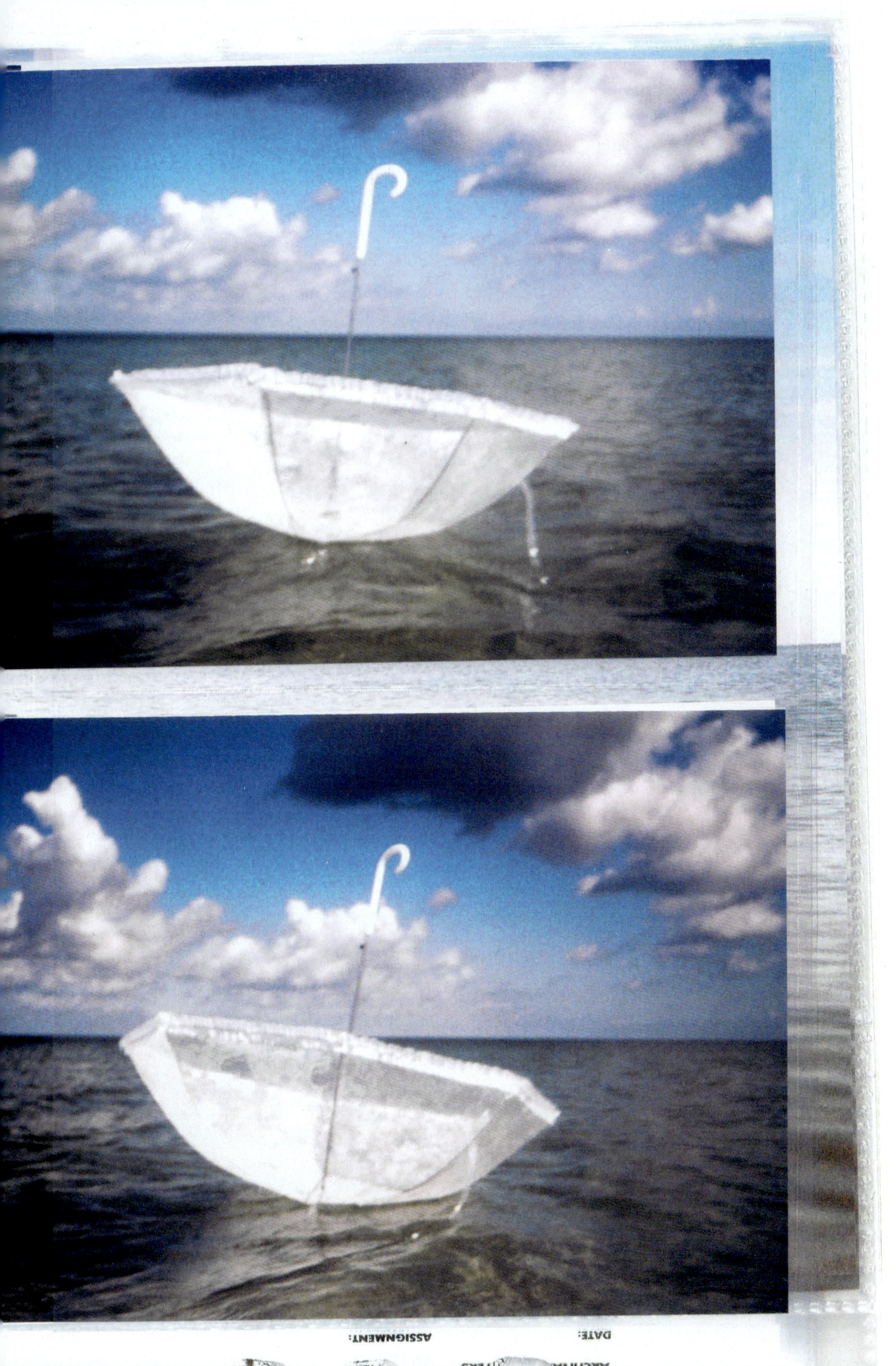
ASSIGNMENT:
DATE:

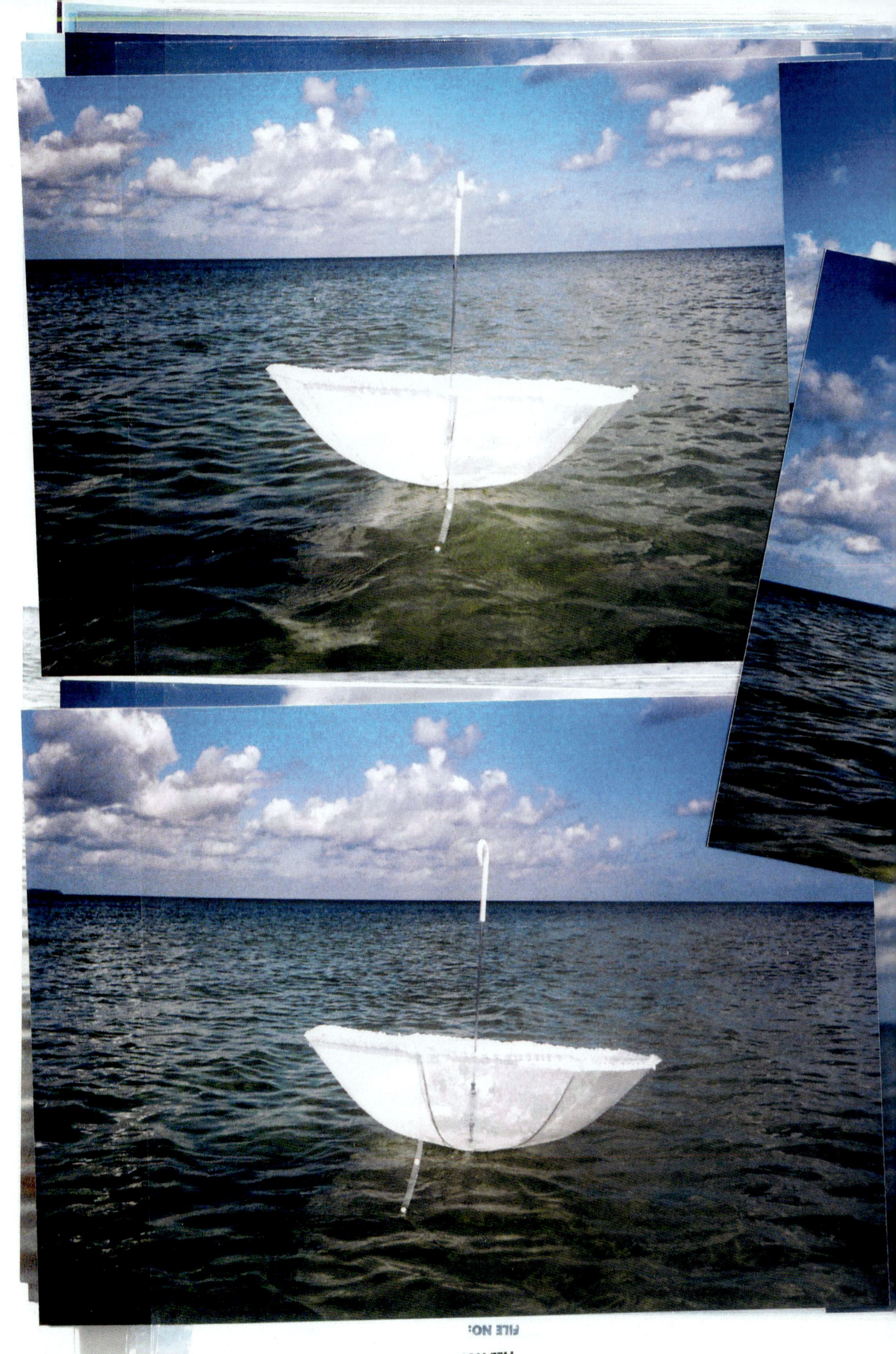
FILE NO:
FILE NO:

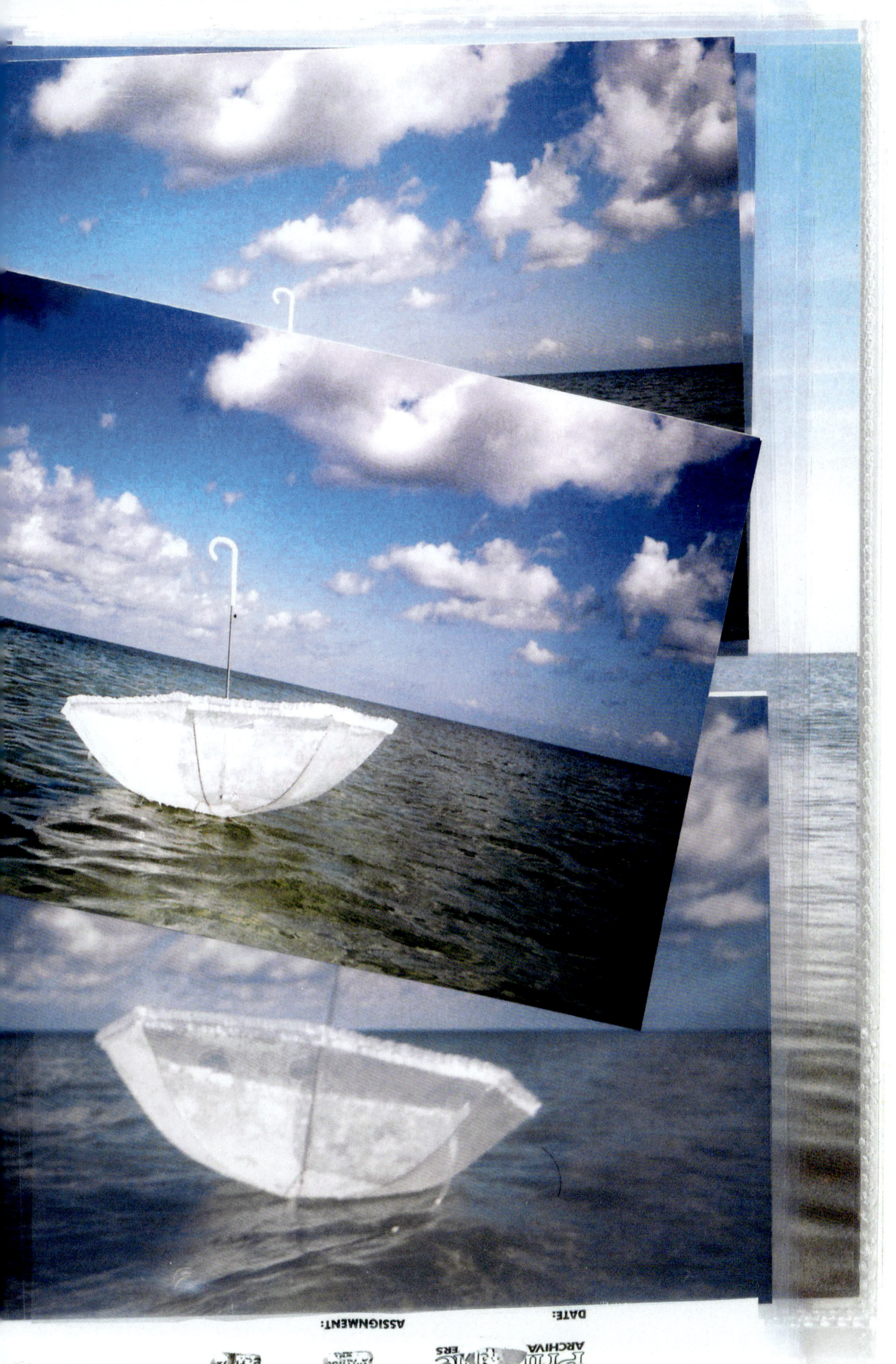
DATE:
ASSIGNMENT:
ARCHIVA

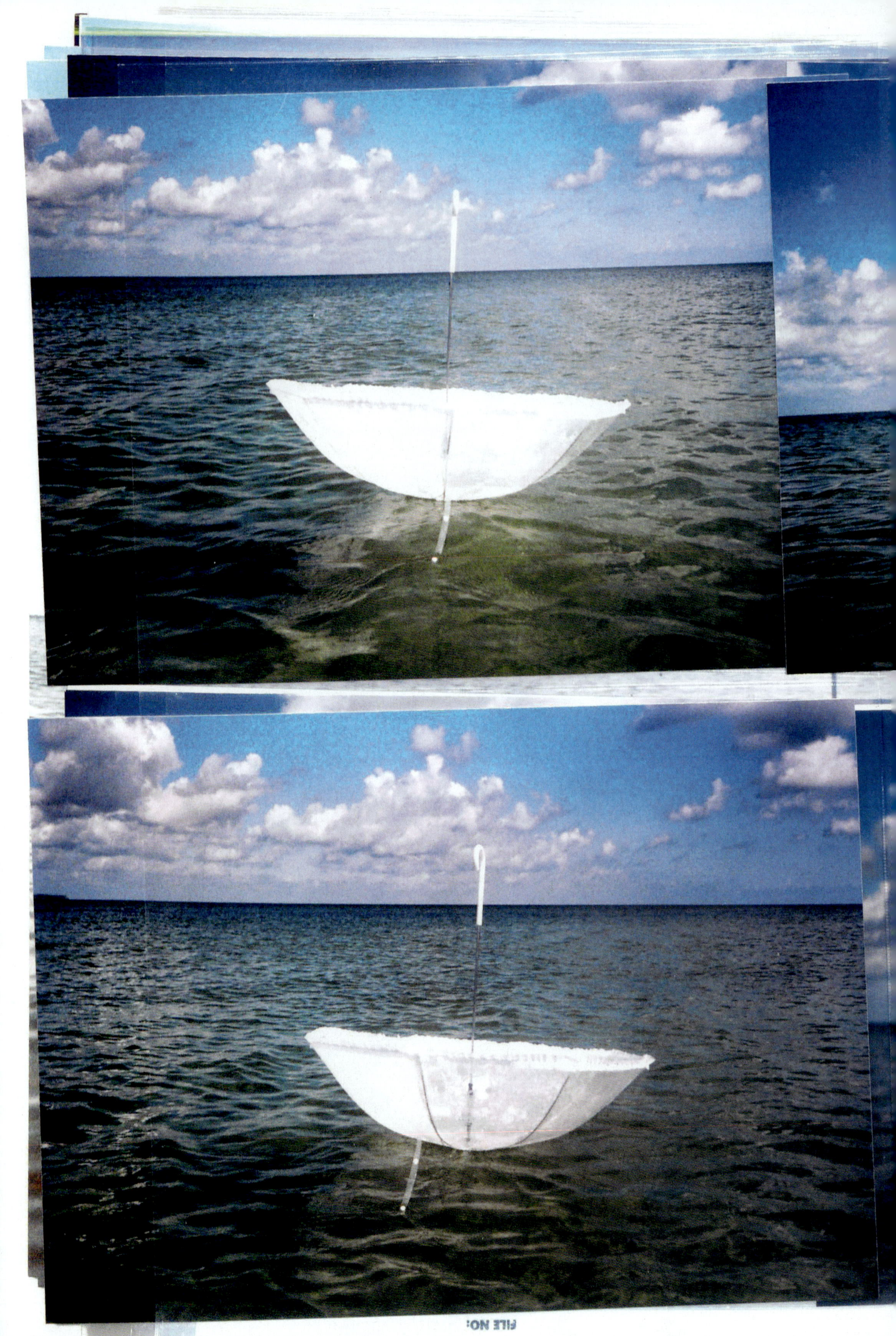
FILE NO:

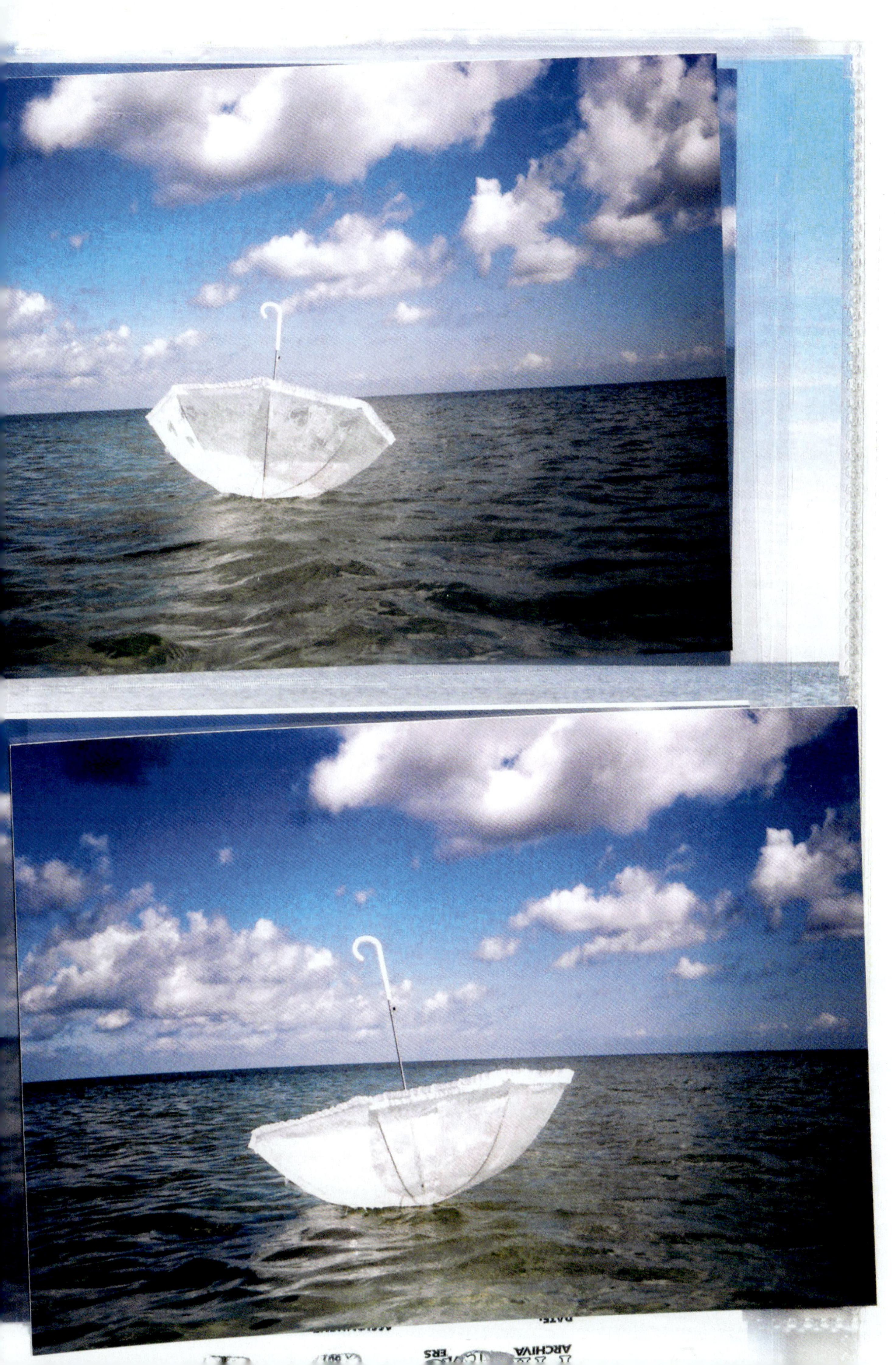

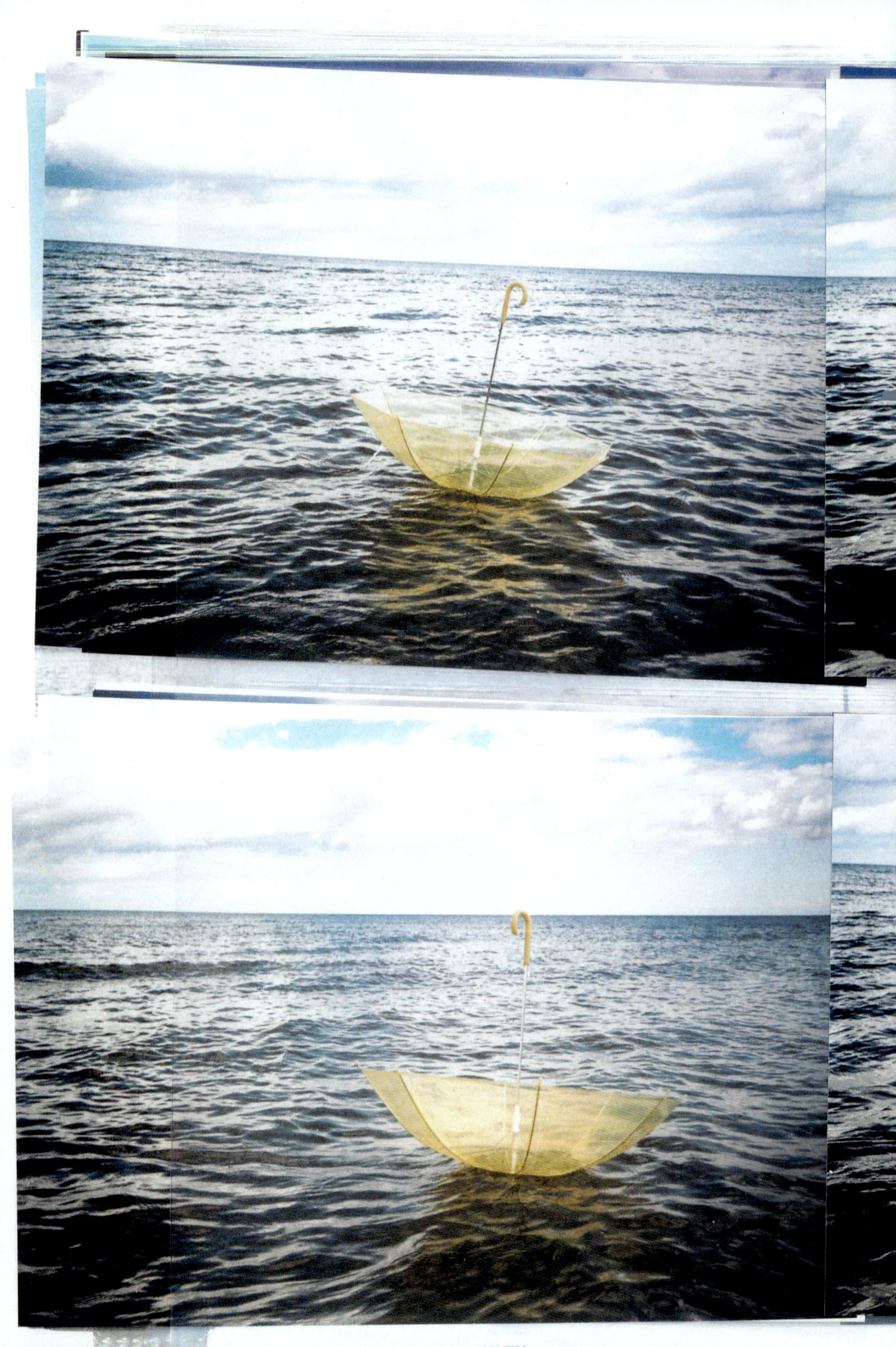

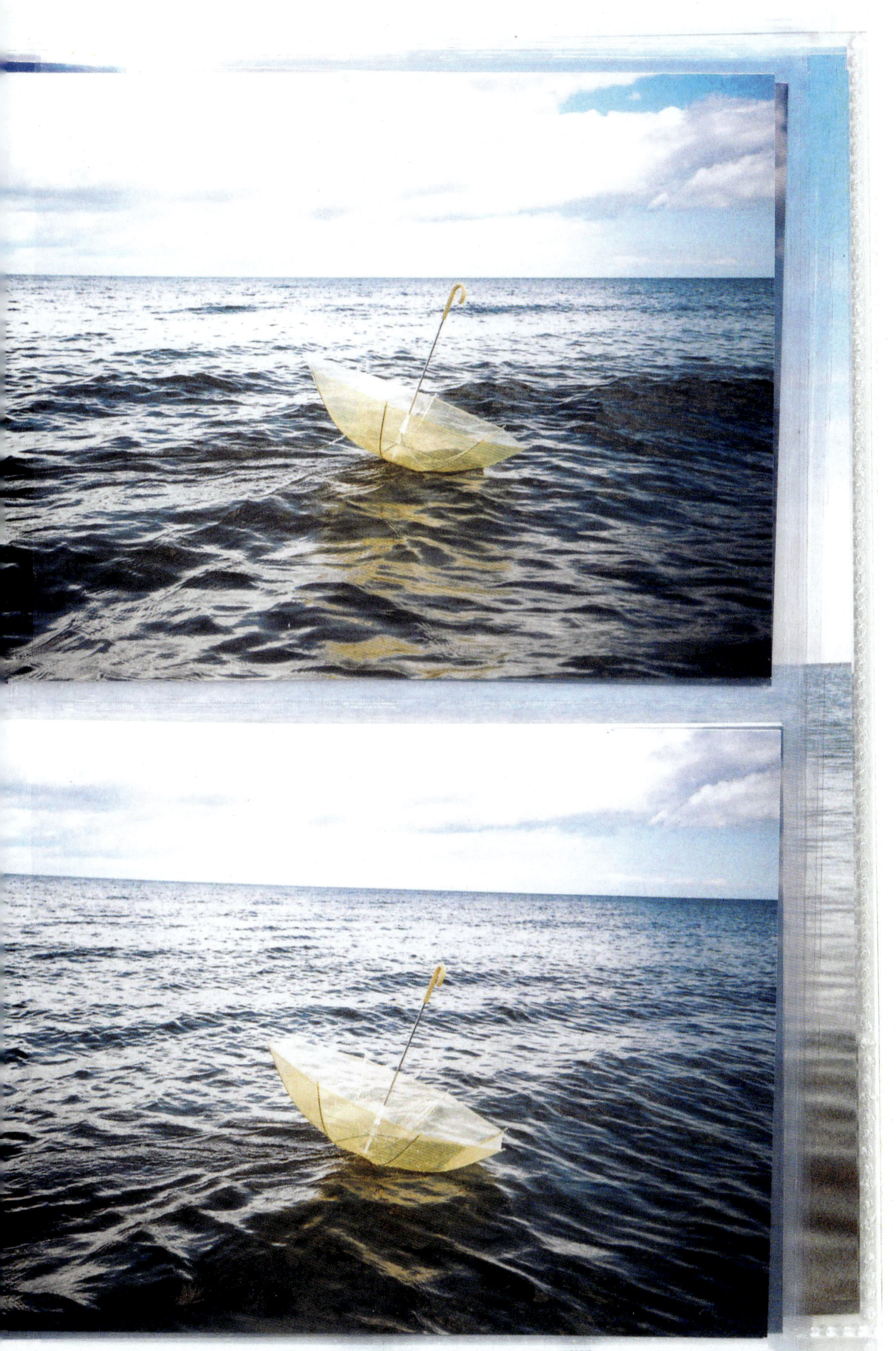
DATE:
ASSIGNMENT:

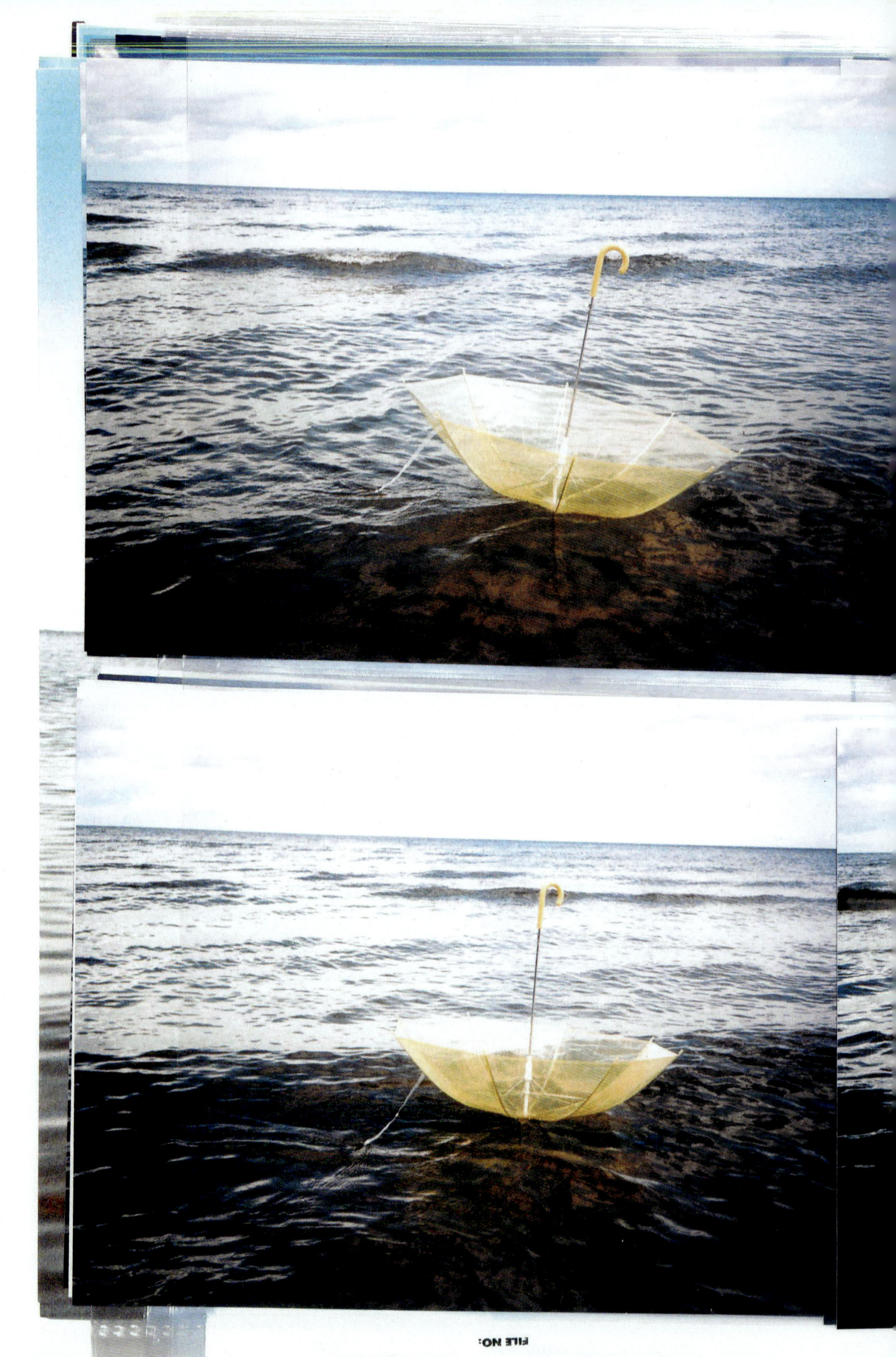
FILE NO:

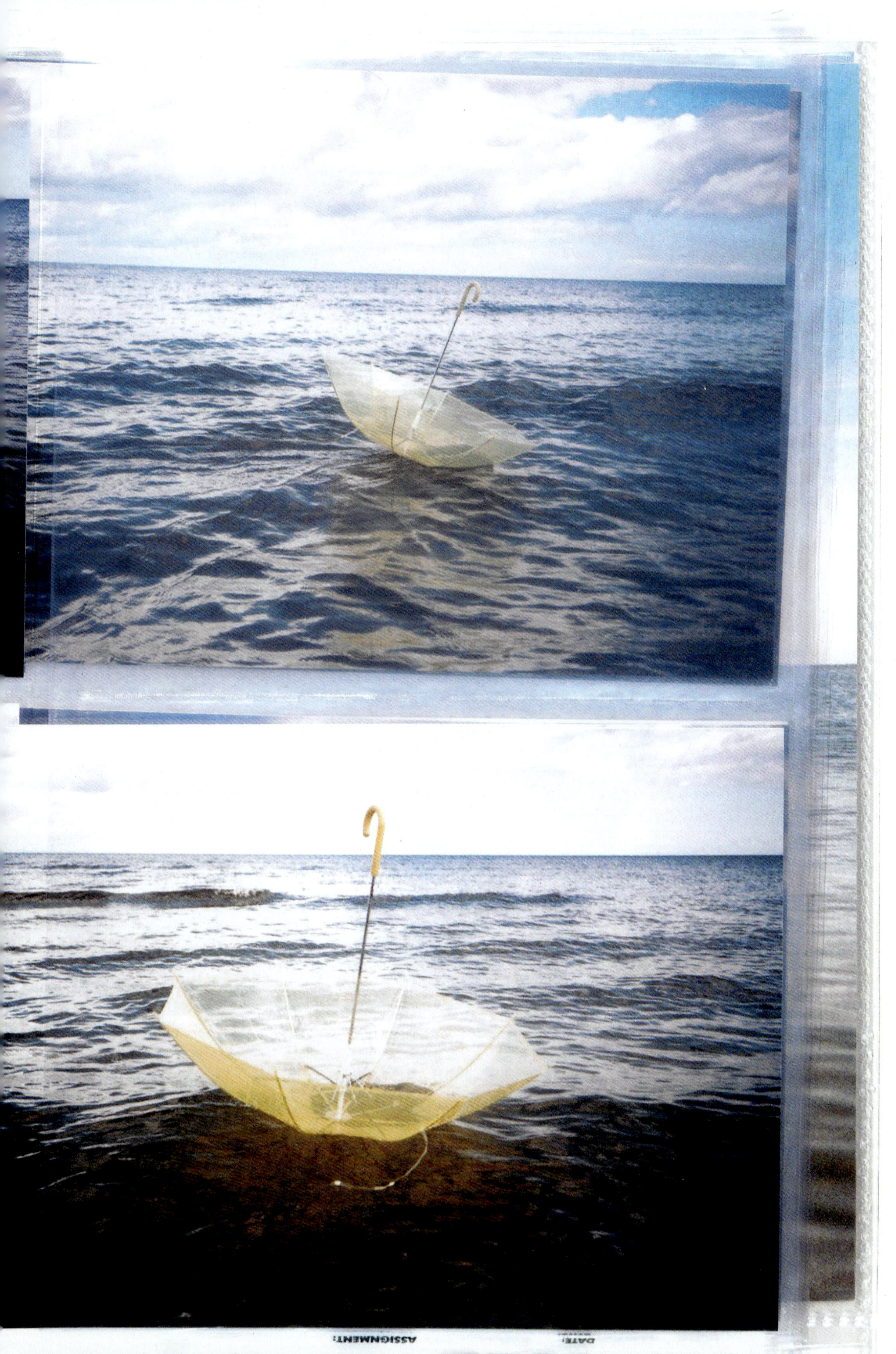
ASSIGNMENT:
DATE:

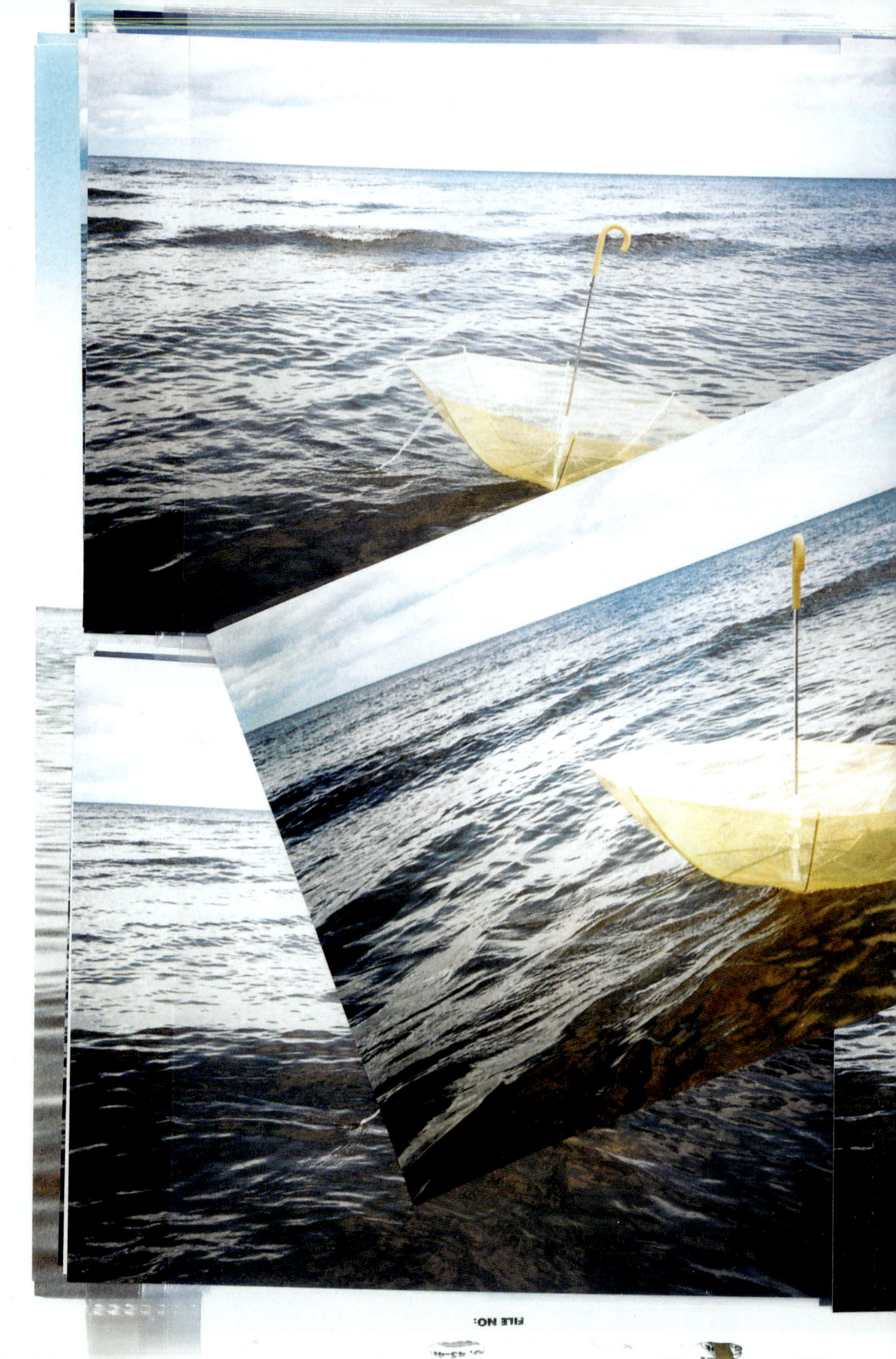
FILE NO:

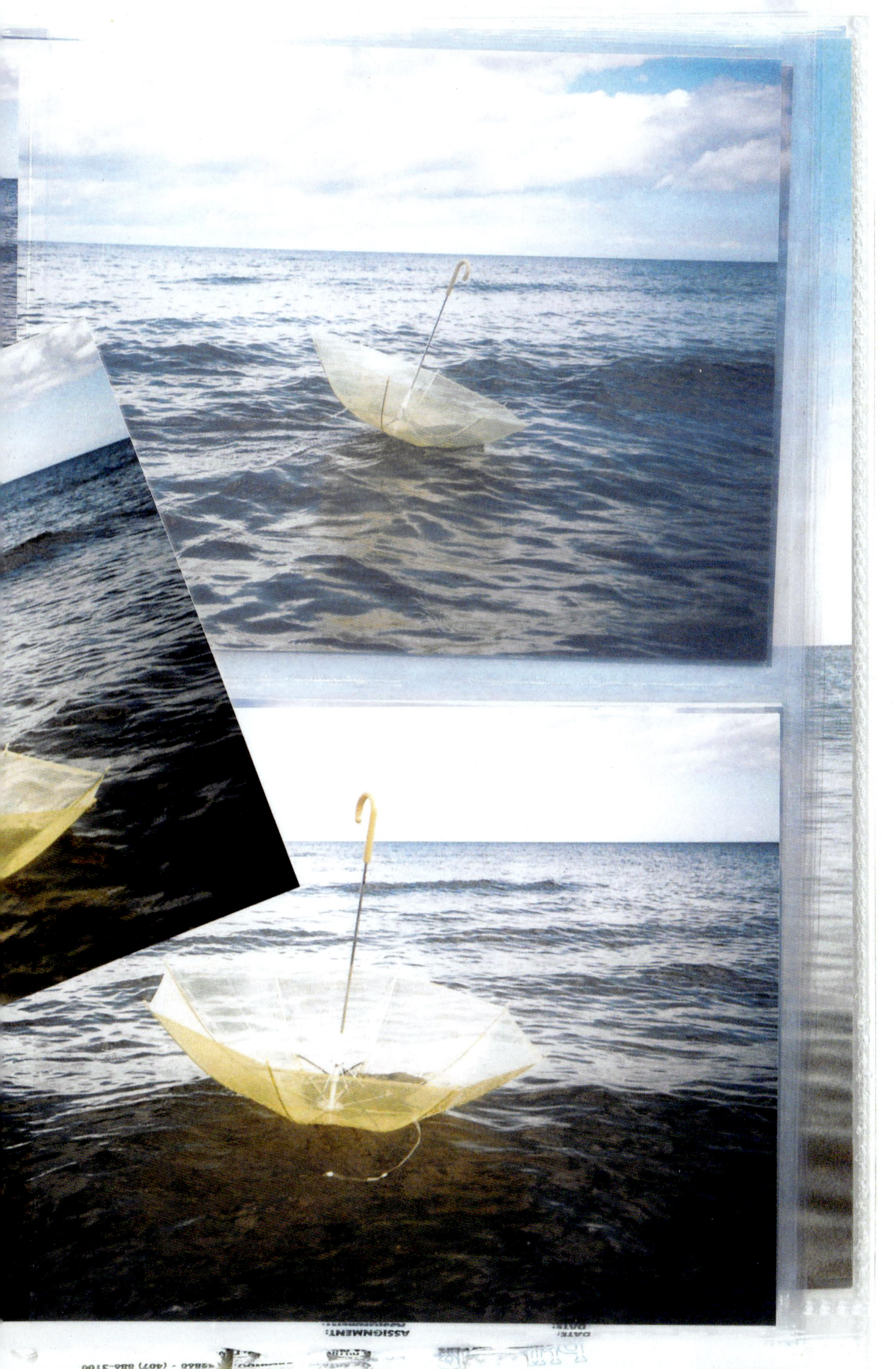

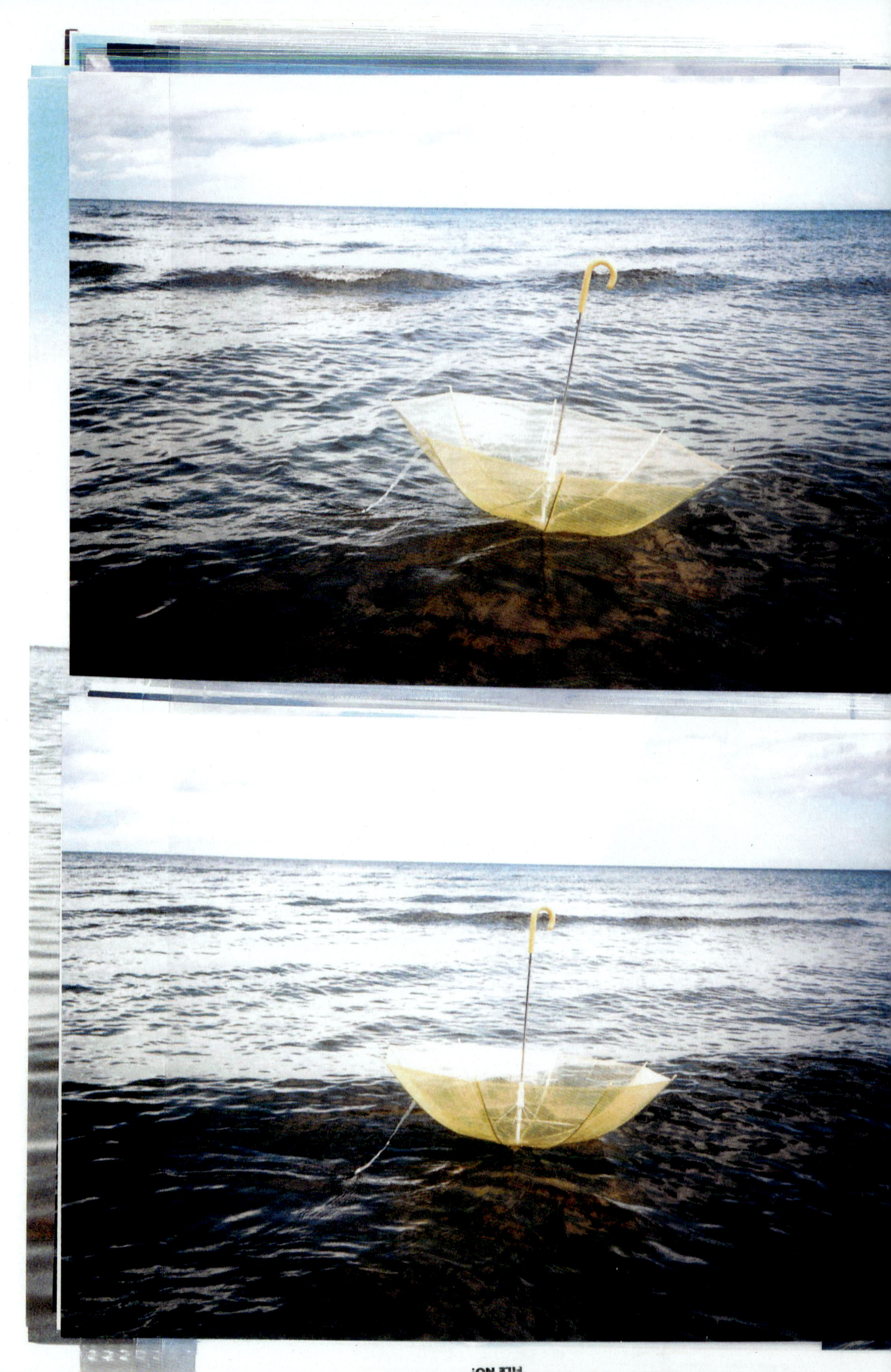

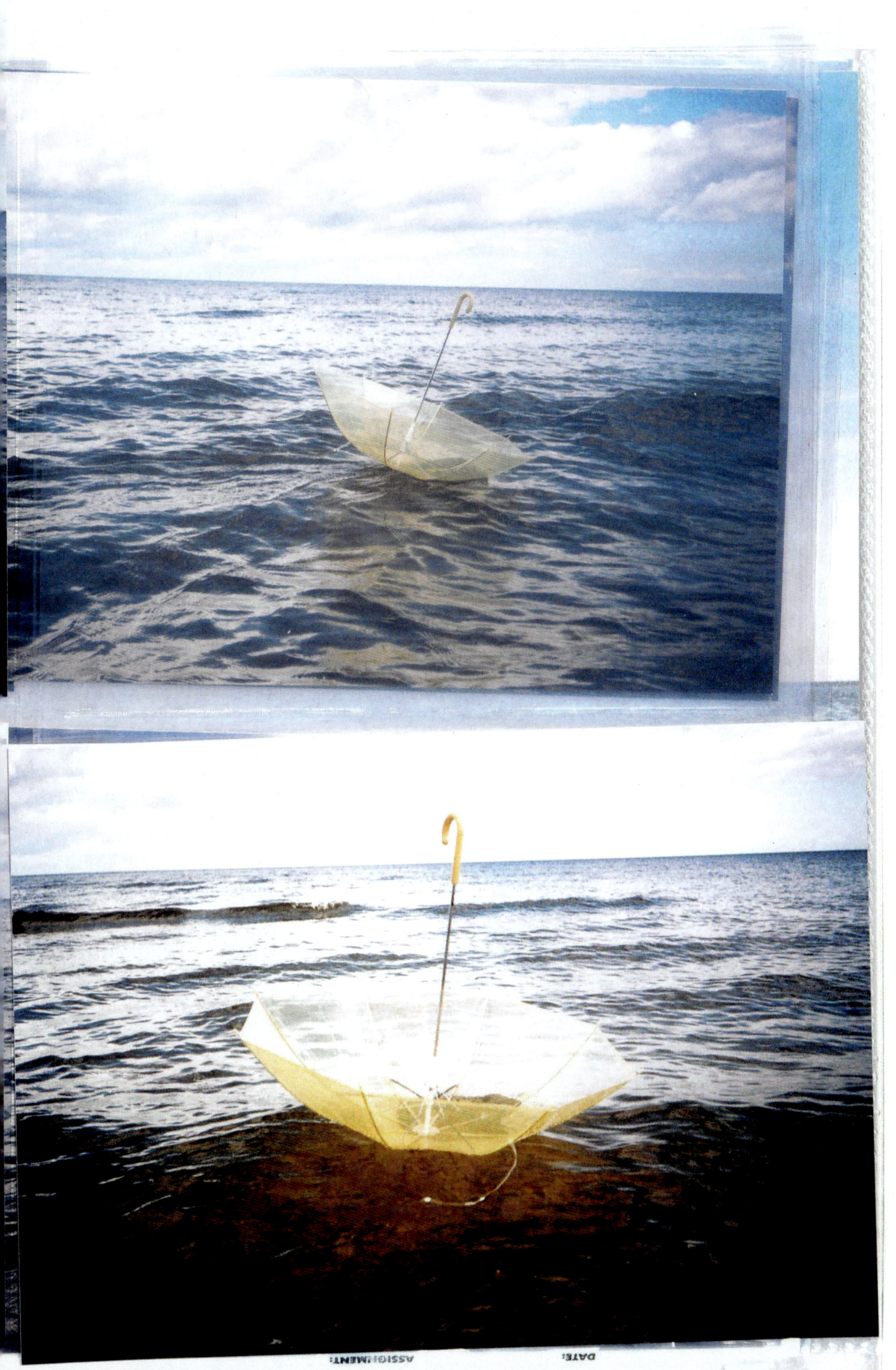
DATE:
ASSIGNMENT:

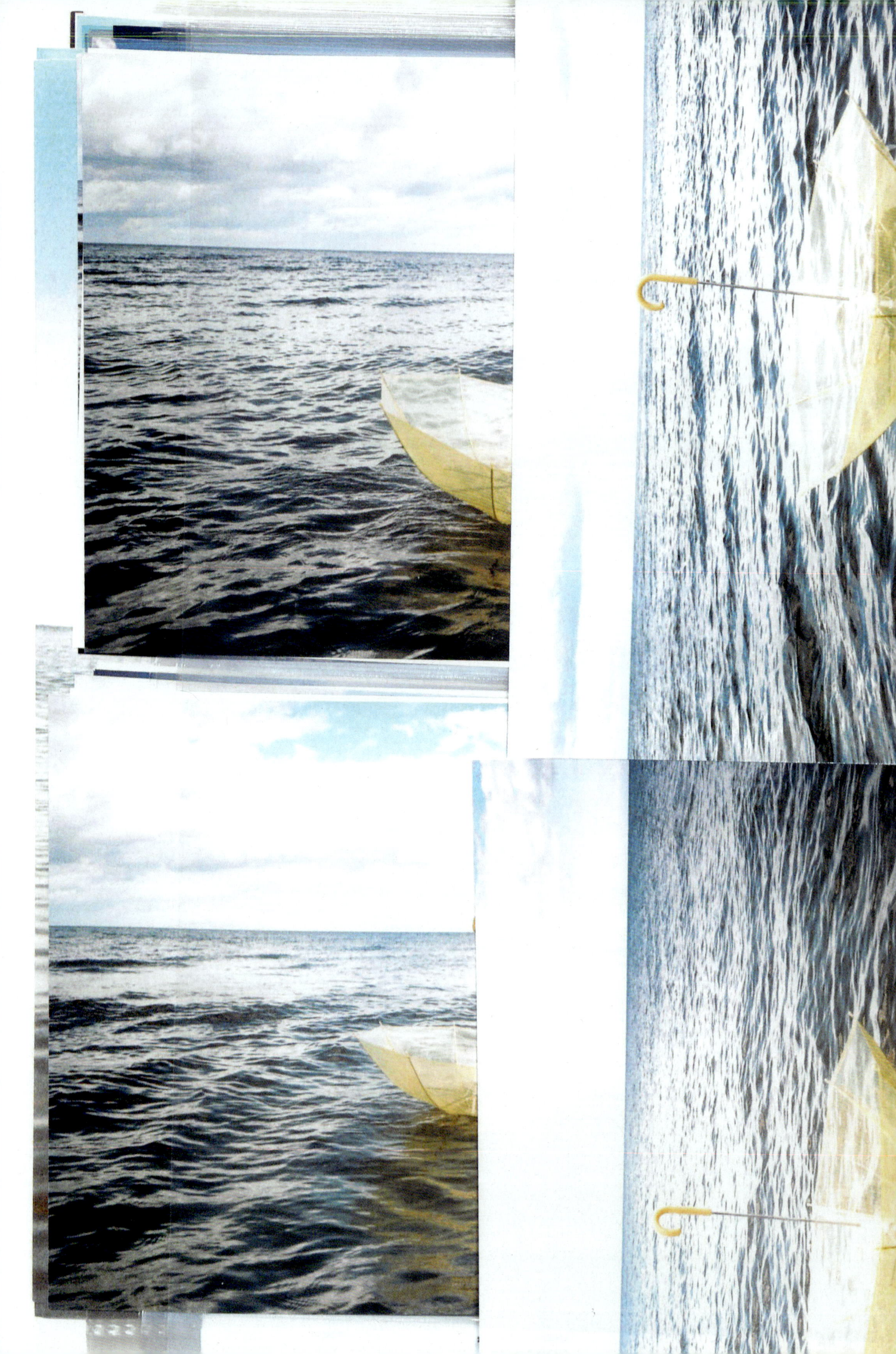

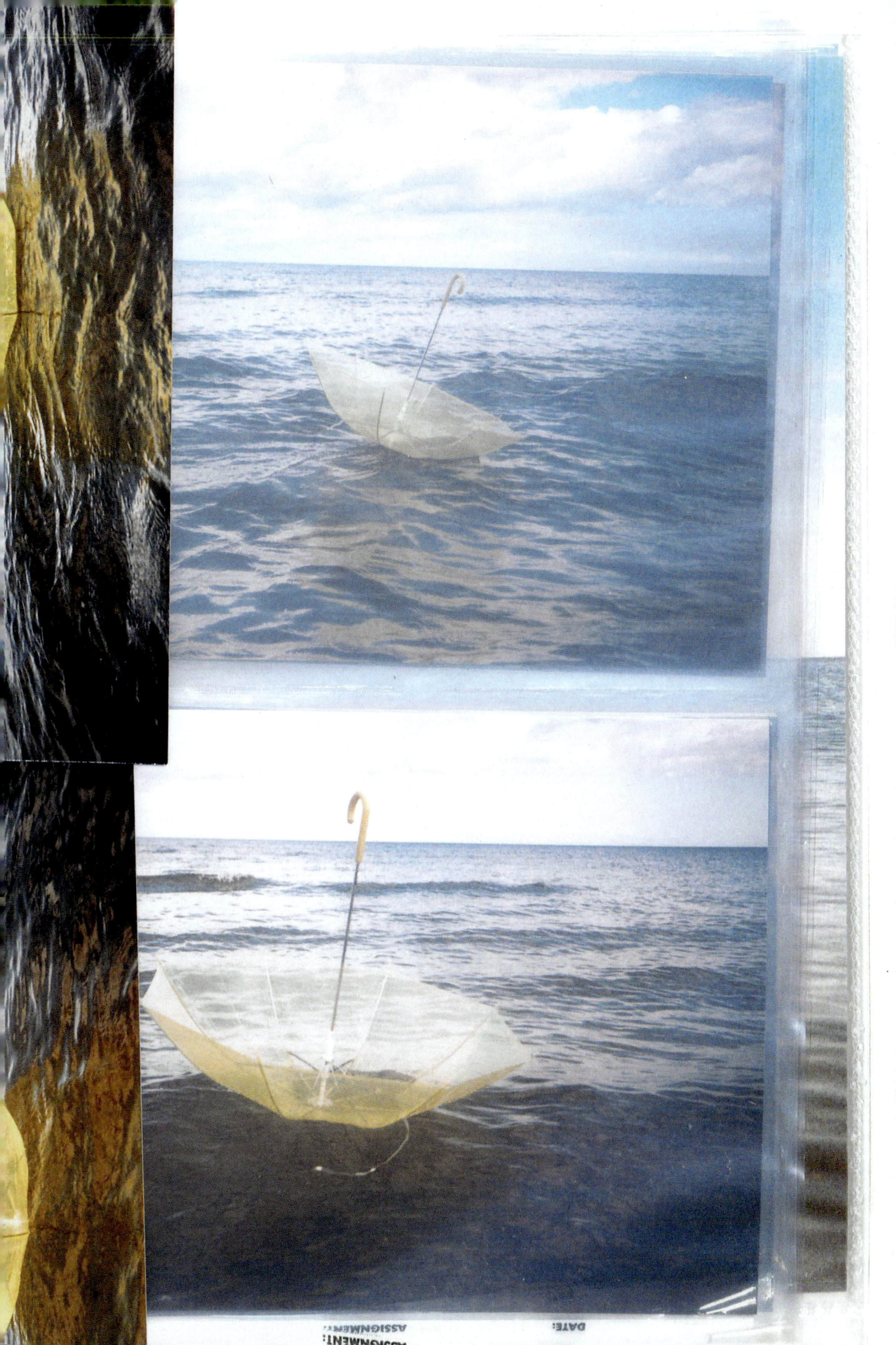

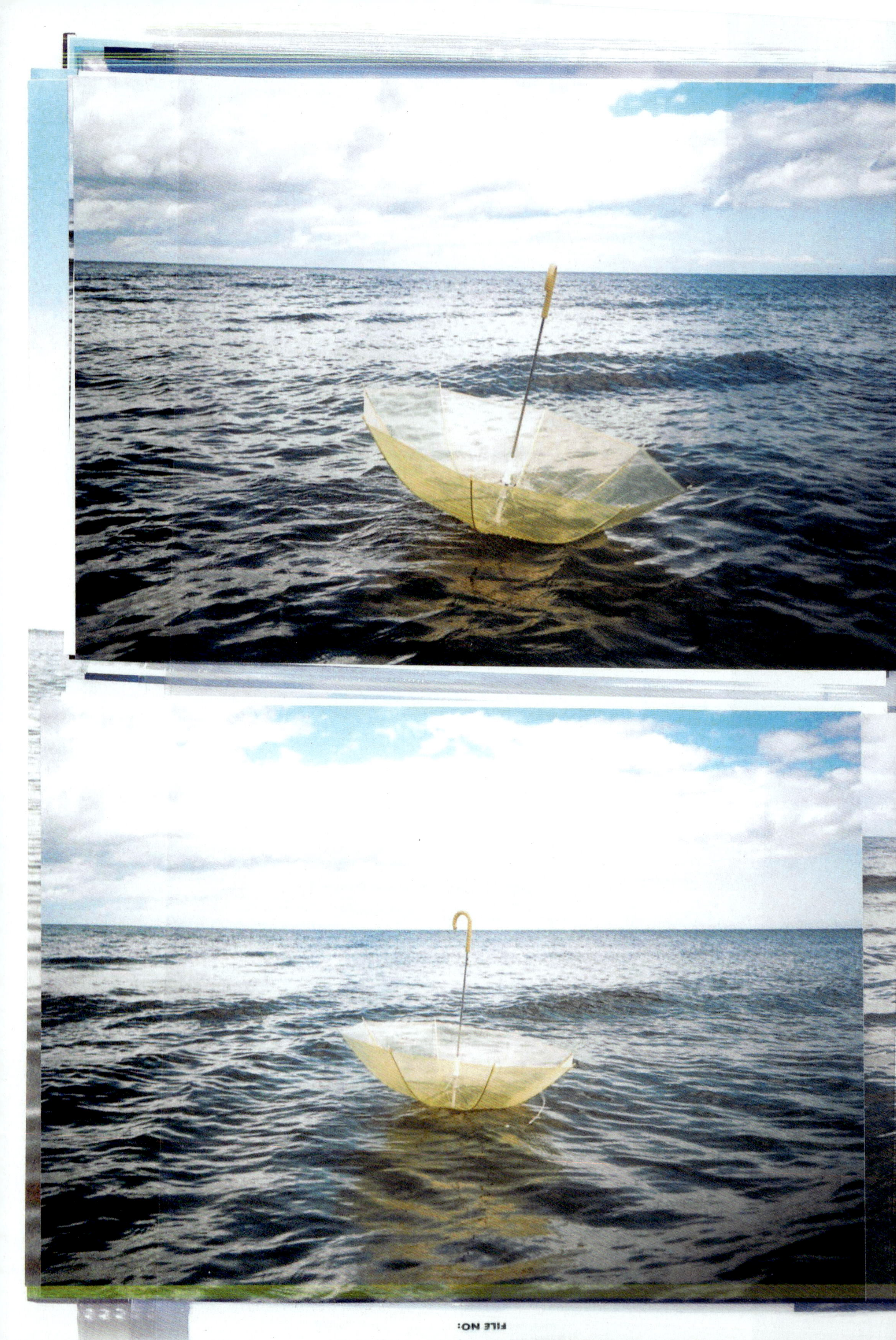
FILE NO:

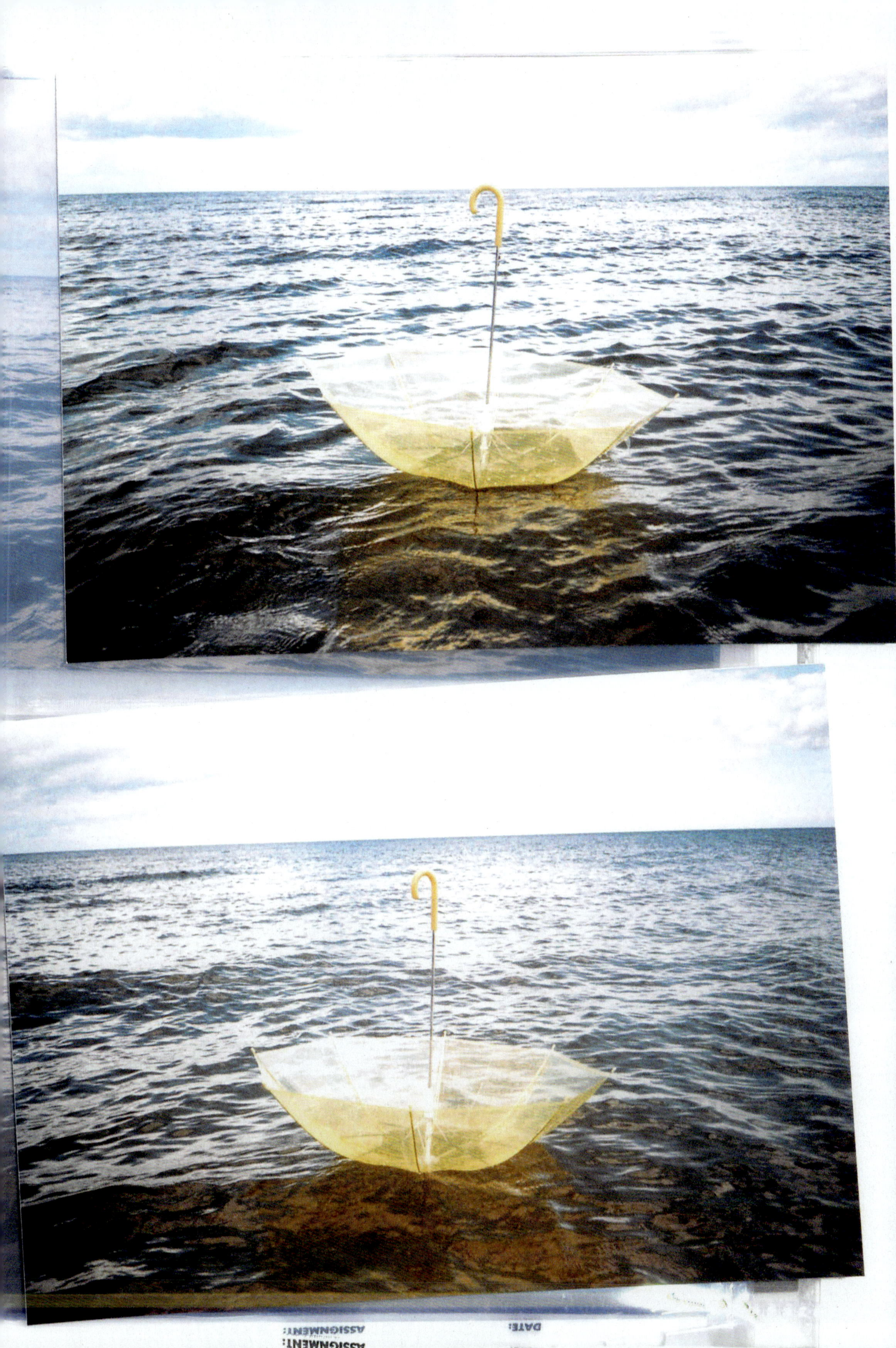

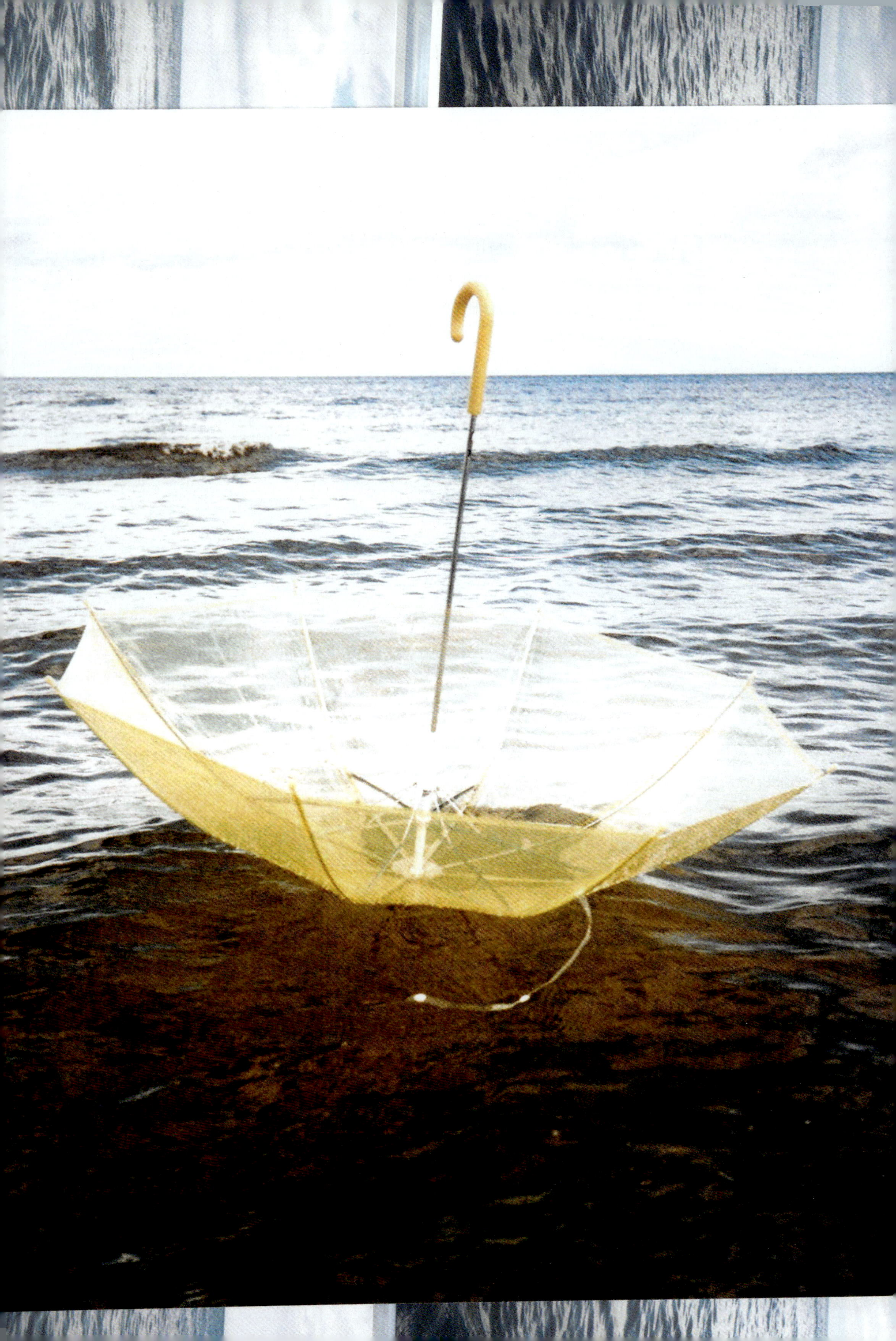

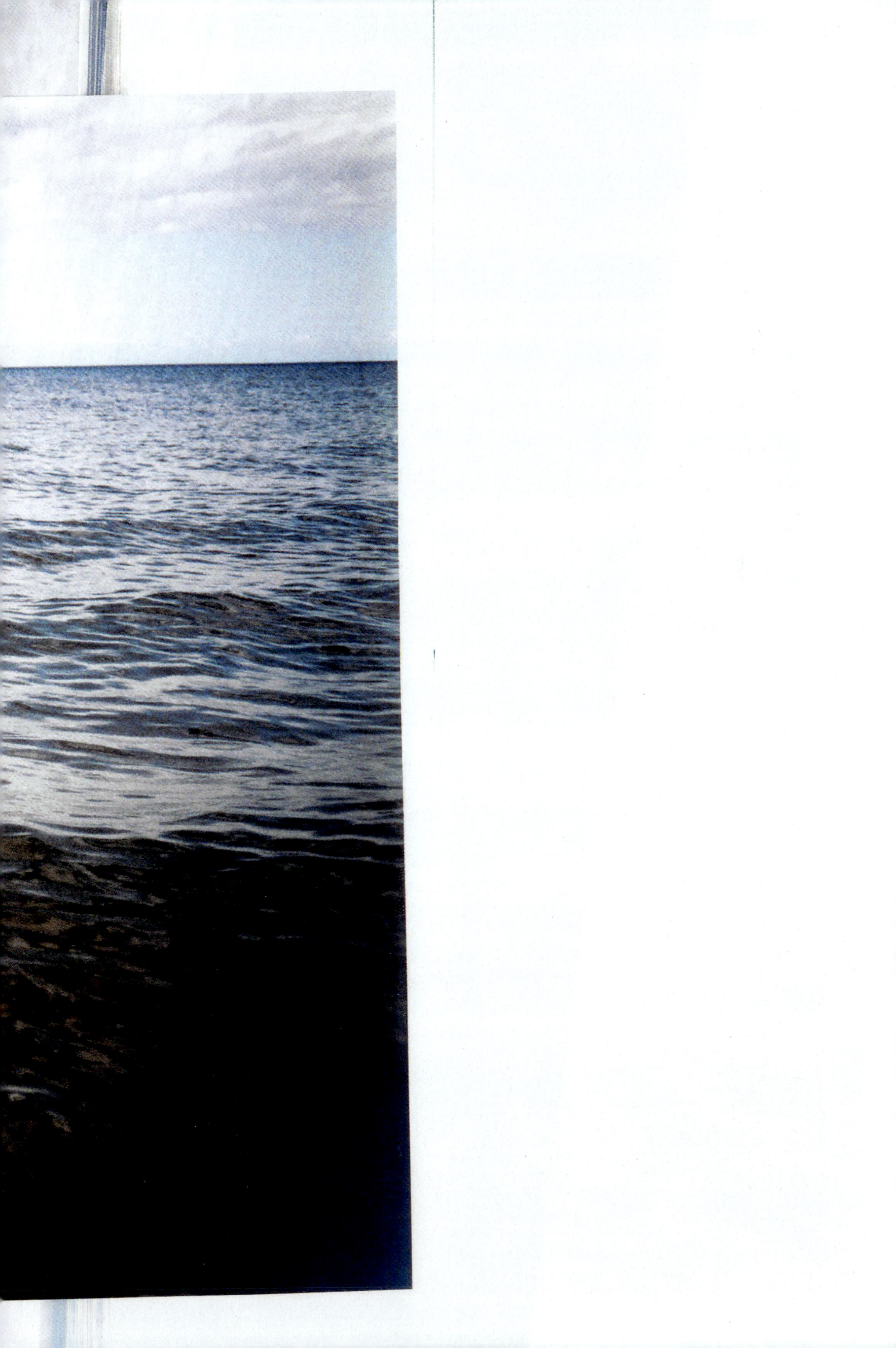

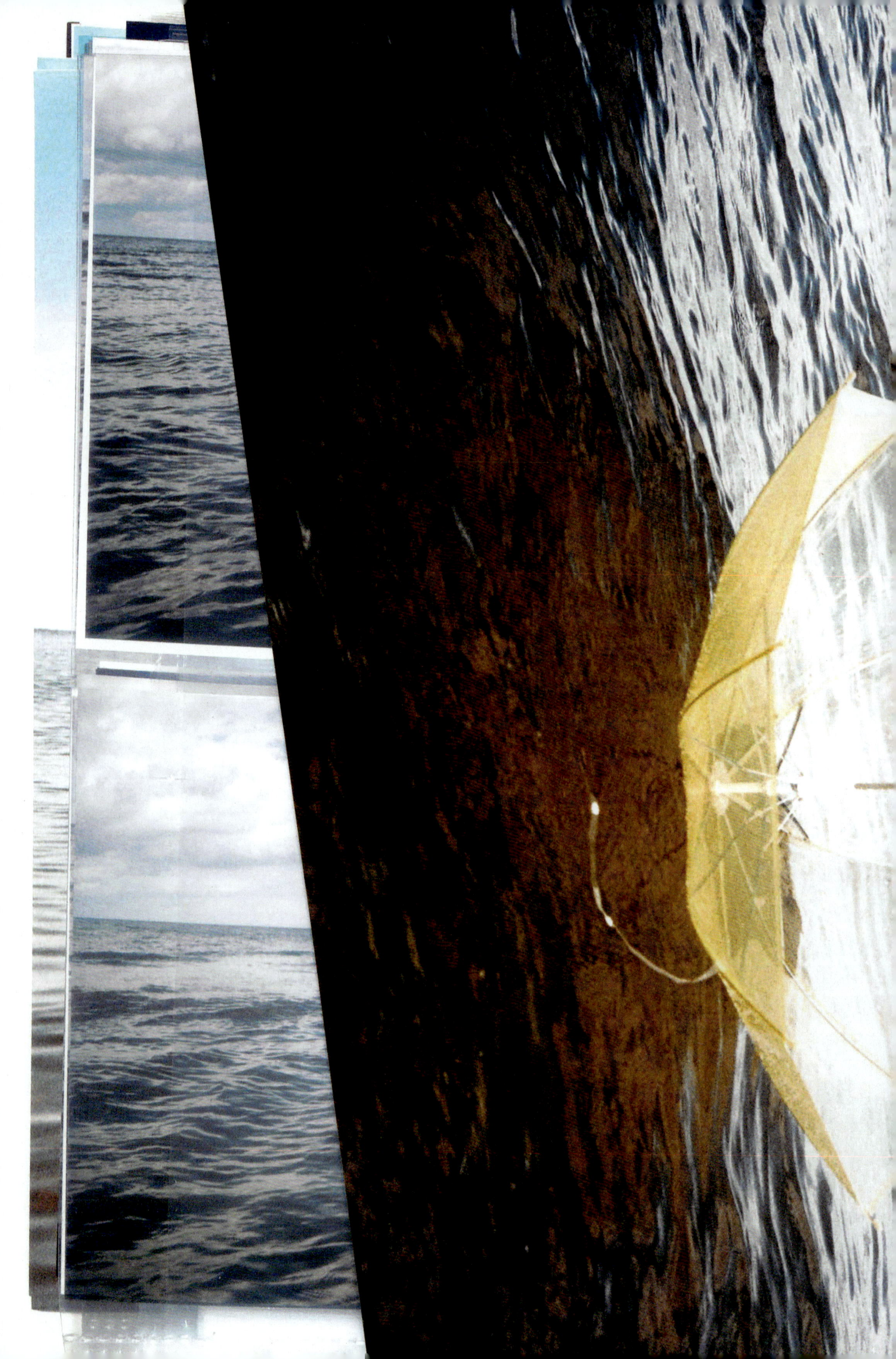

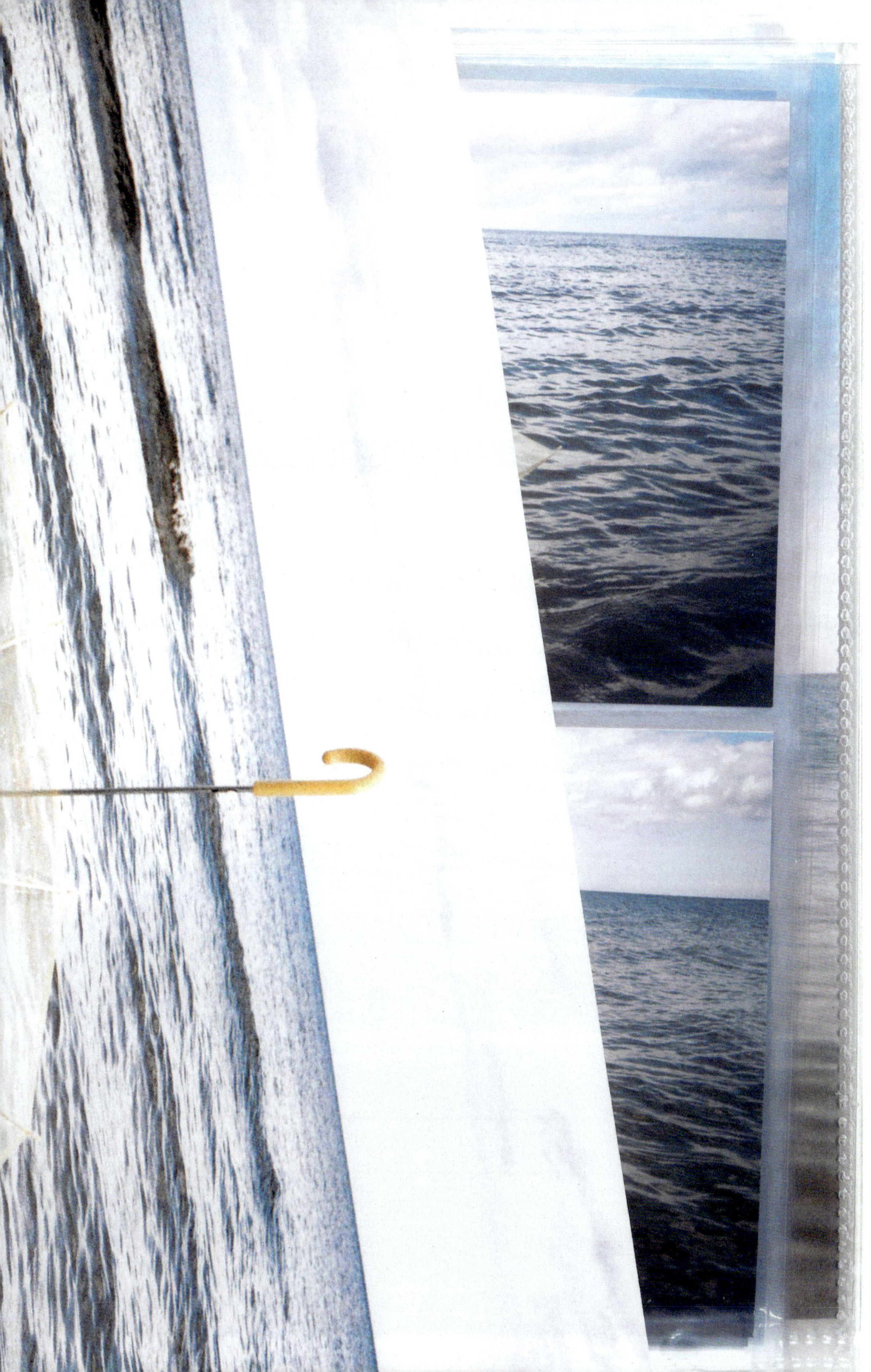

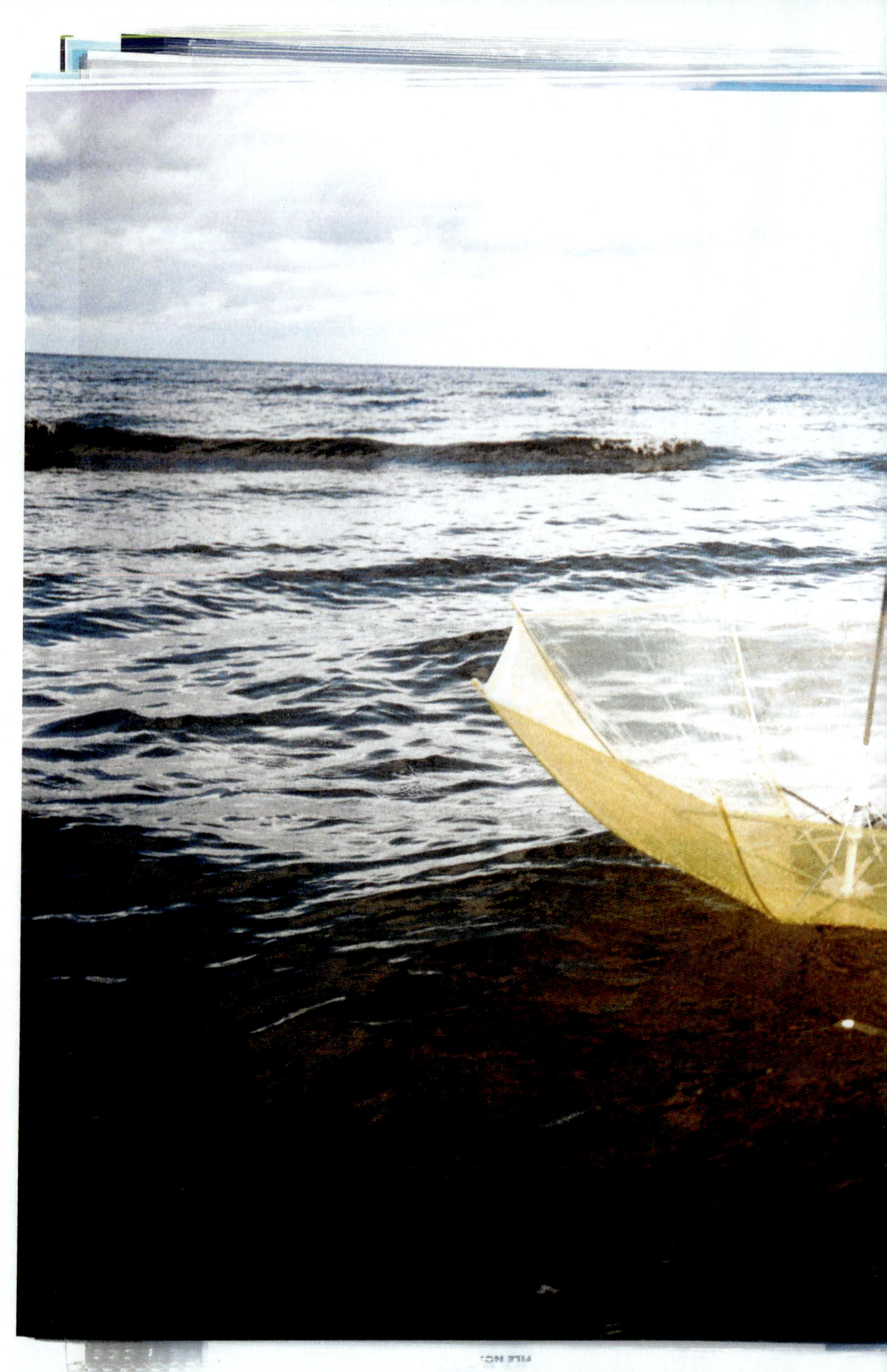

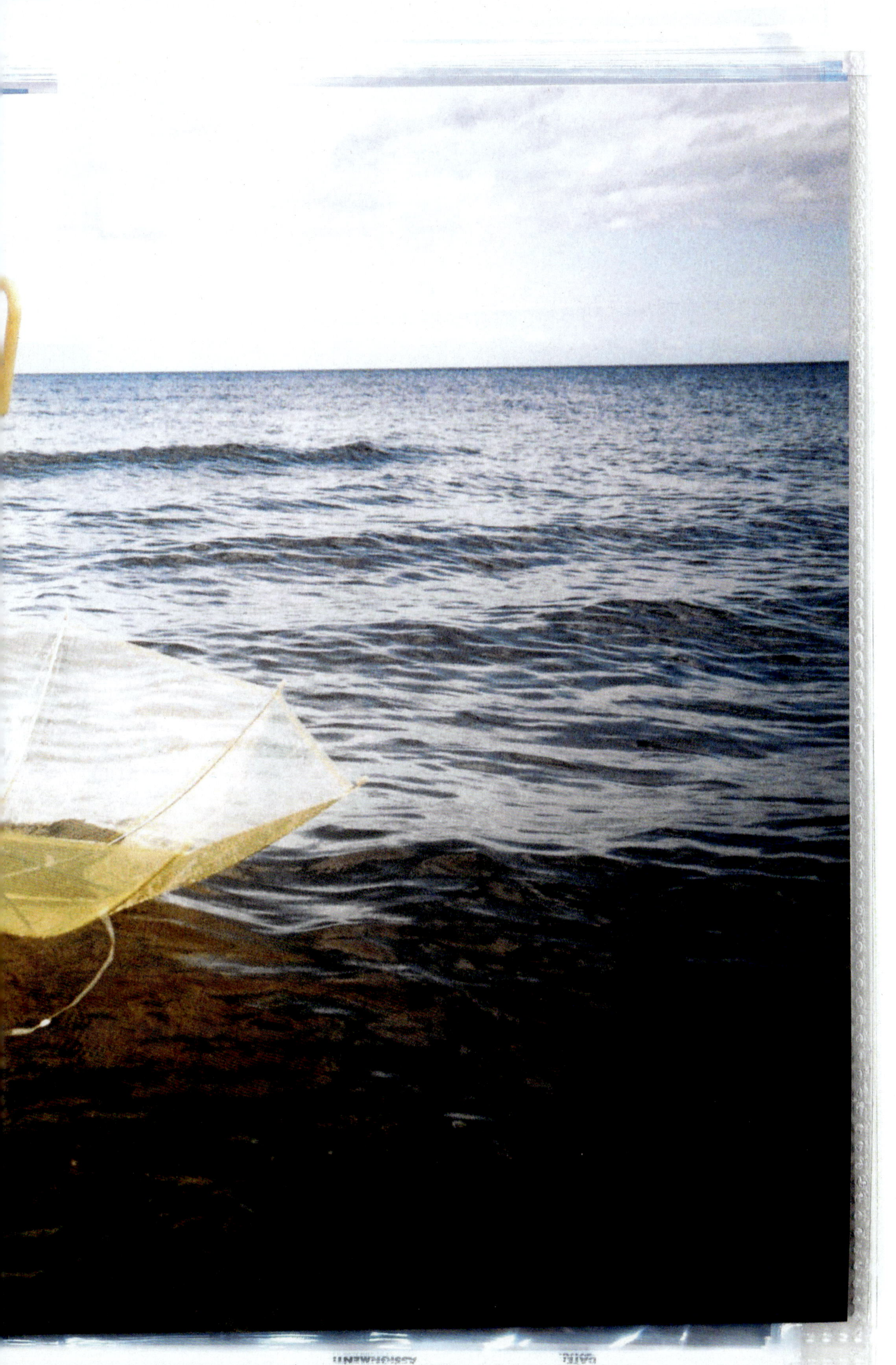

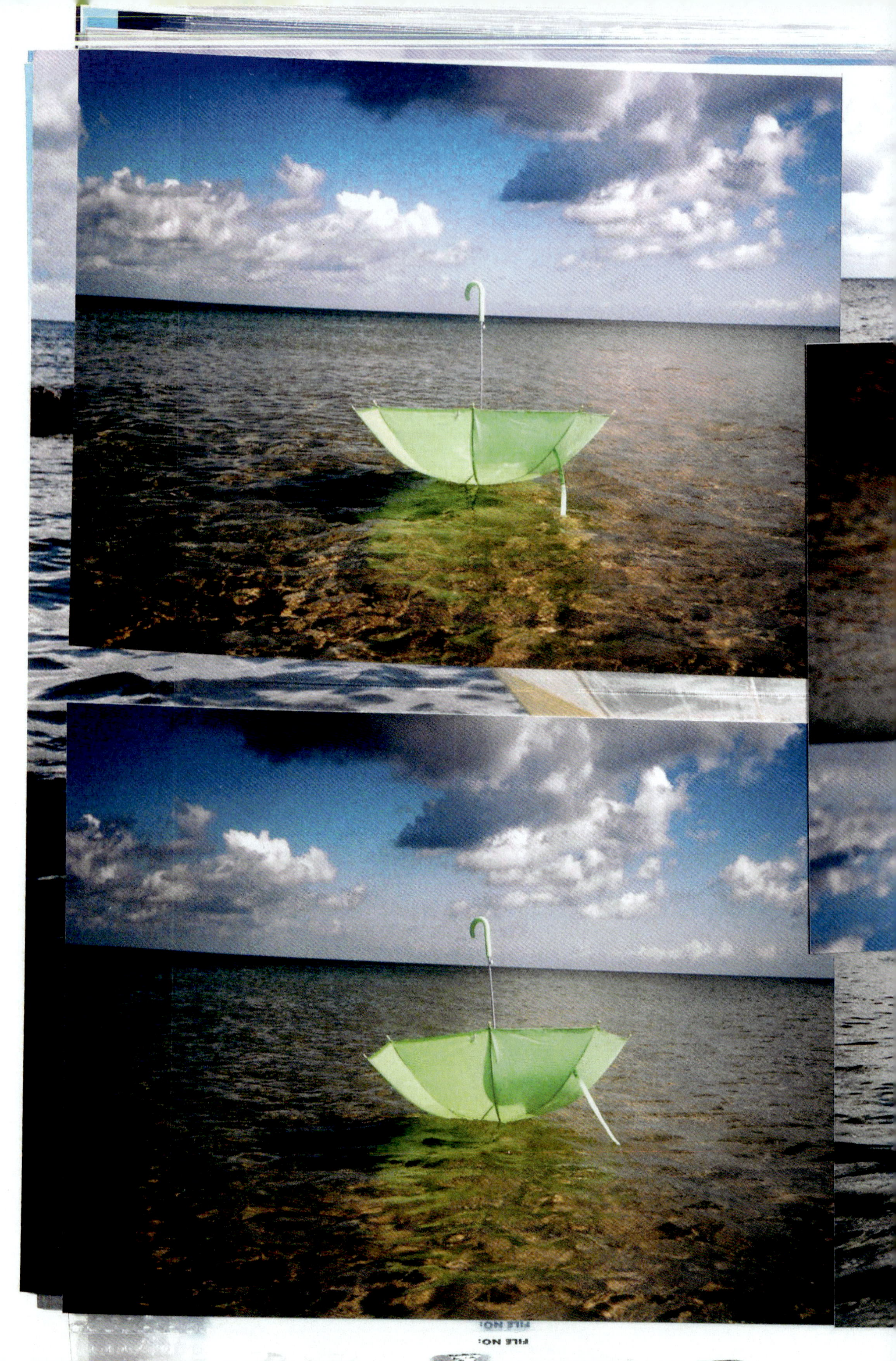
FILE NO:

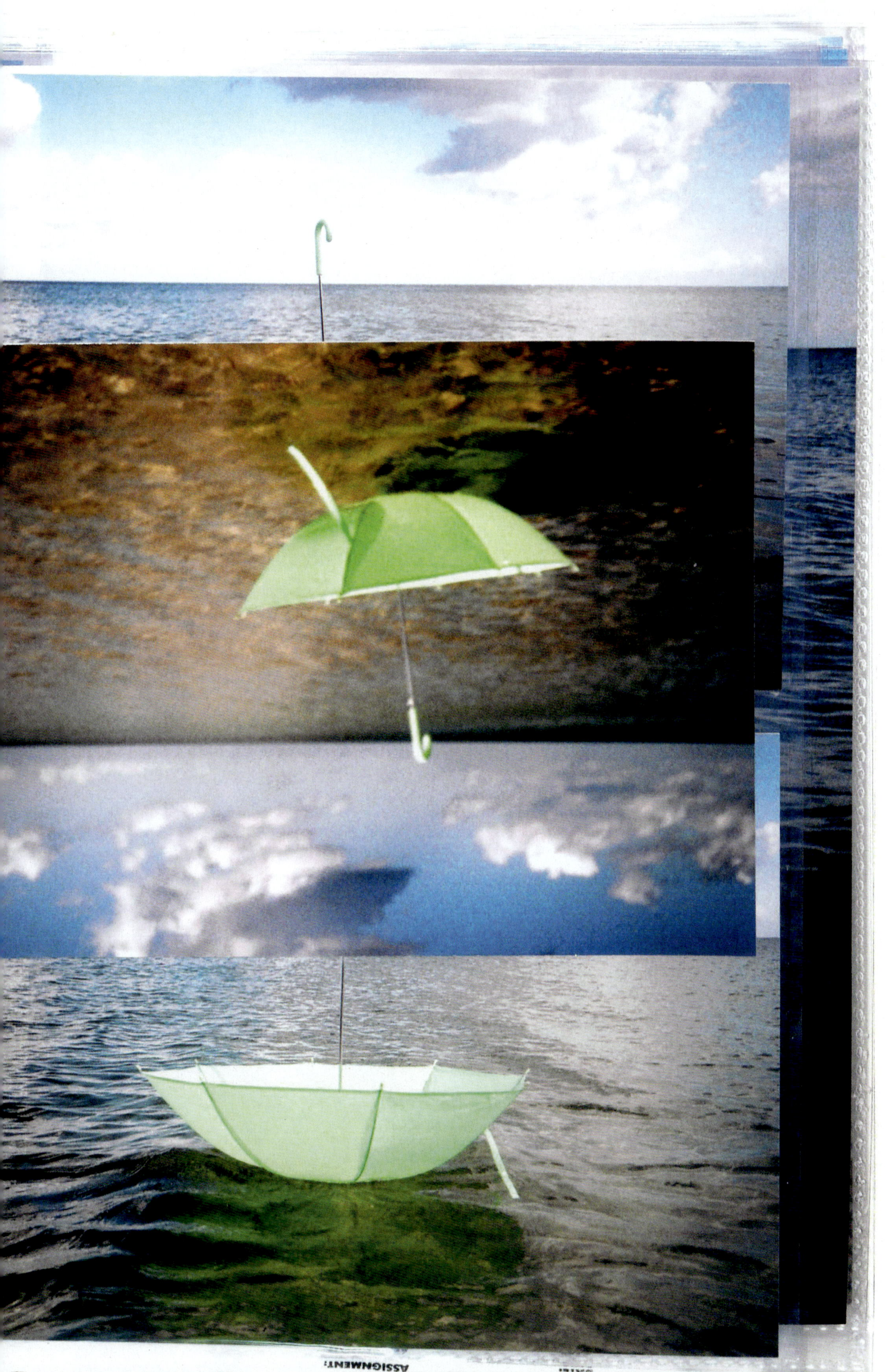
ASSIGNMENT:

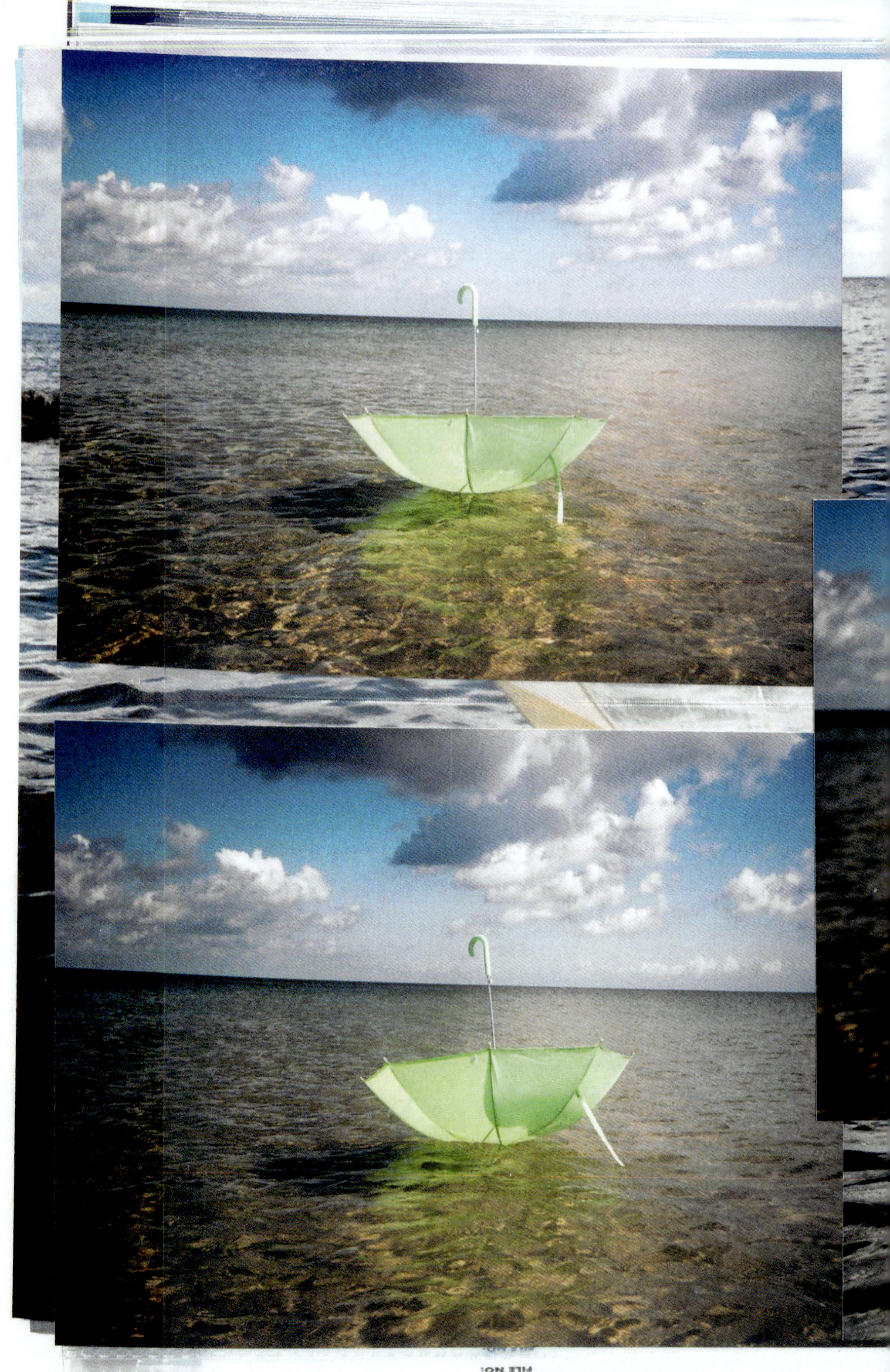

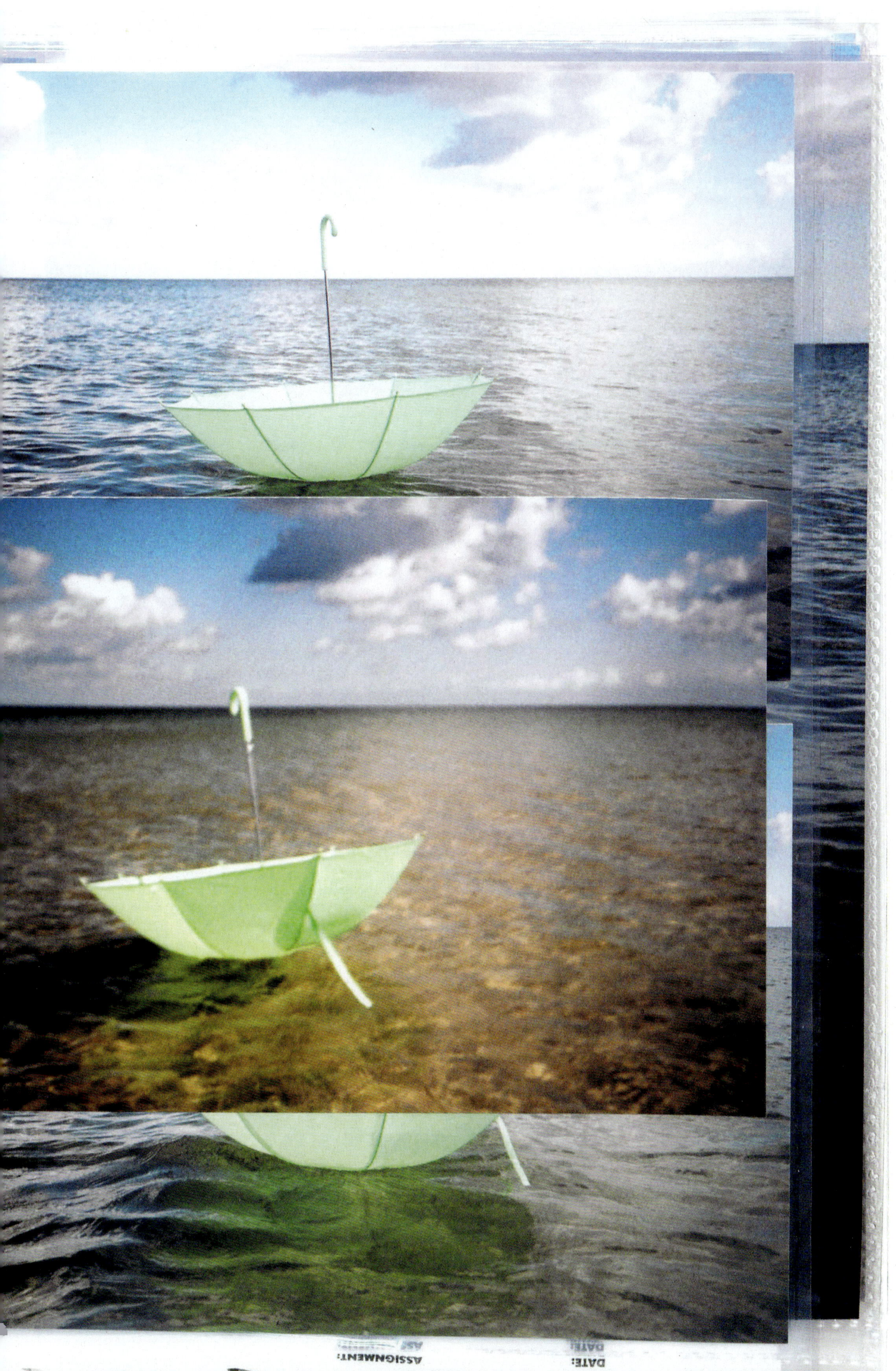

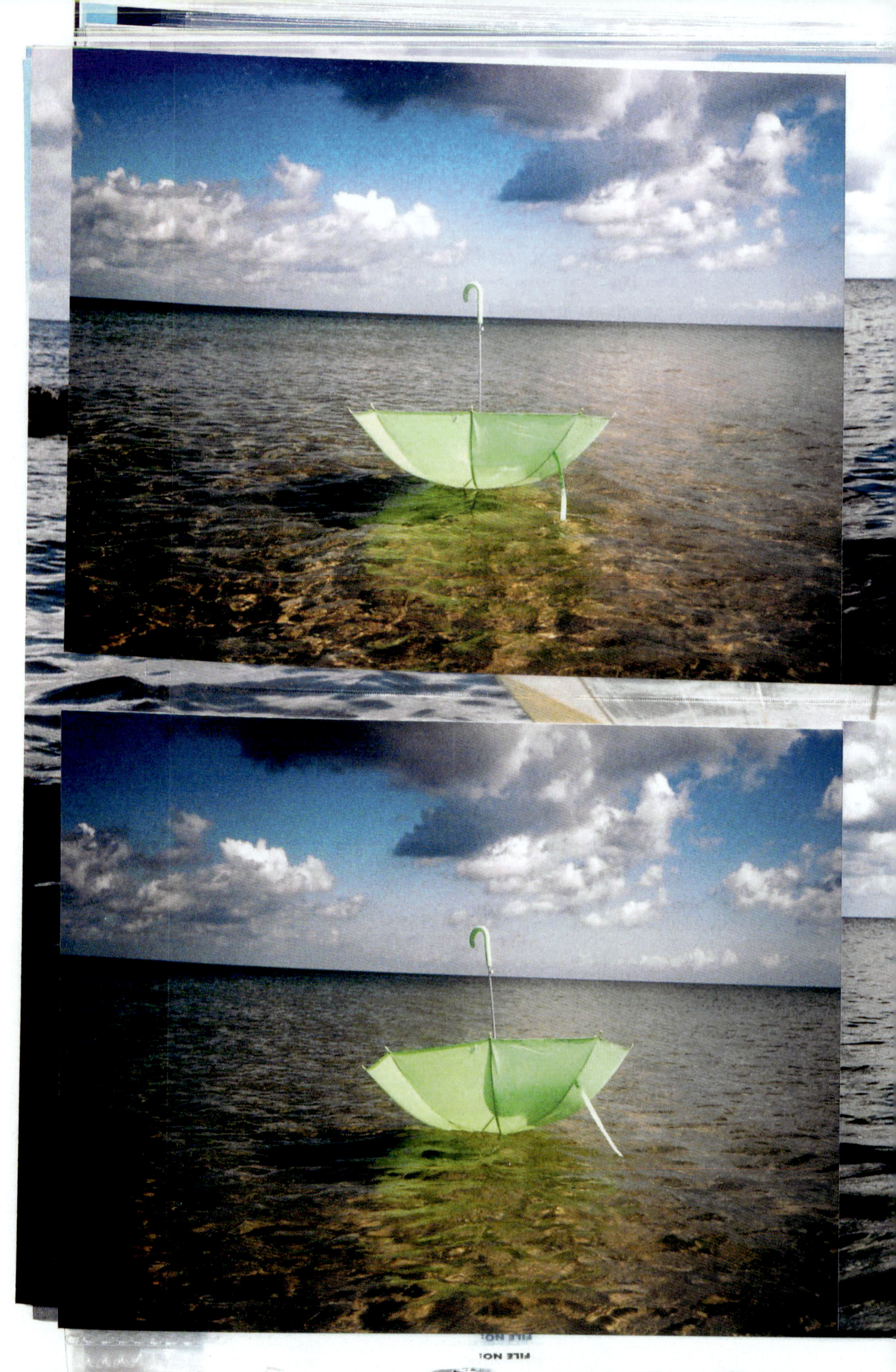

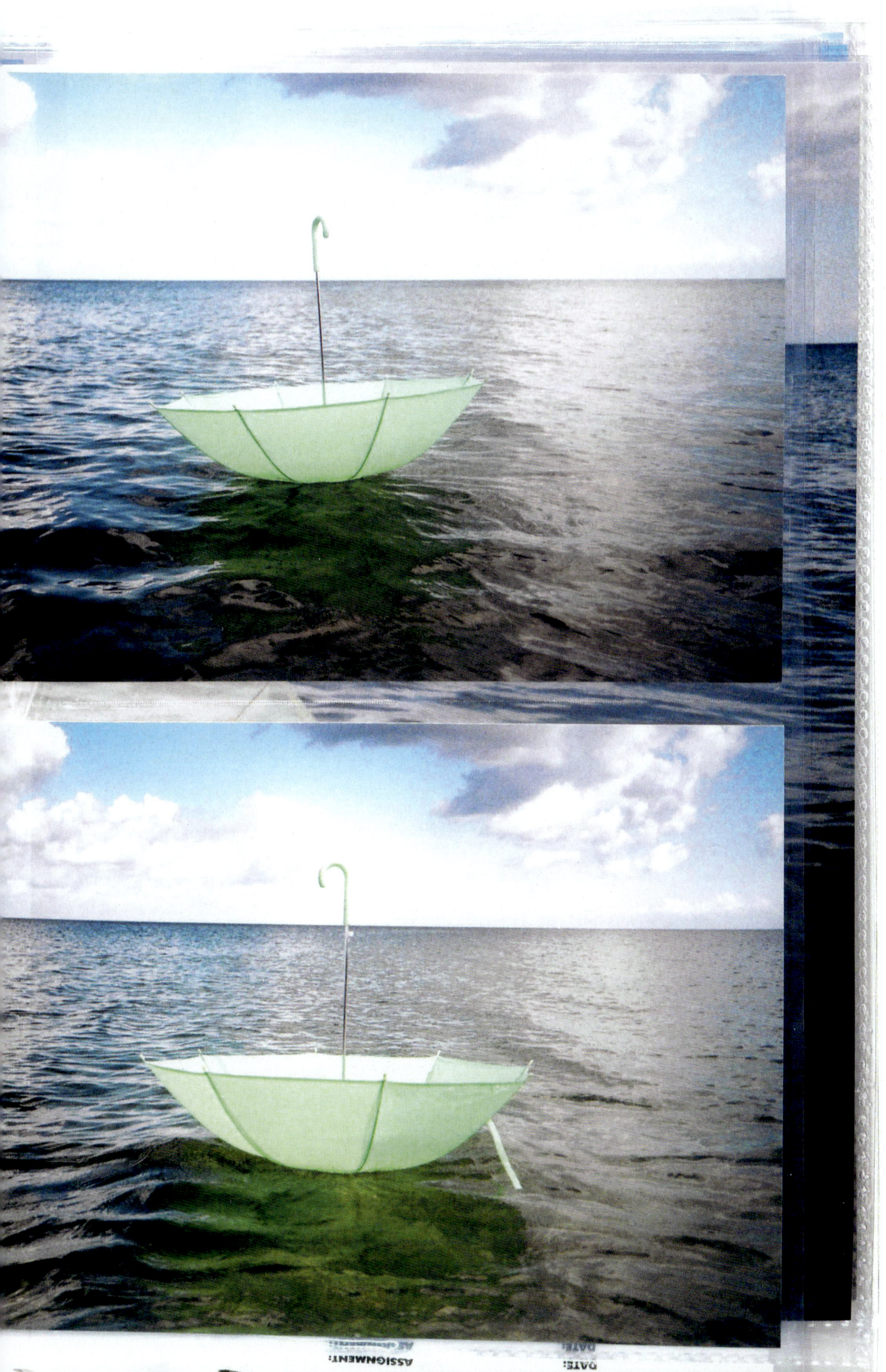
ASSIGNMENT:
DATE:

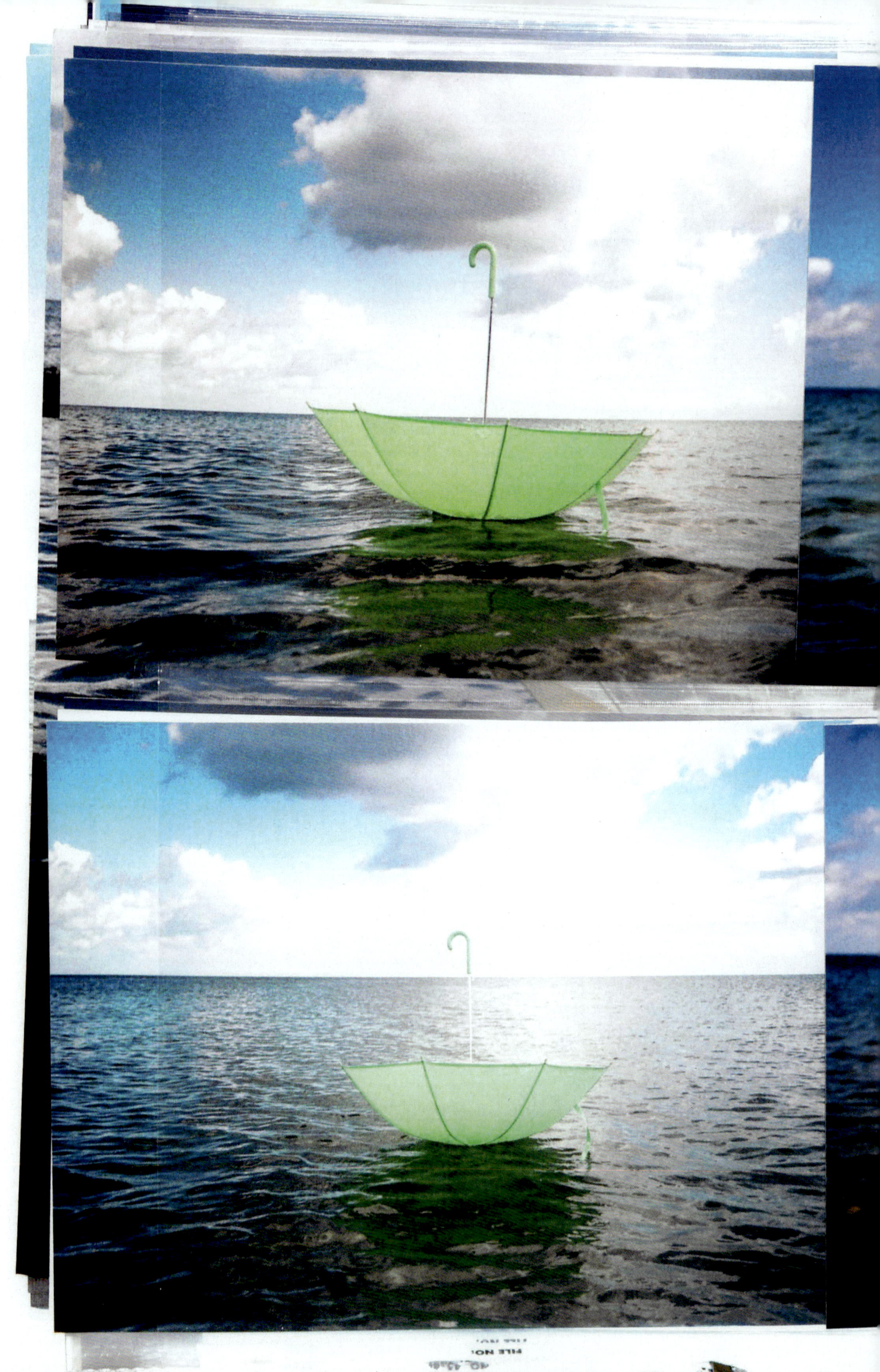

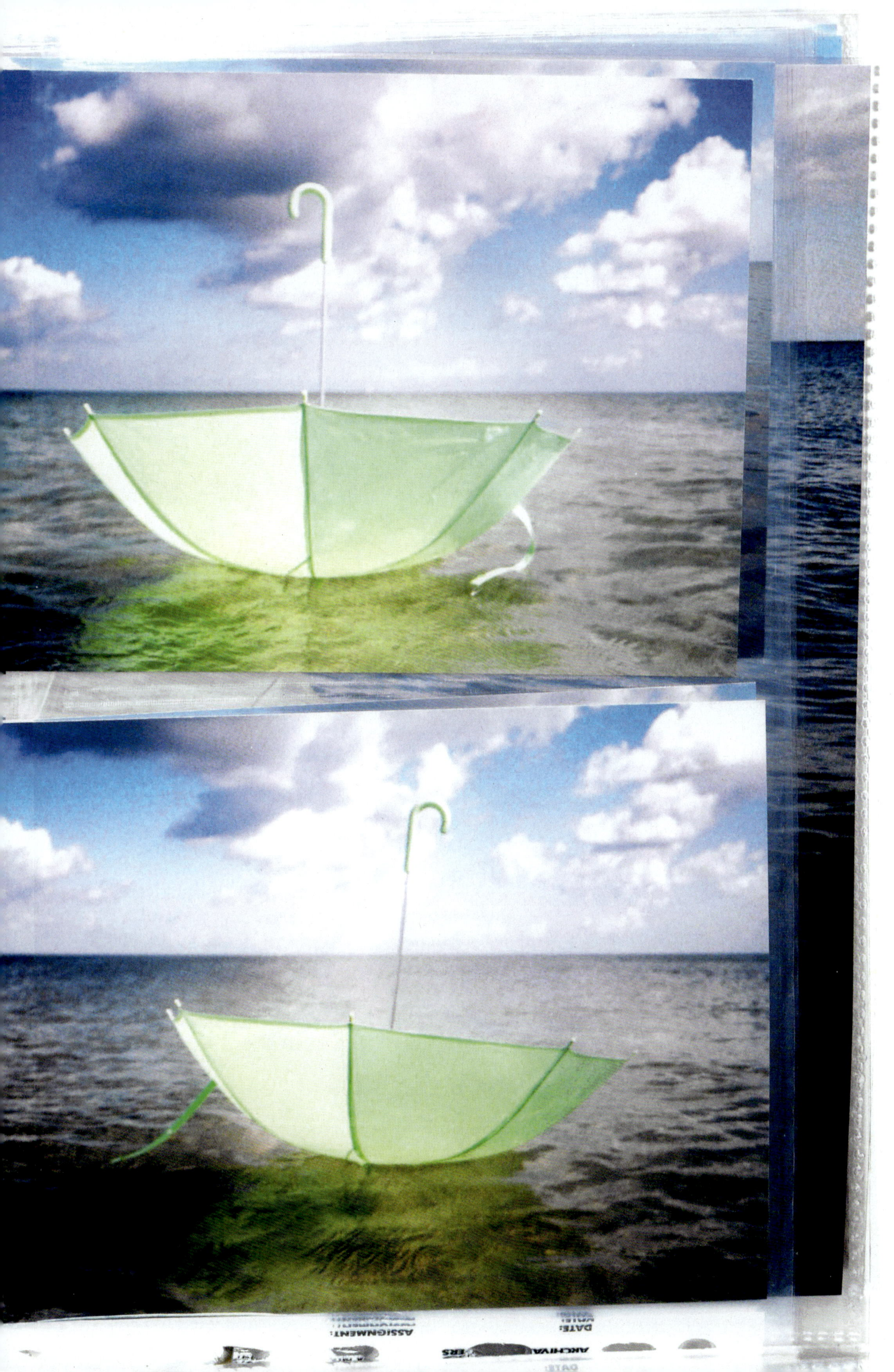

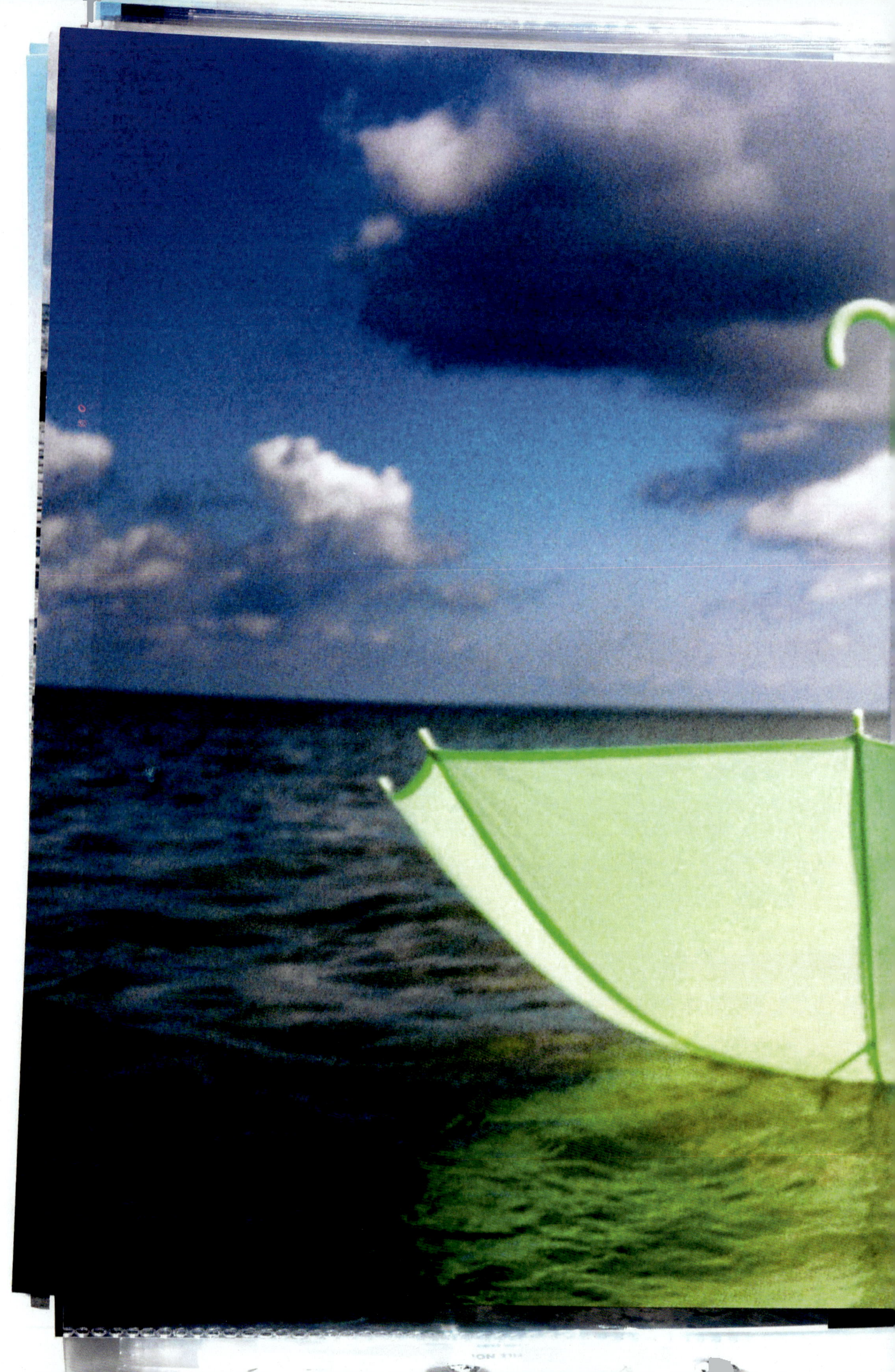

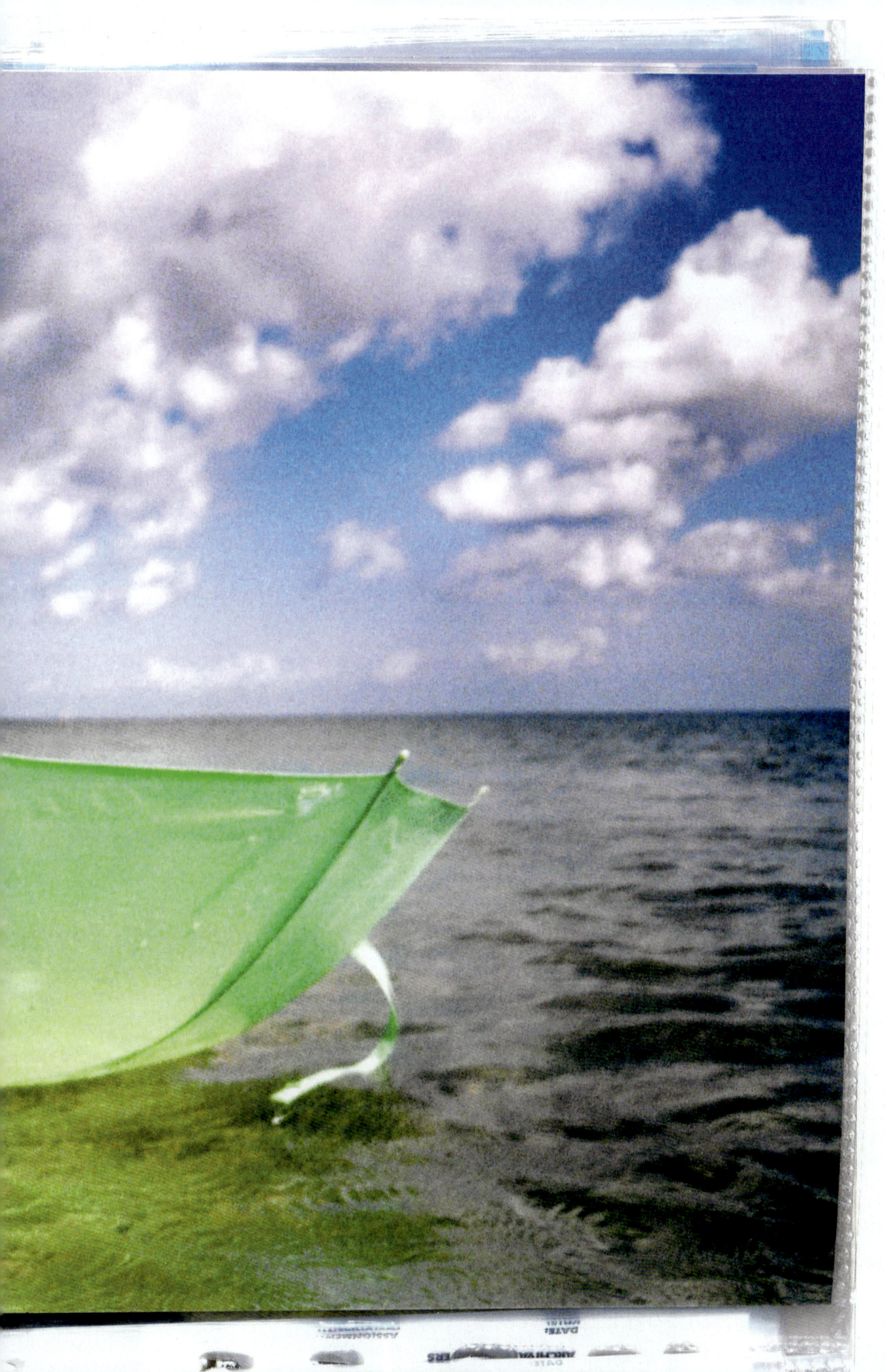

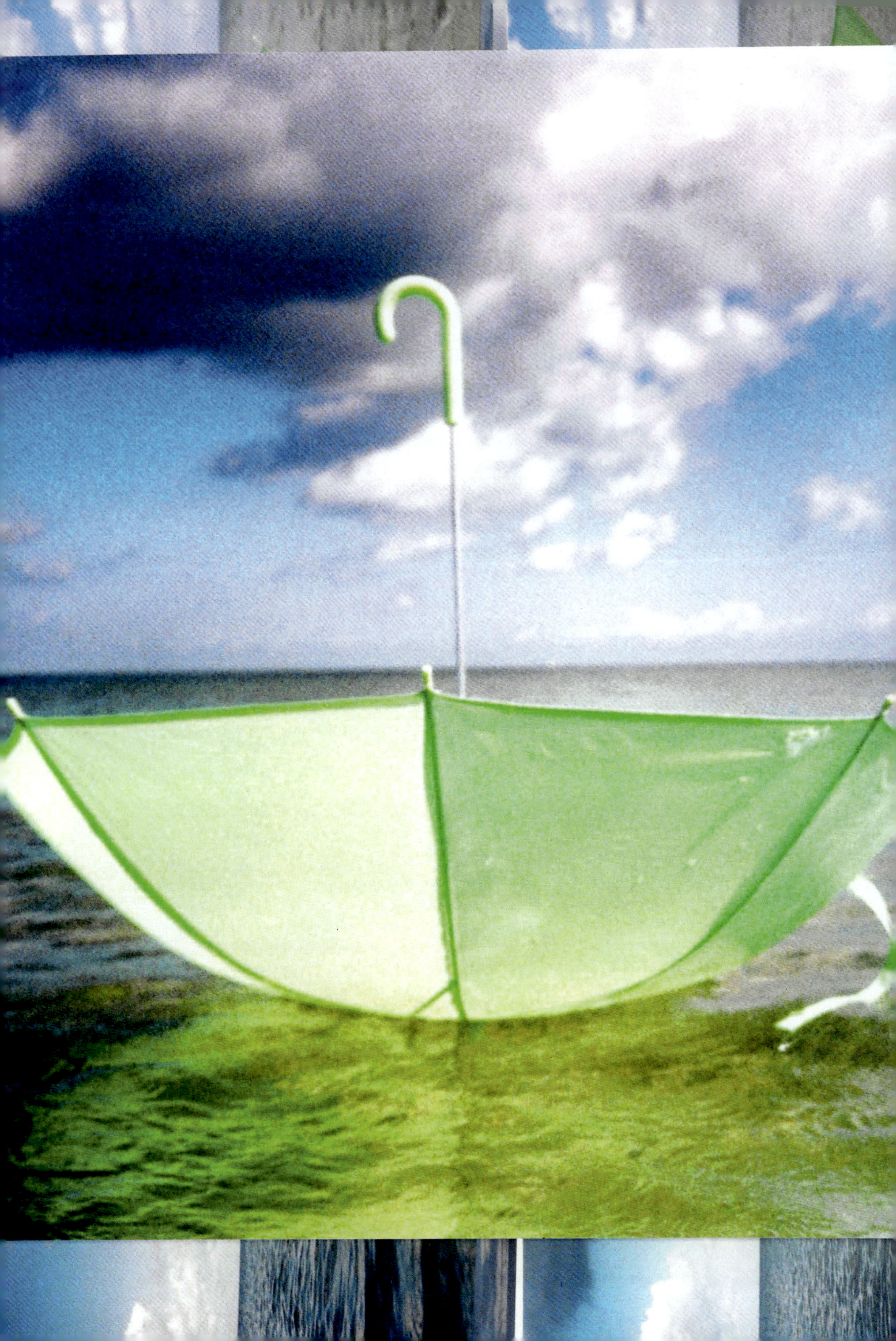

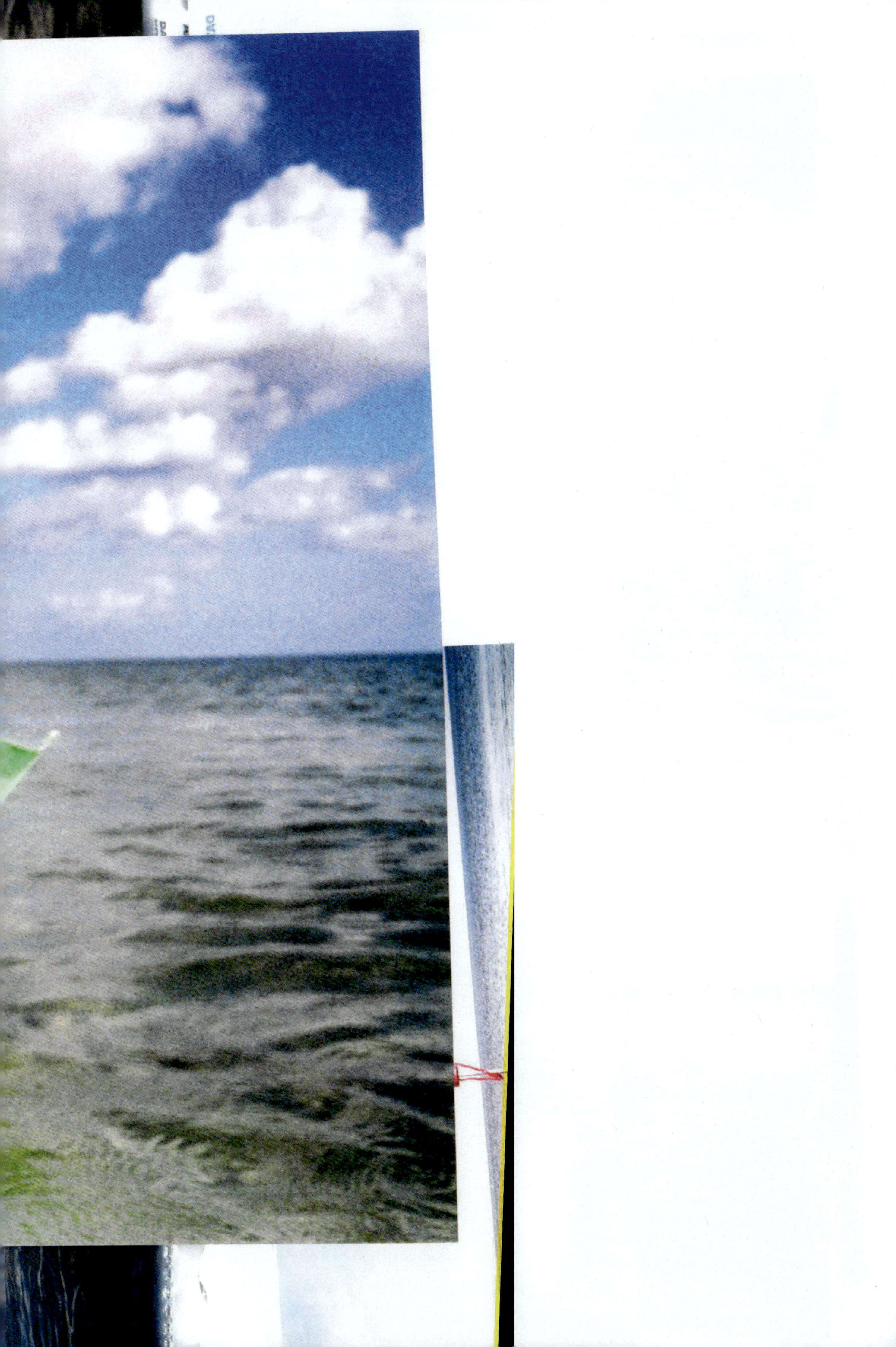

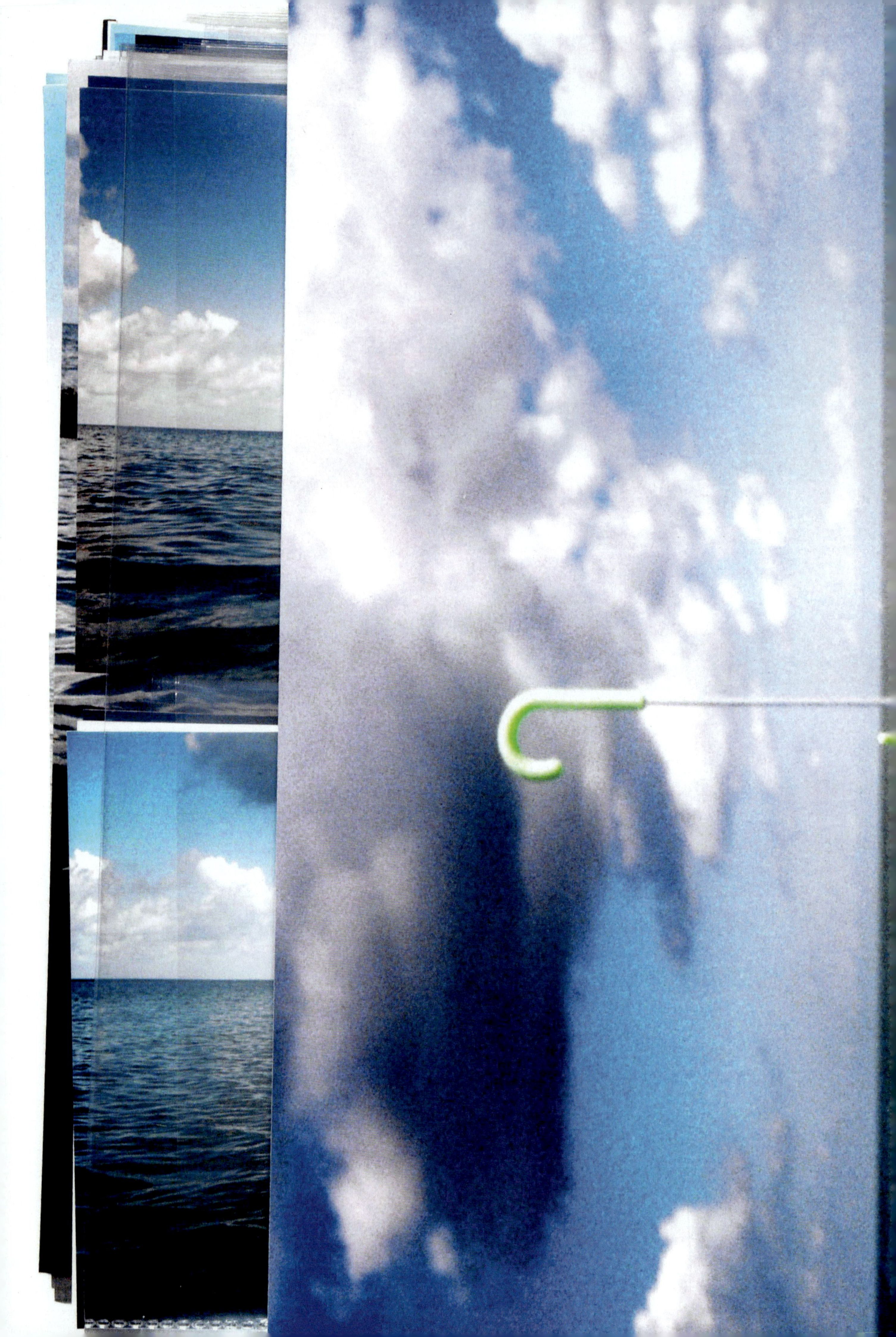

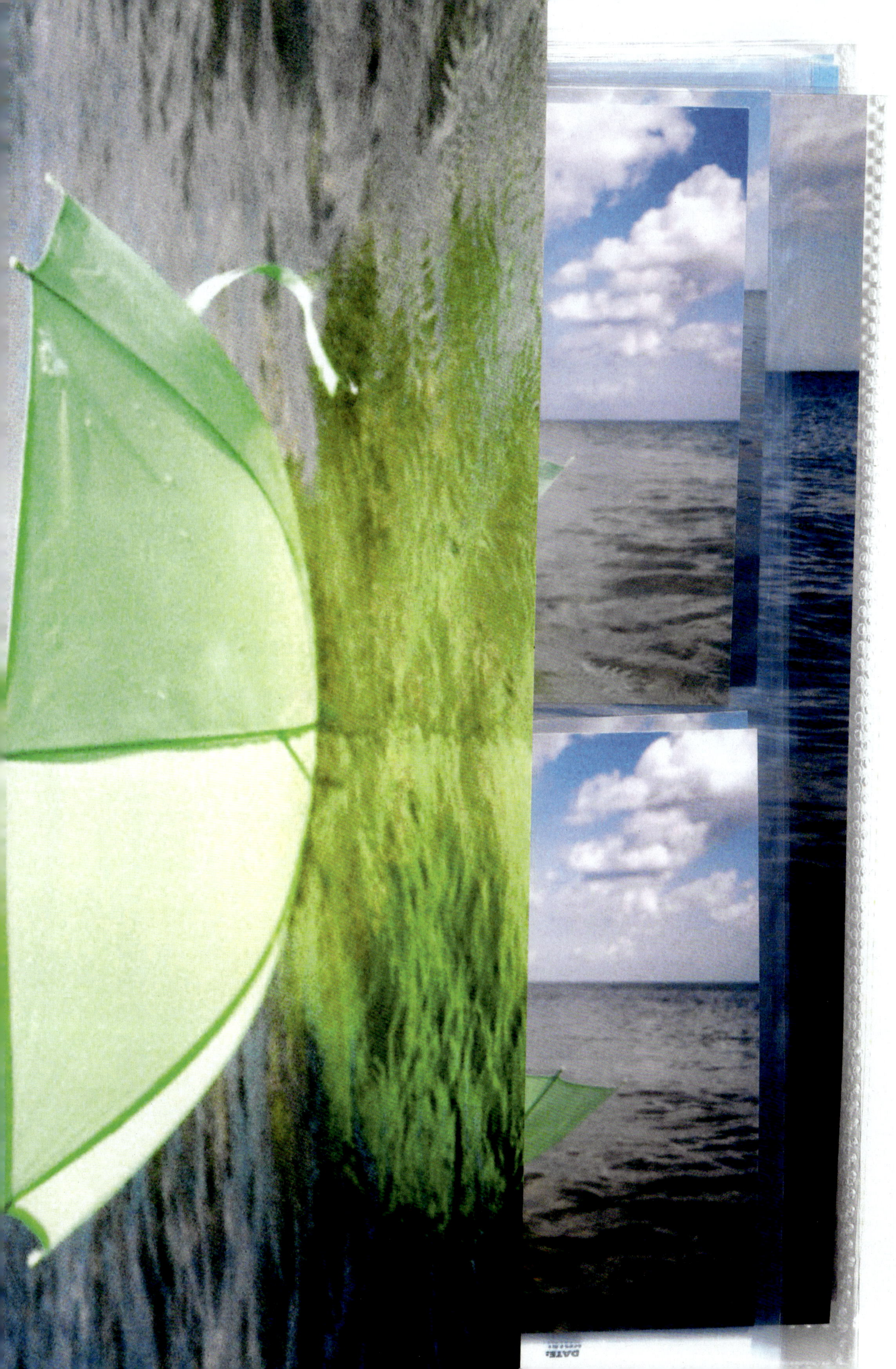

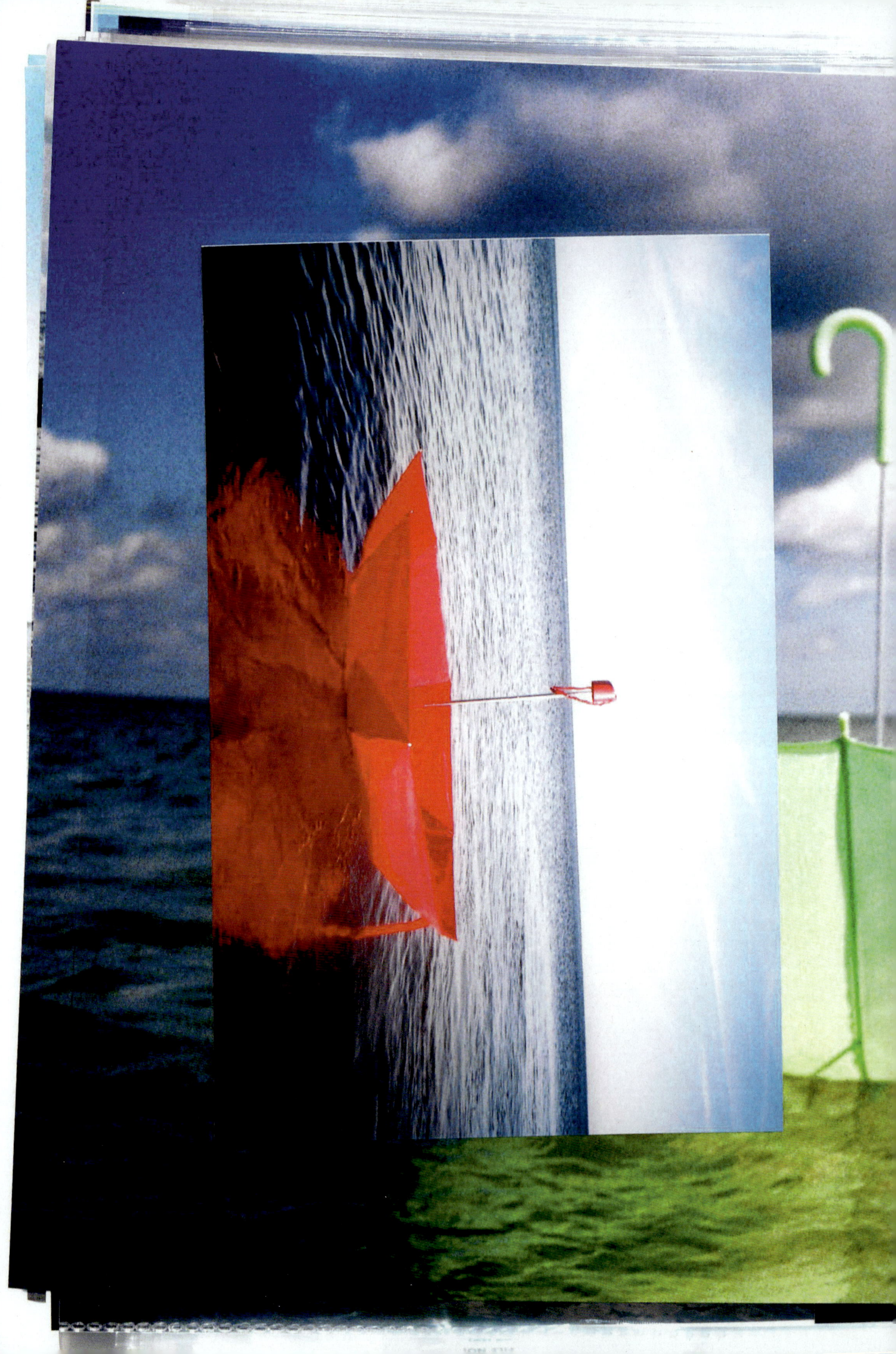

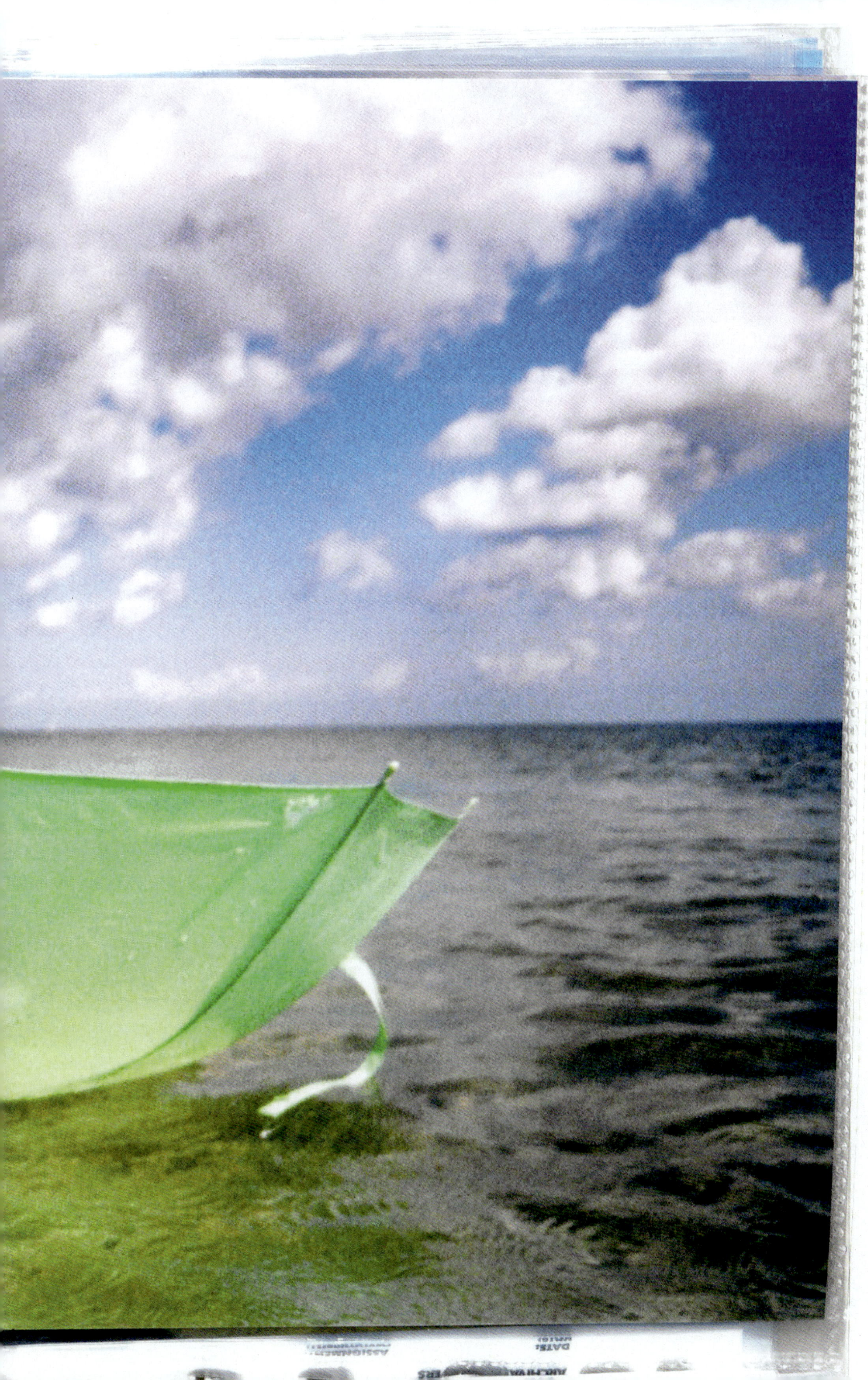

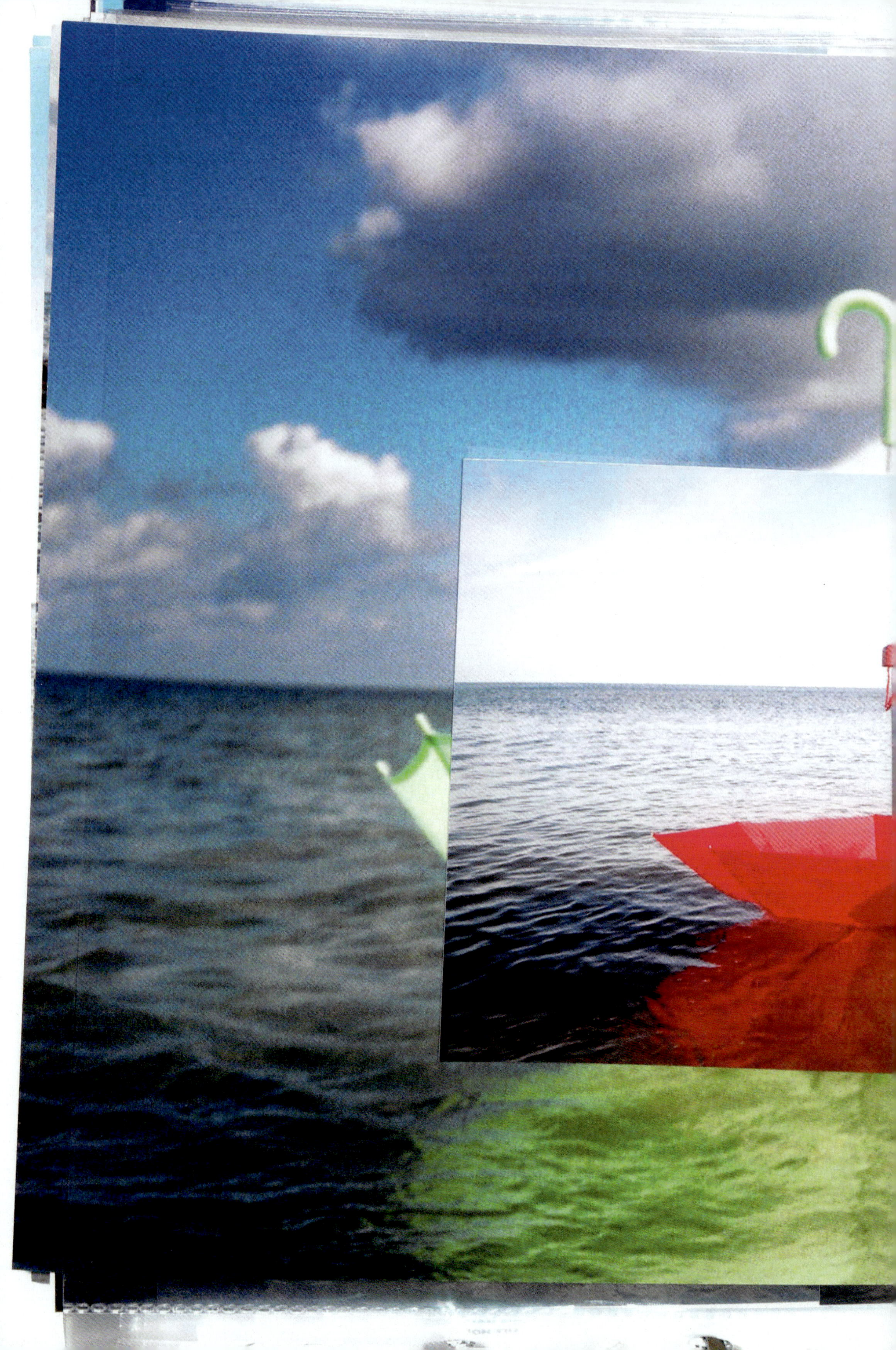

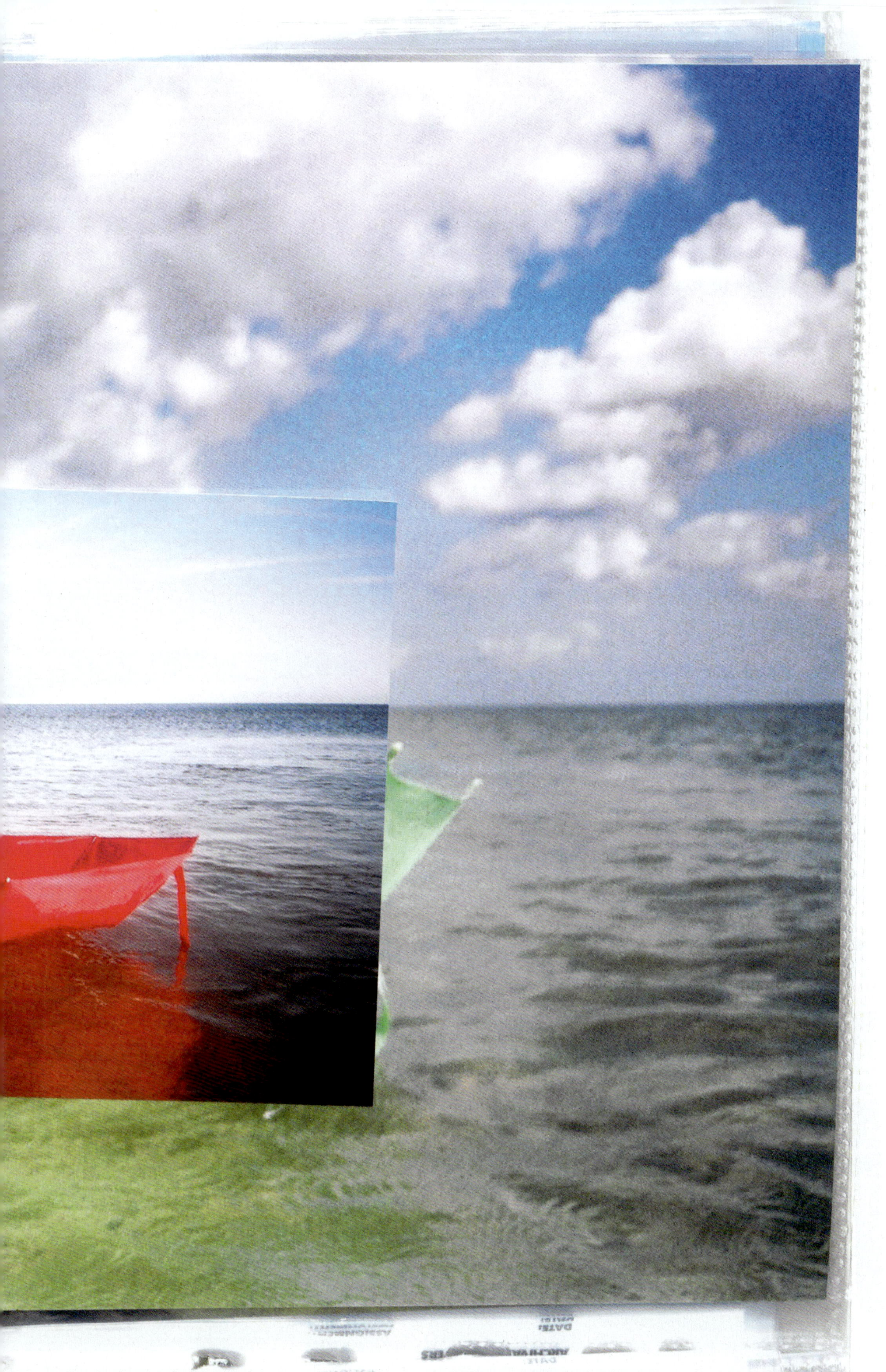

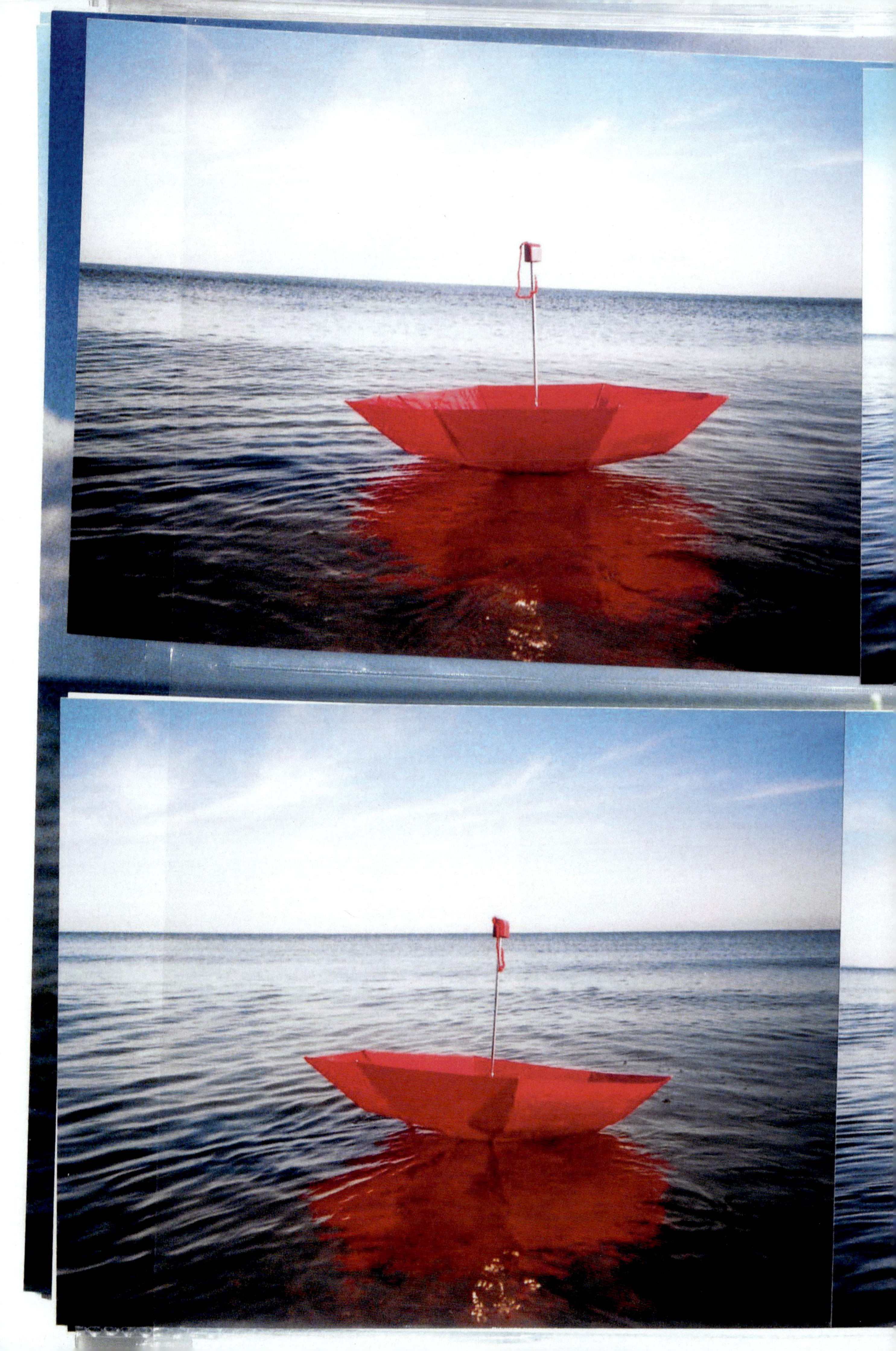

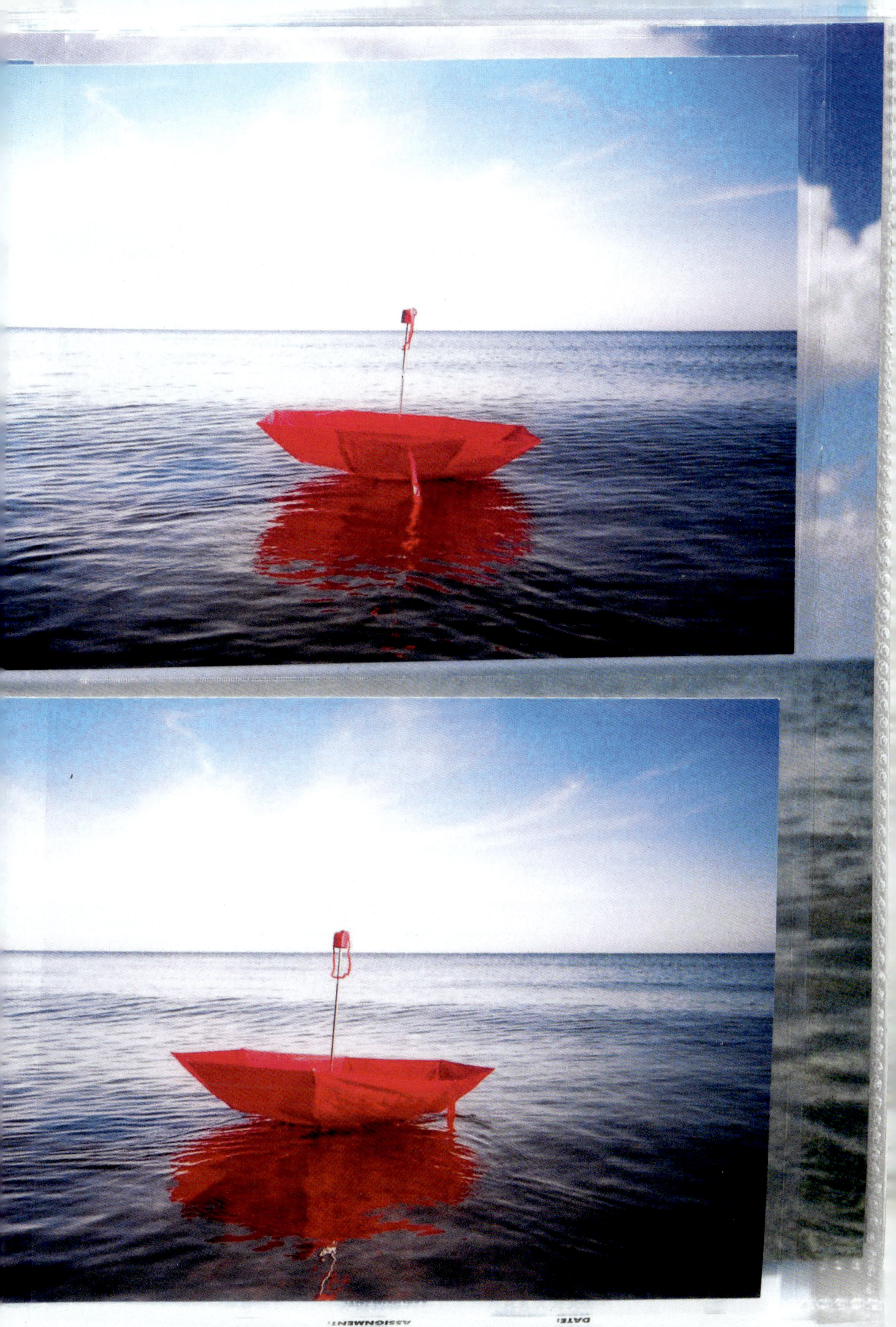
ASSIGNMENT:
DATE:

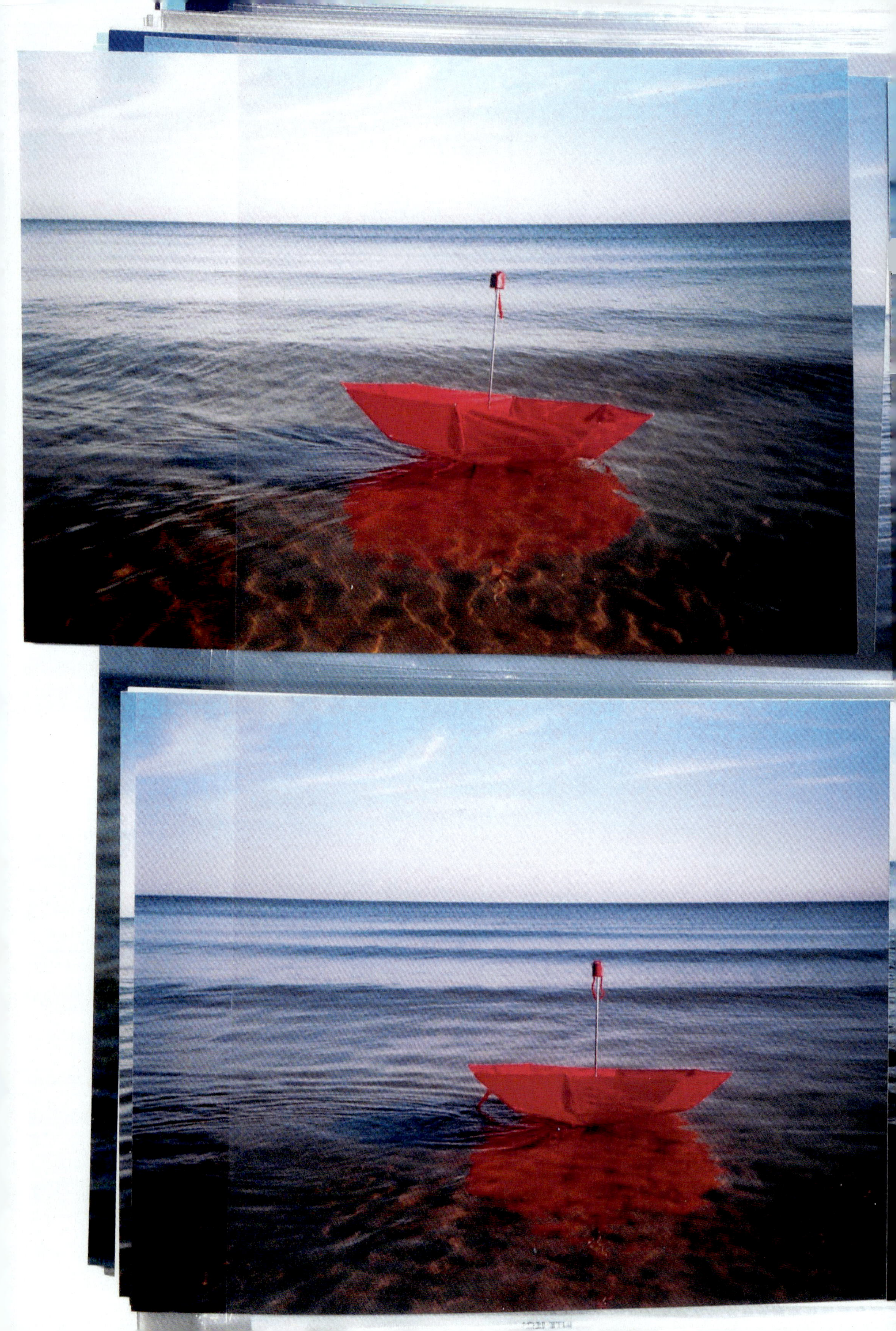

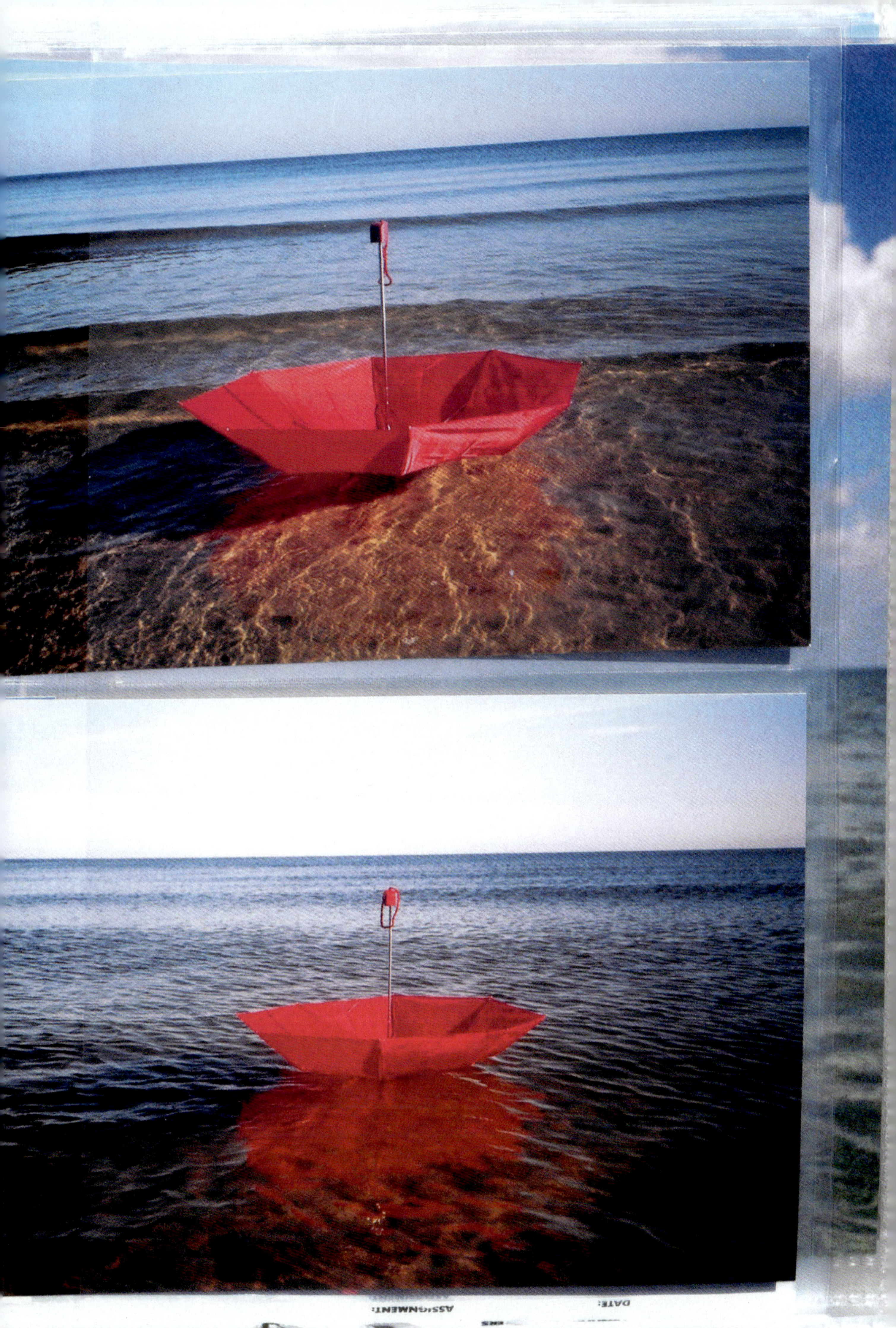

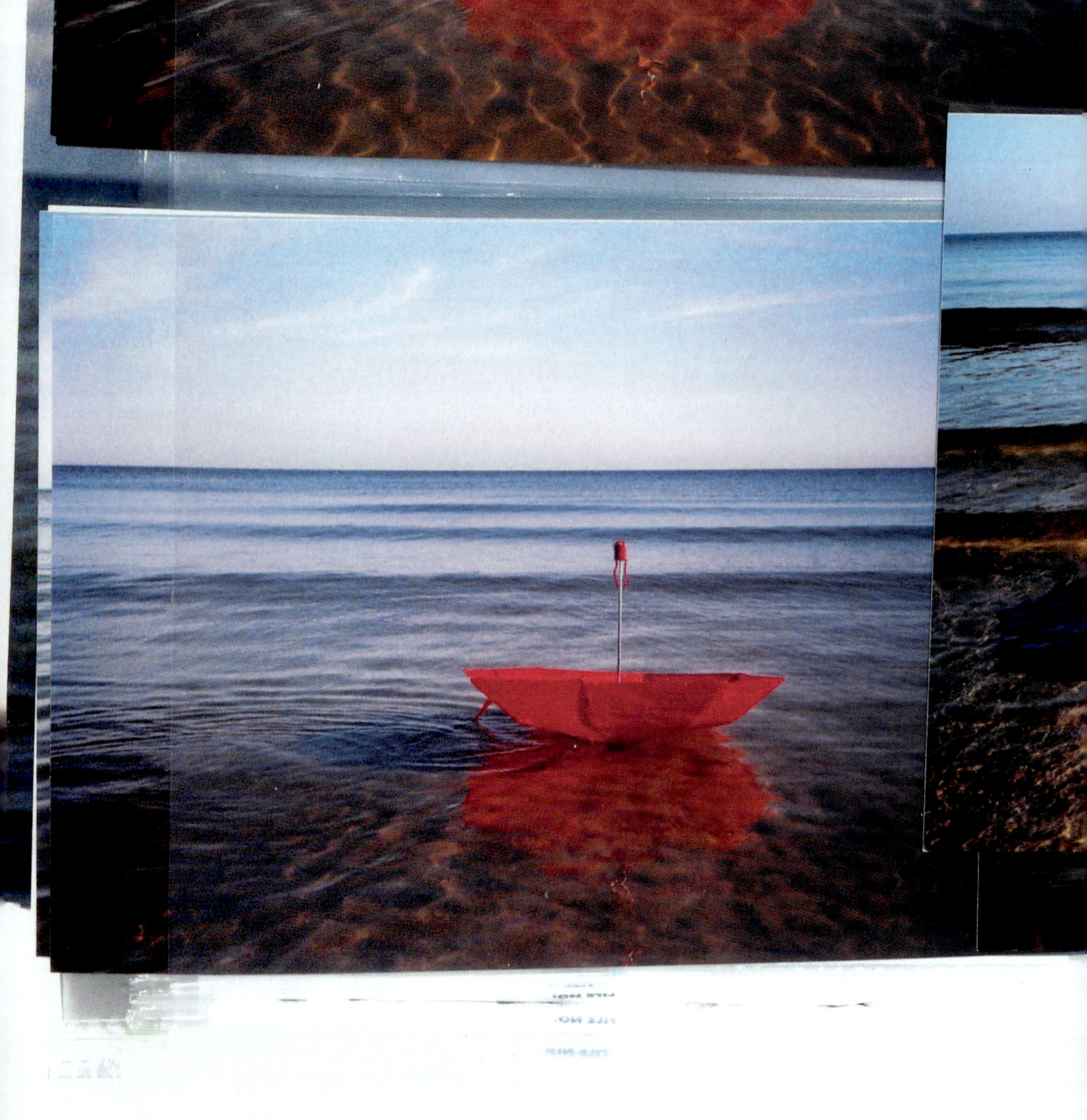

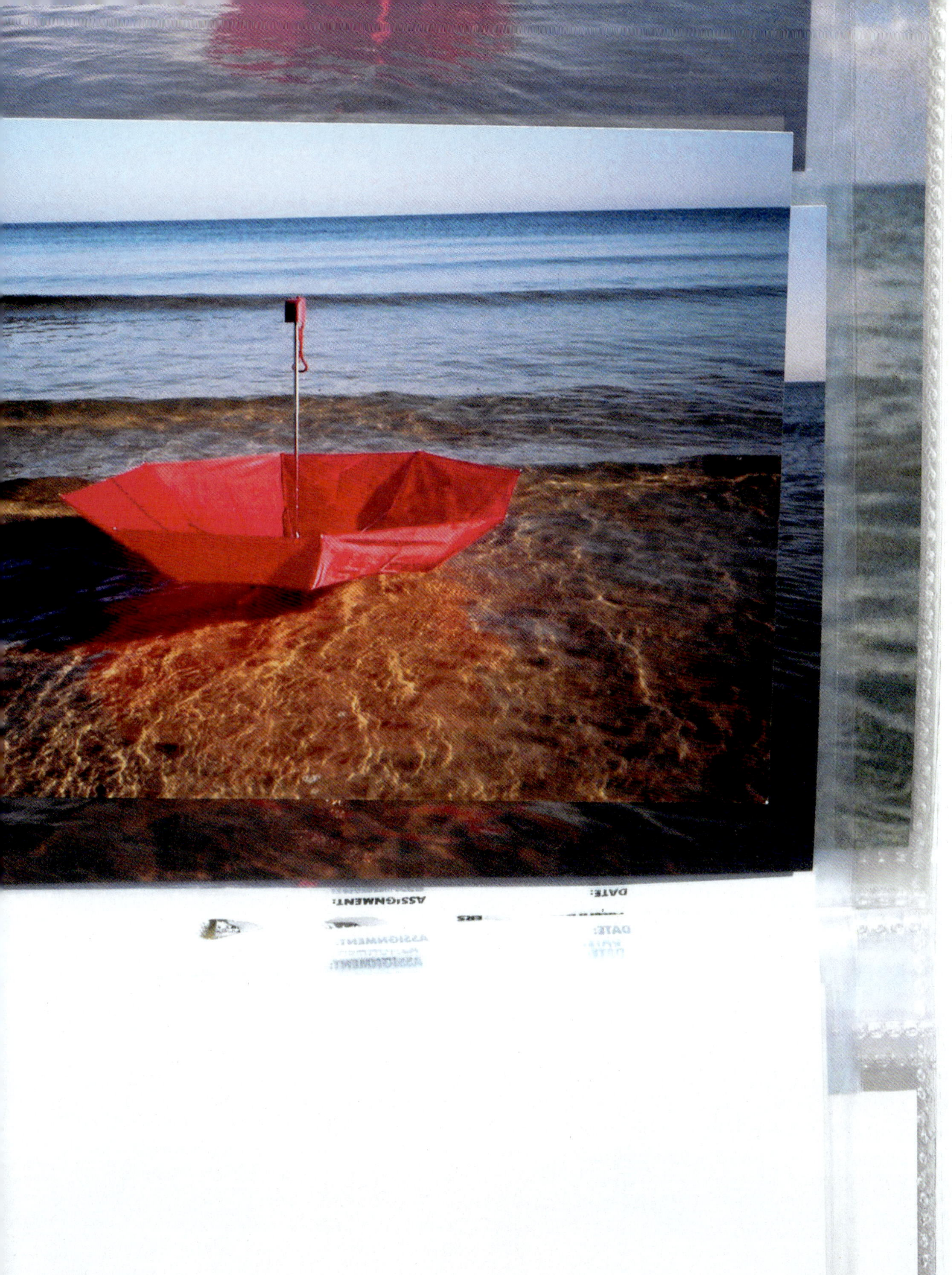

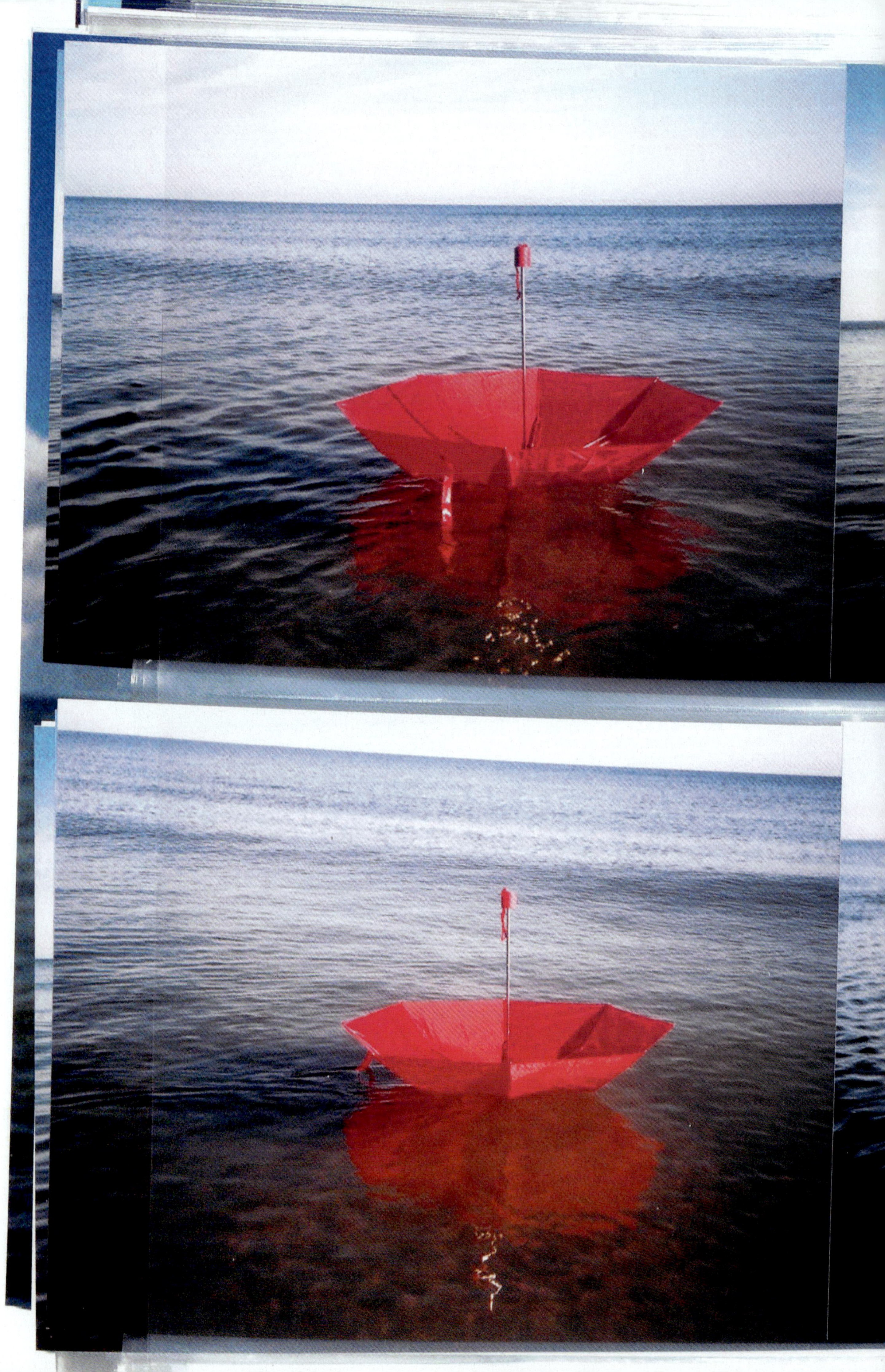

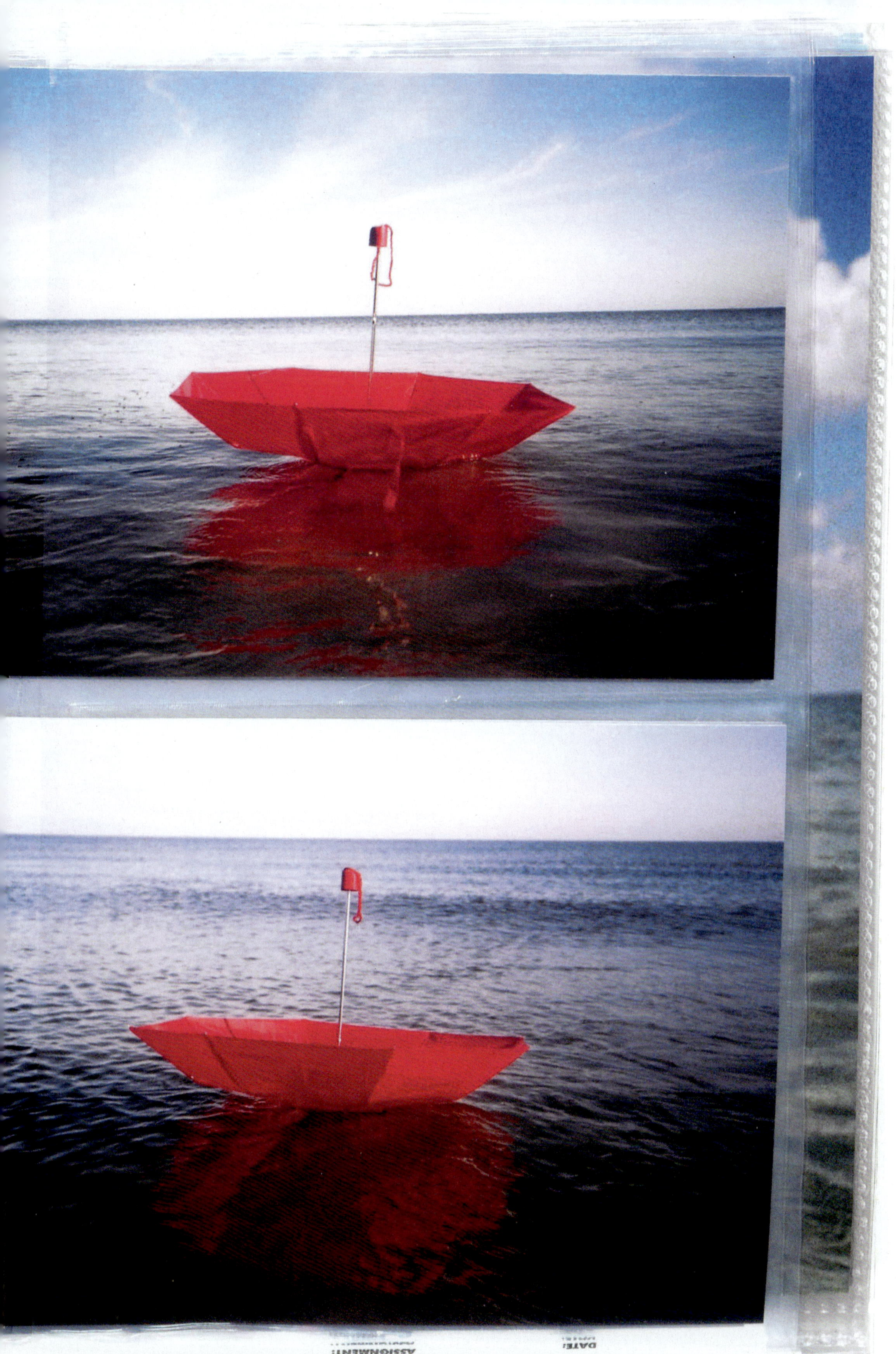

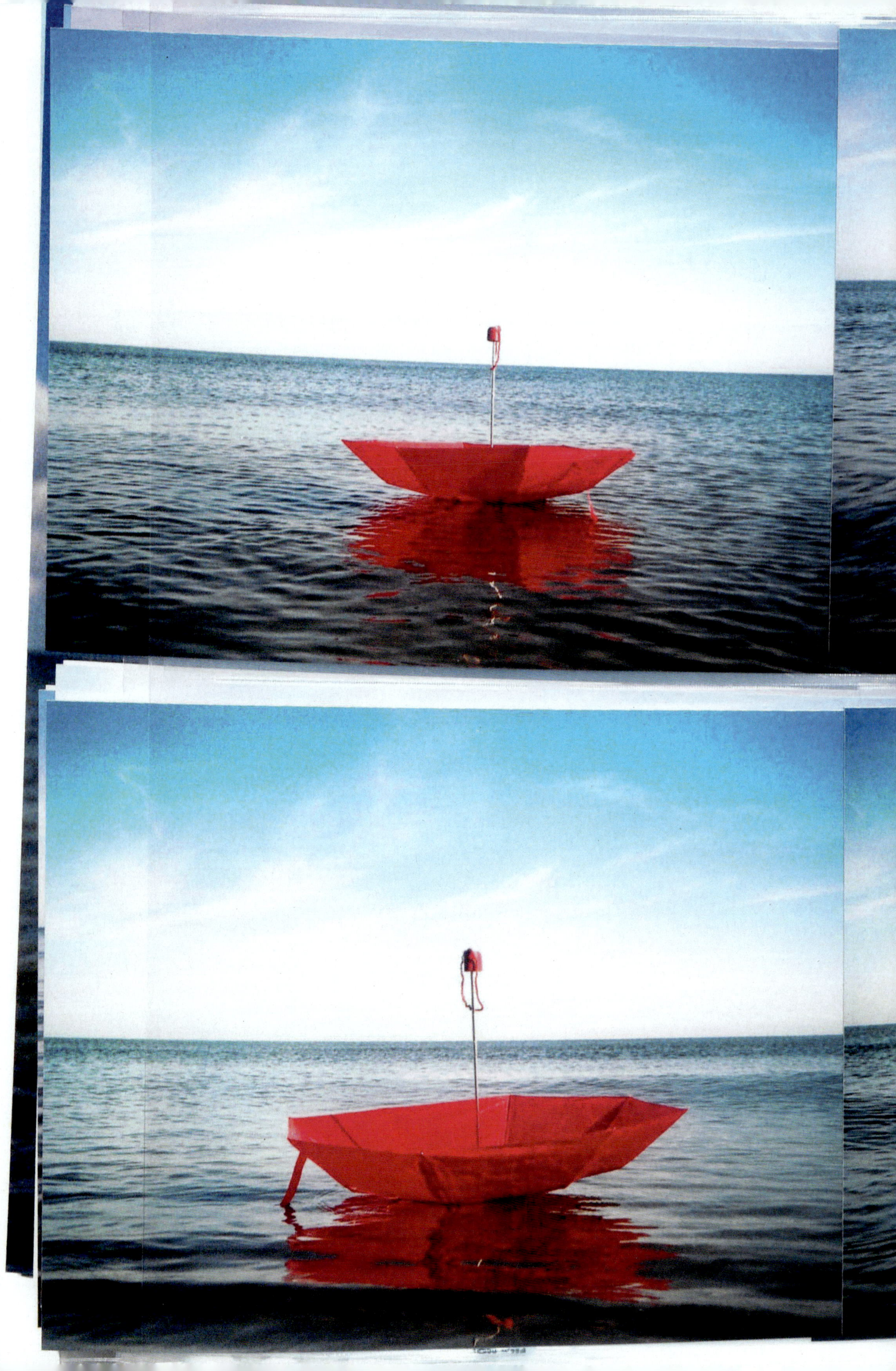

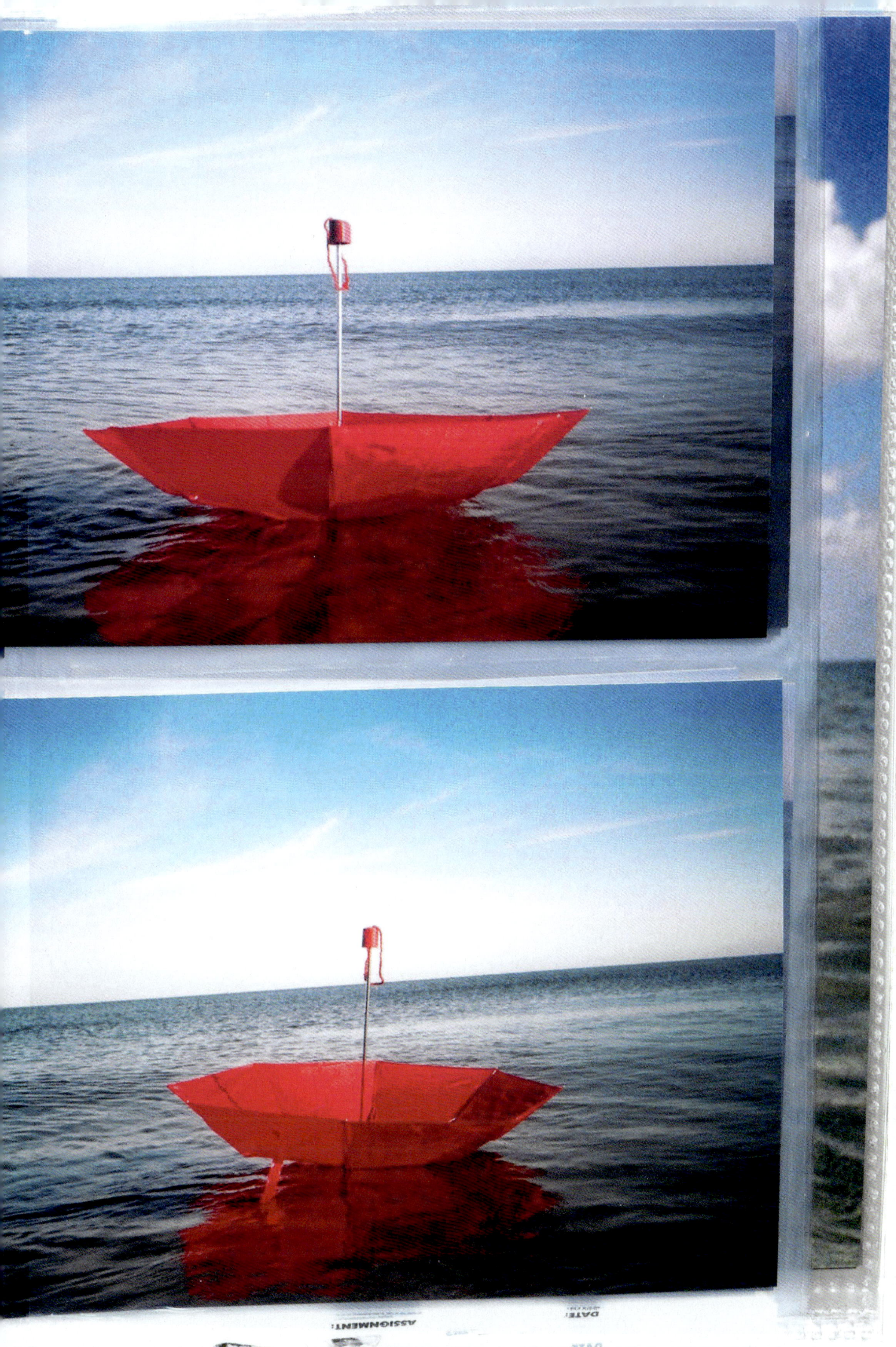

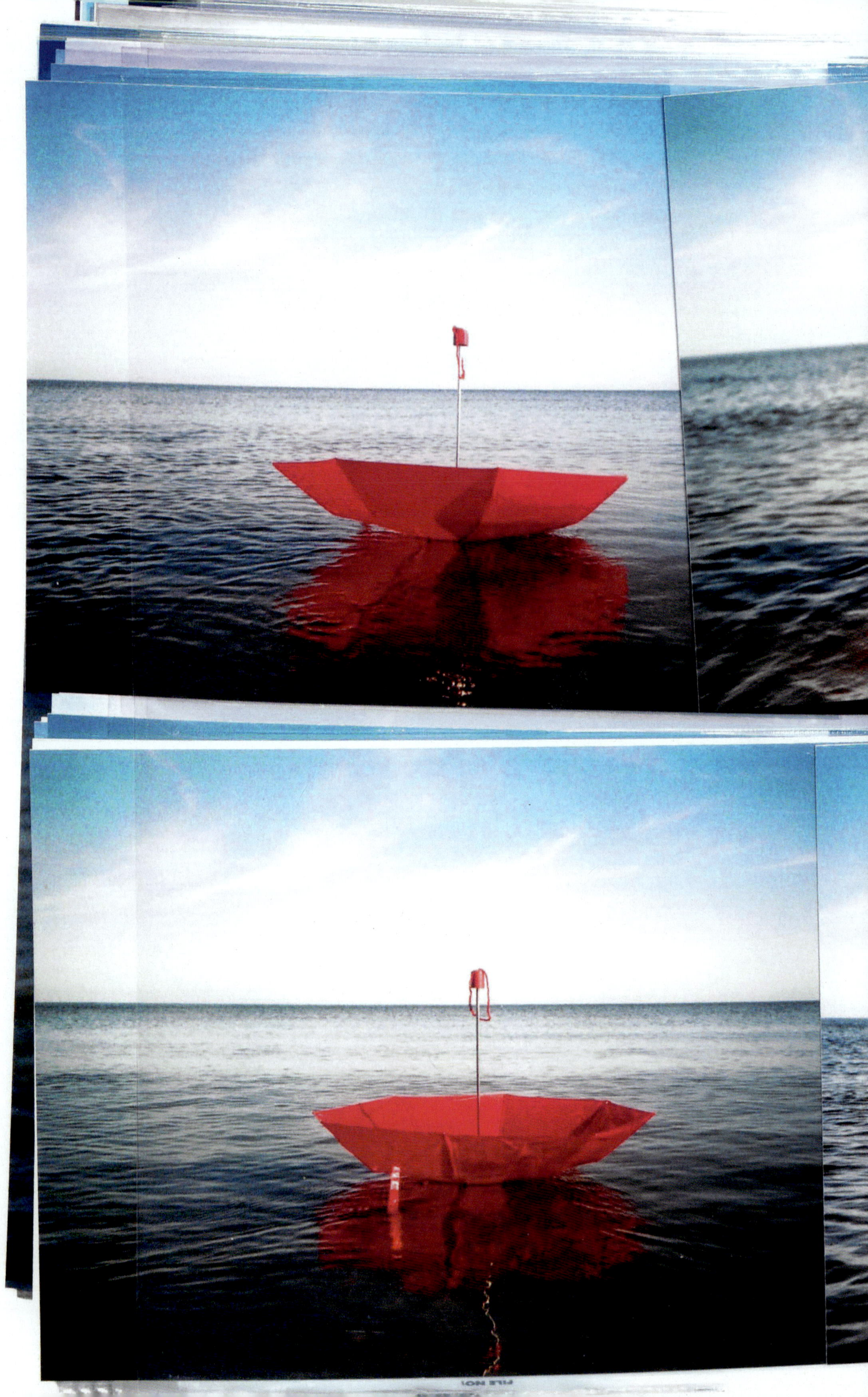

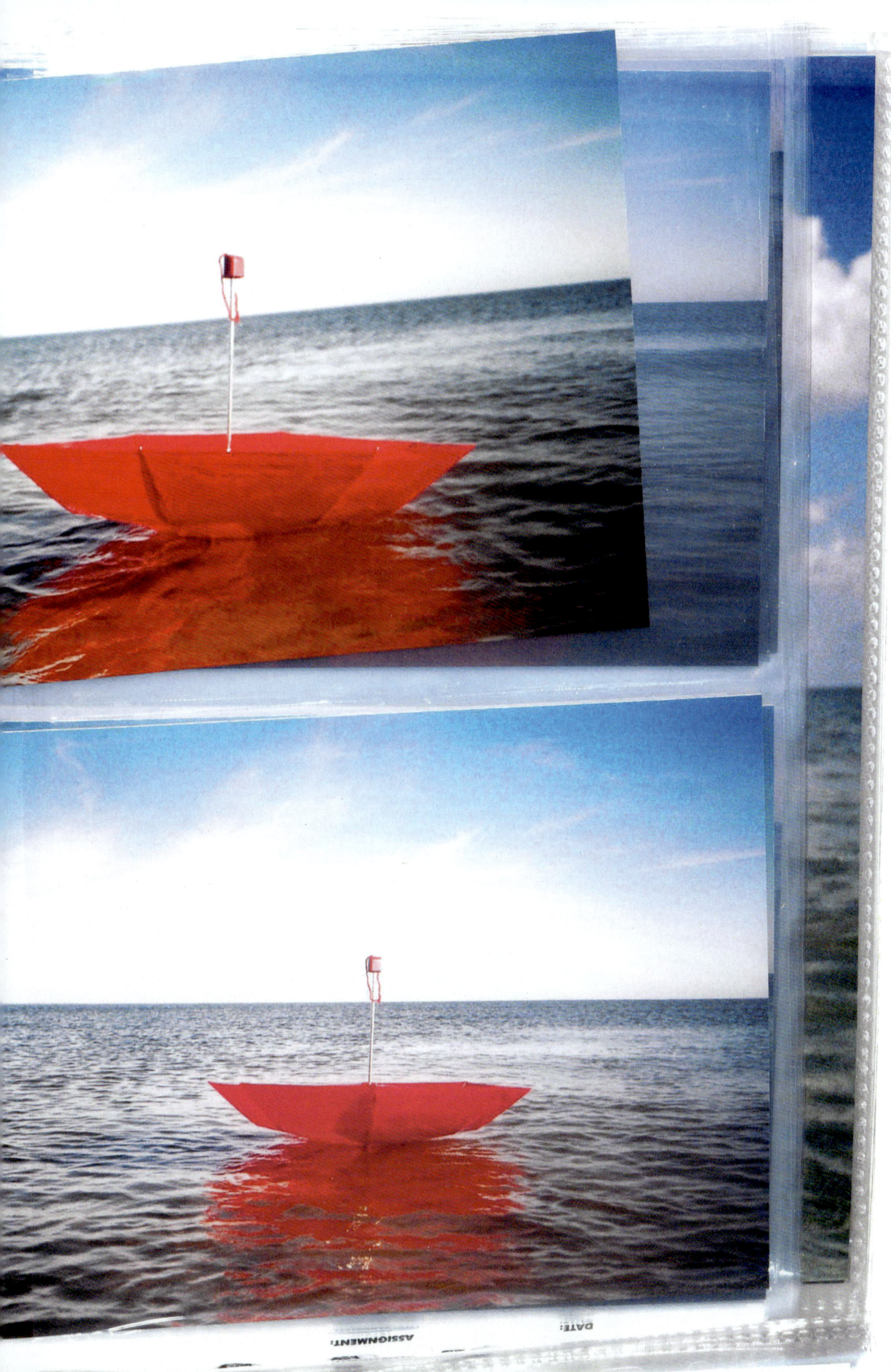
ASSIGNMENT:
DATE:

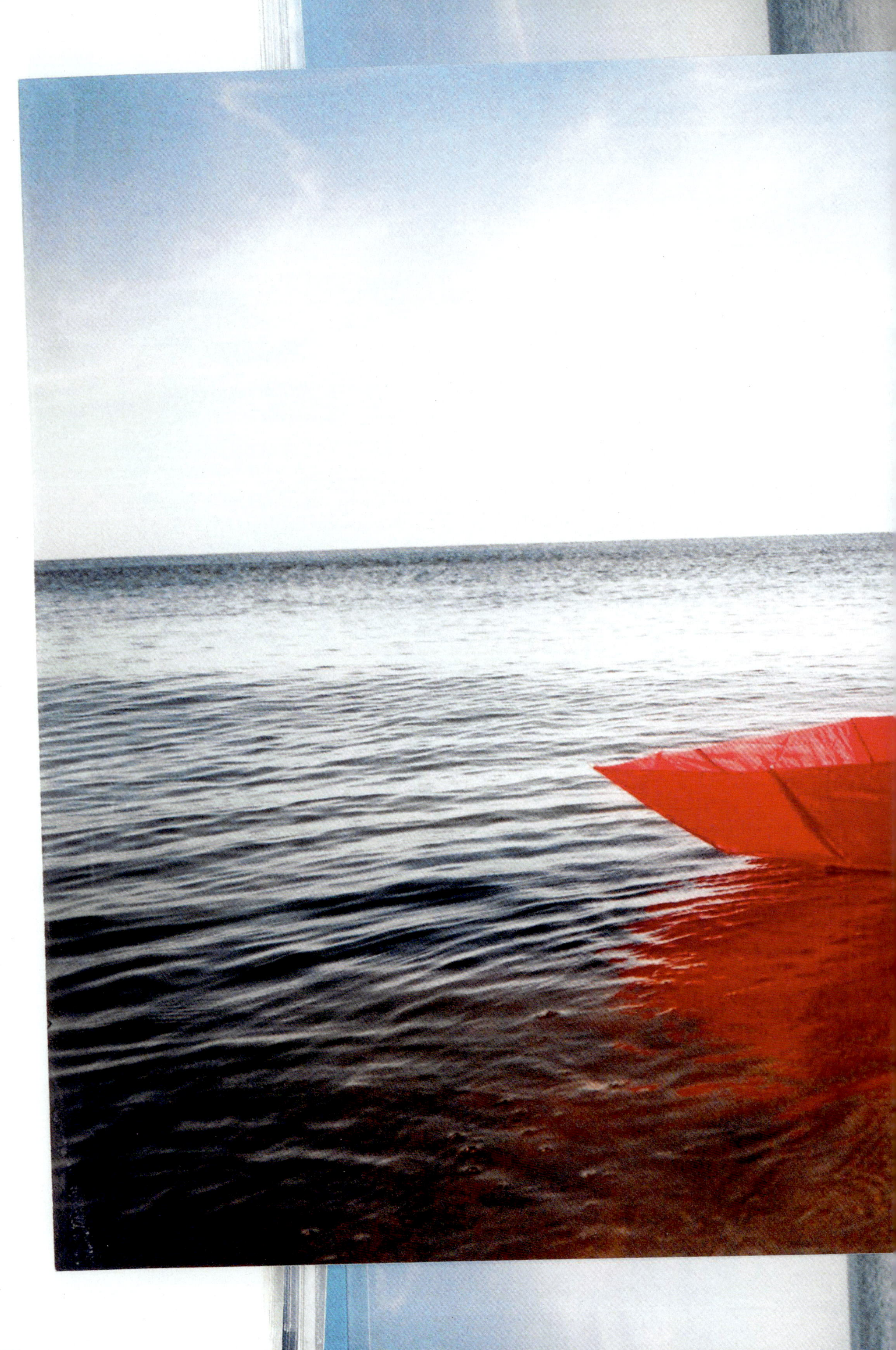

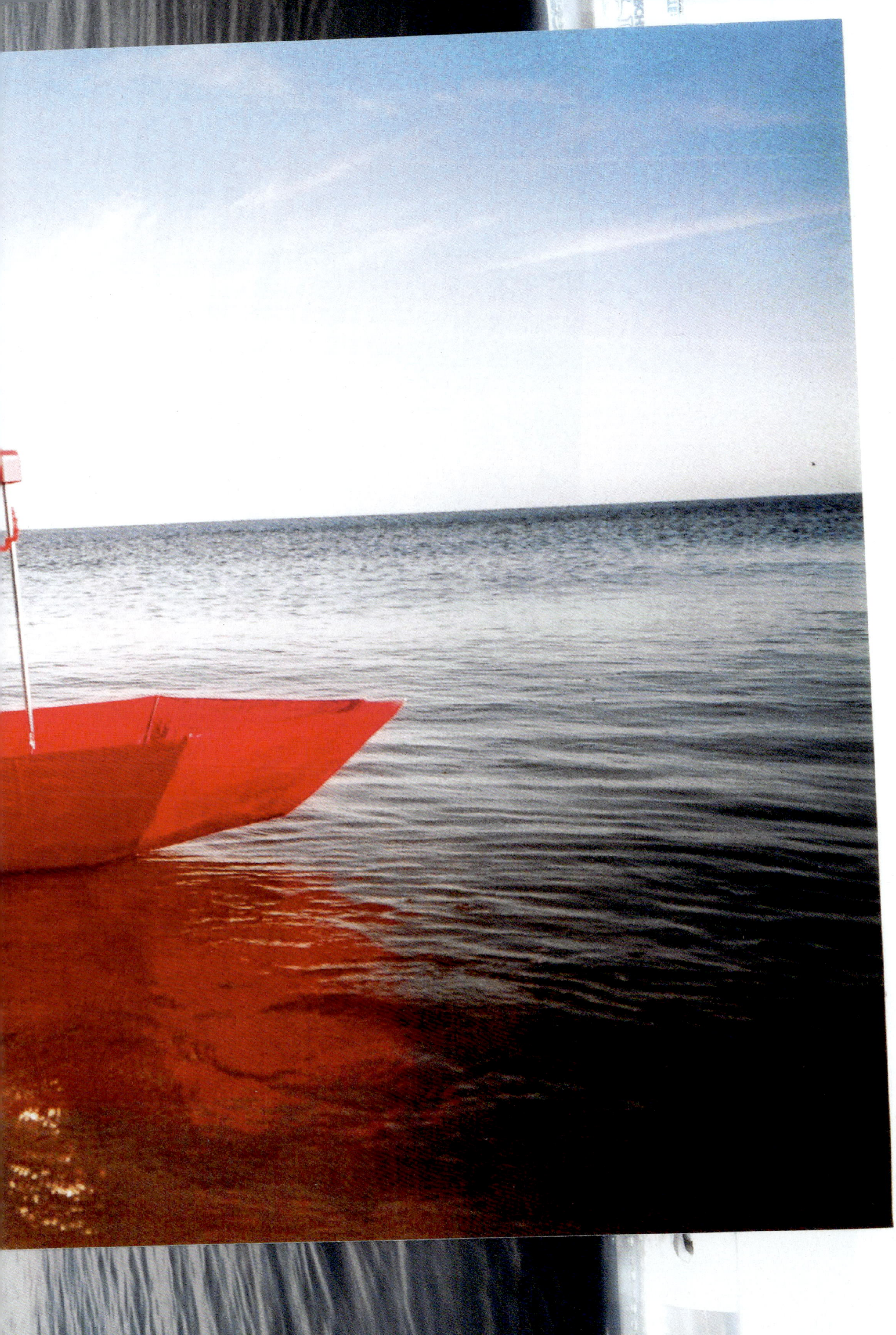

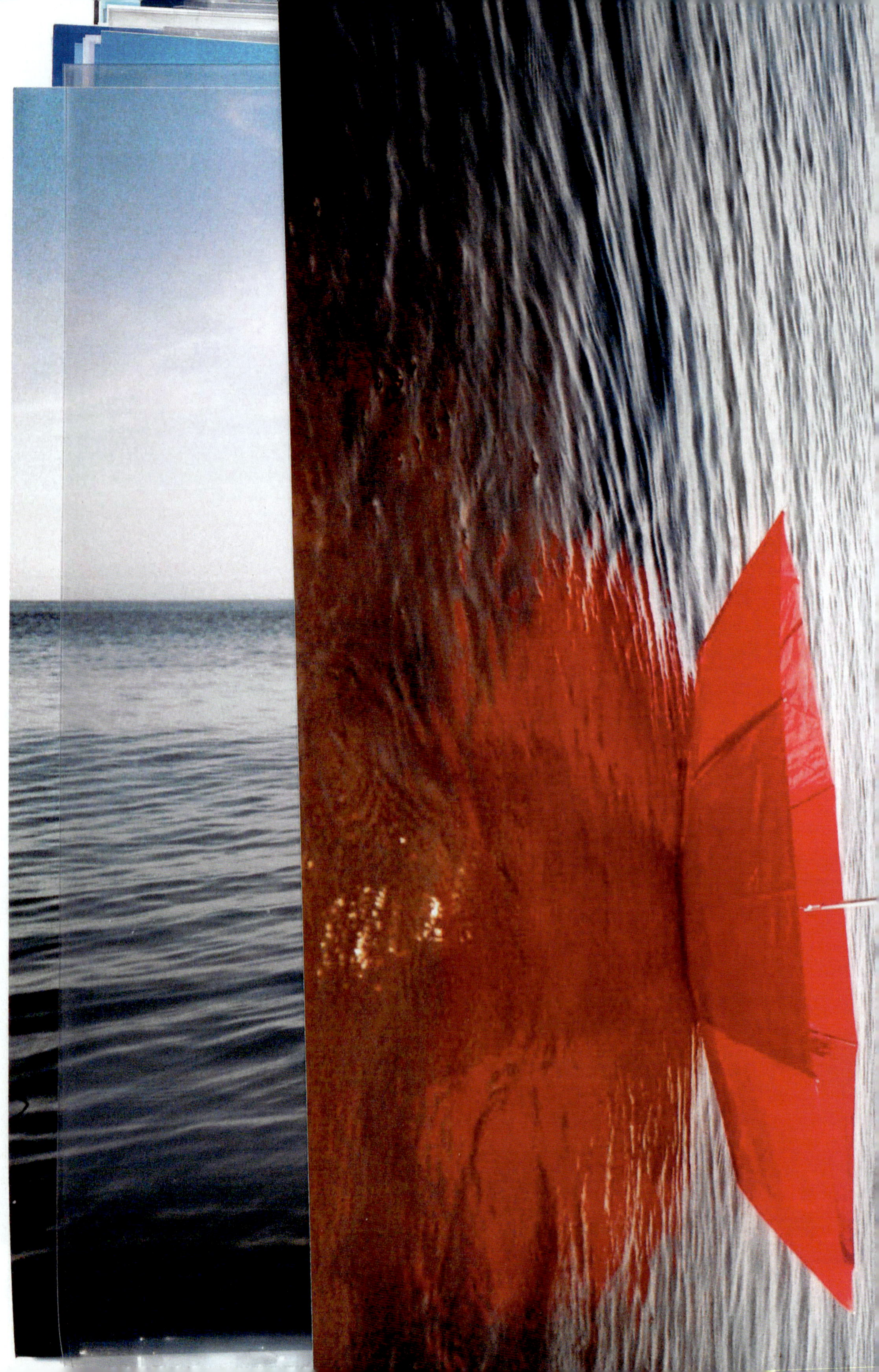

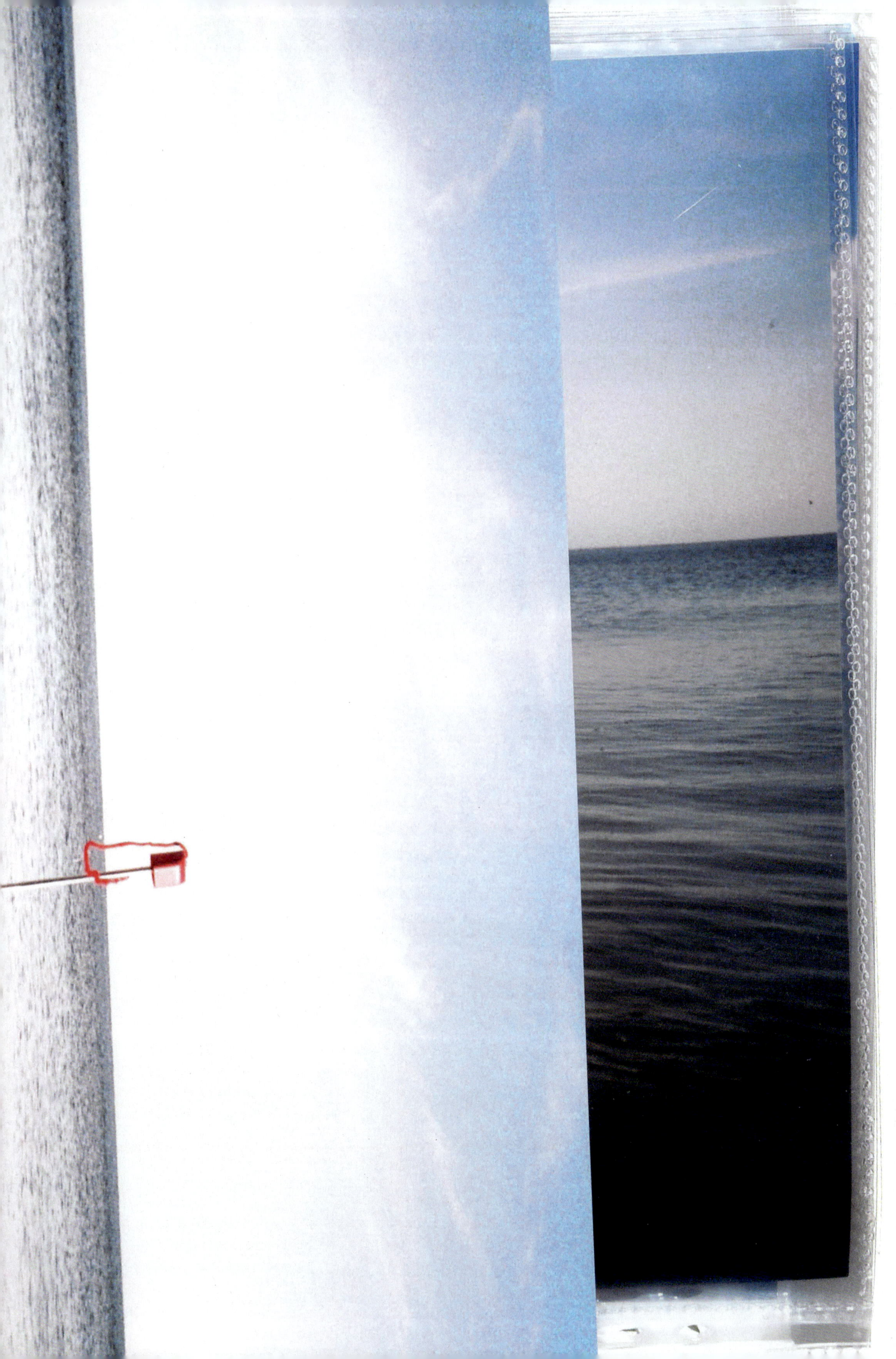

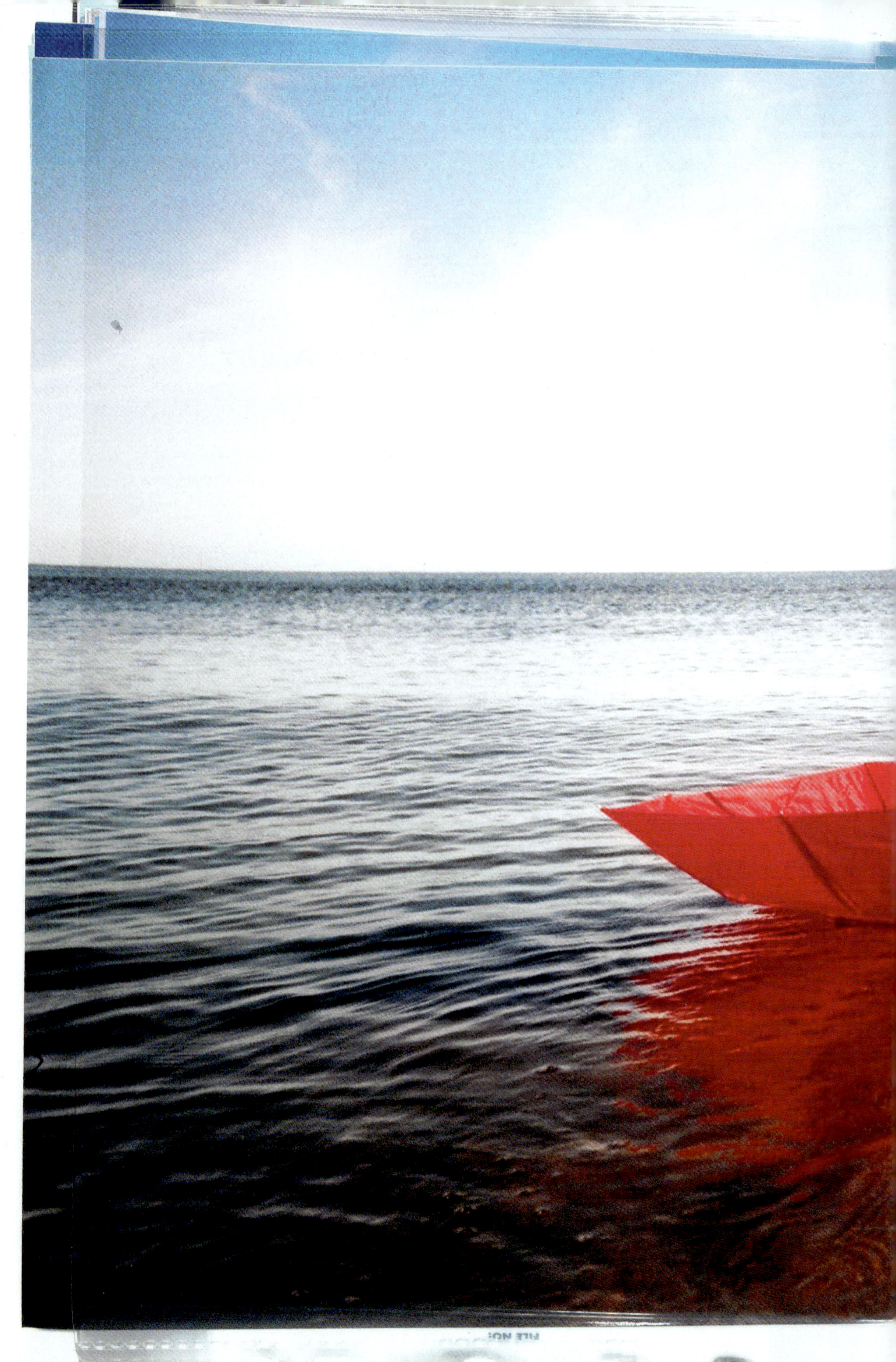

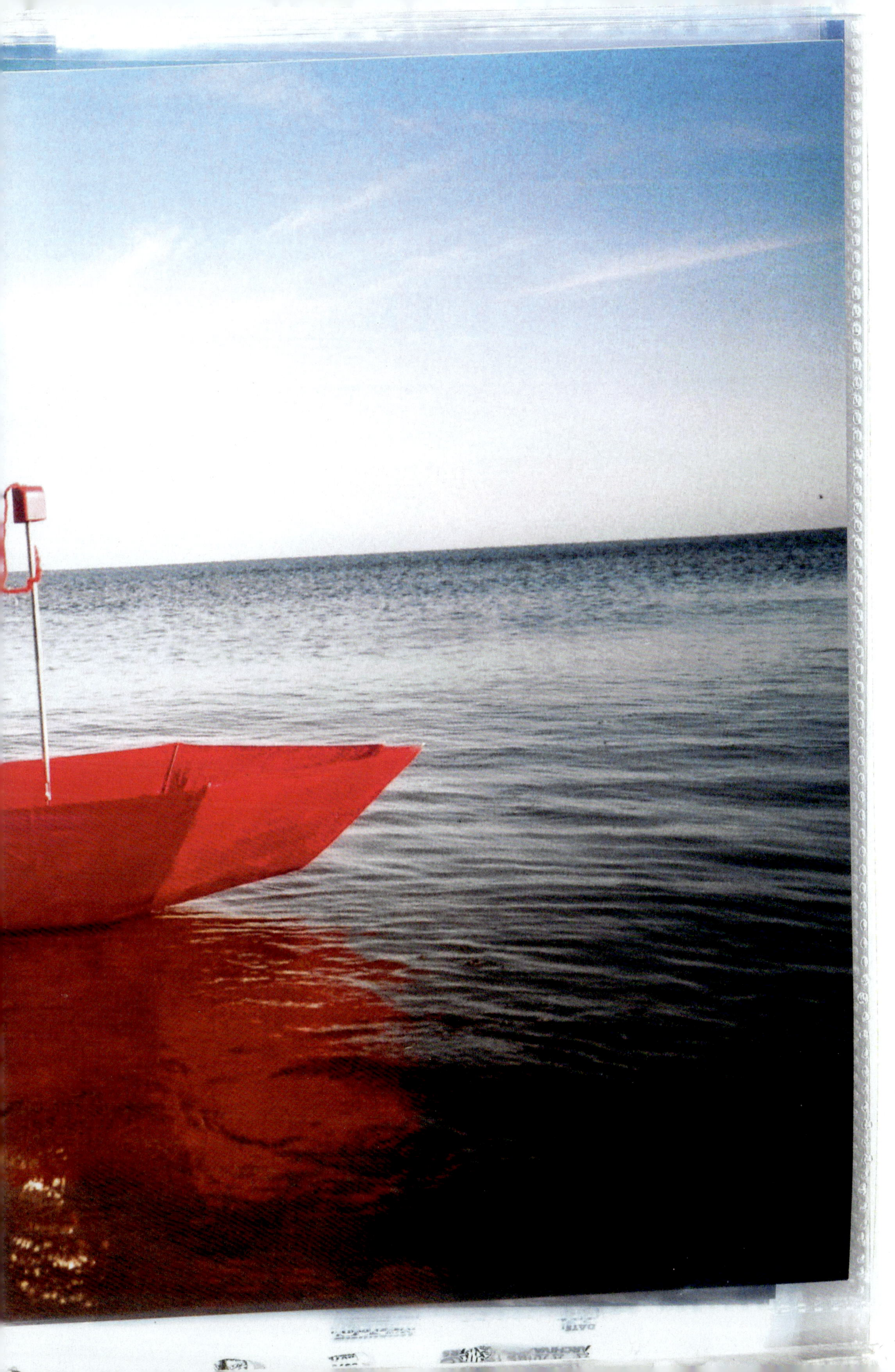

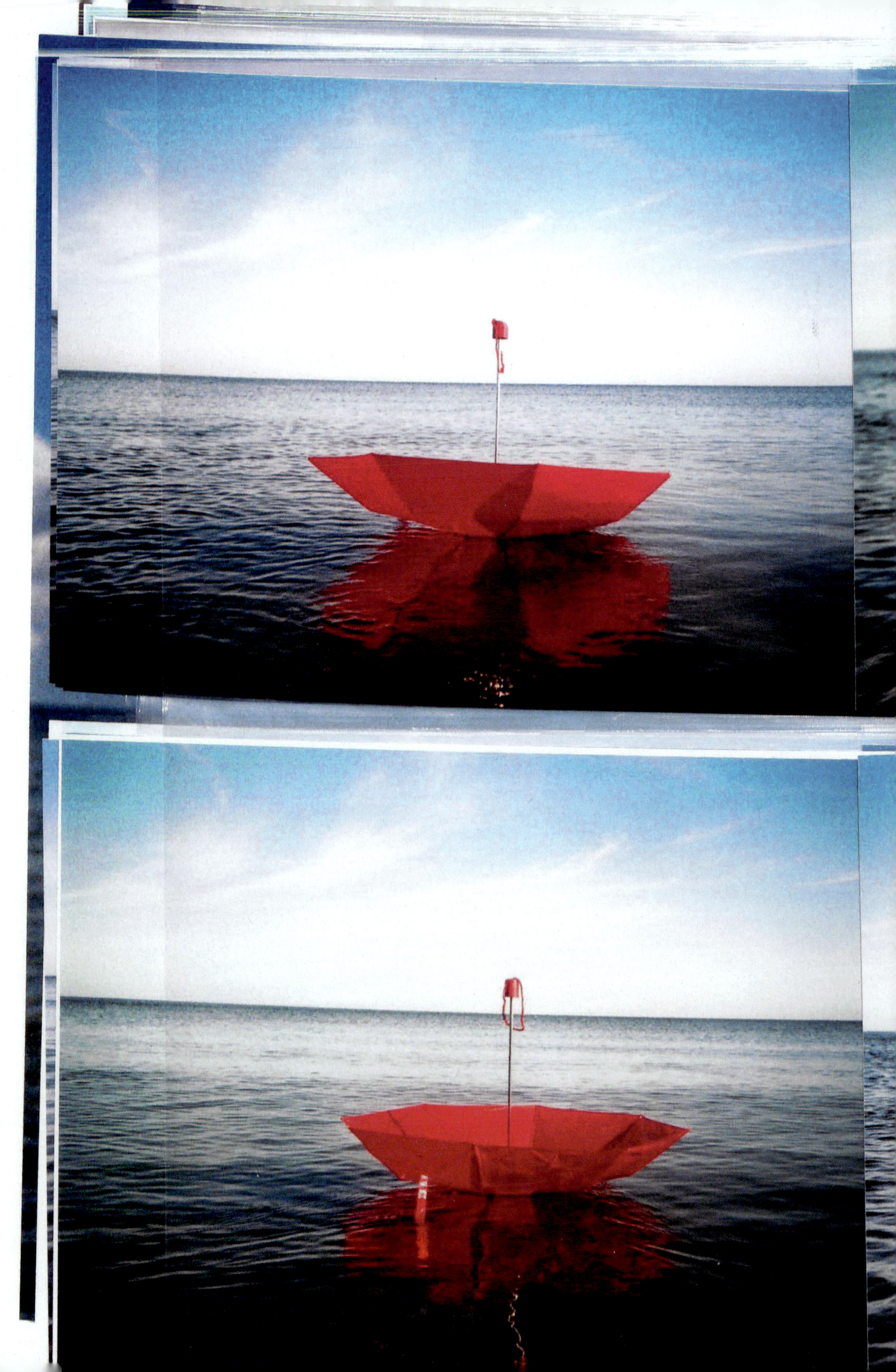

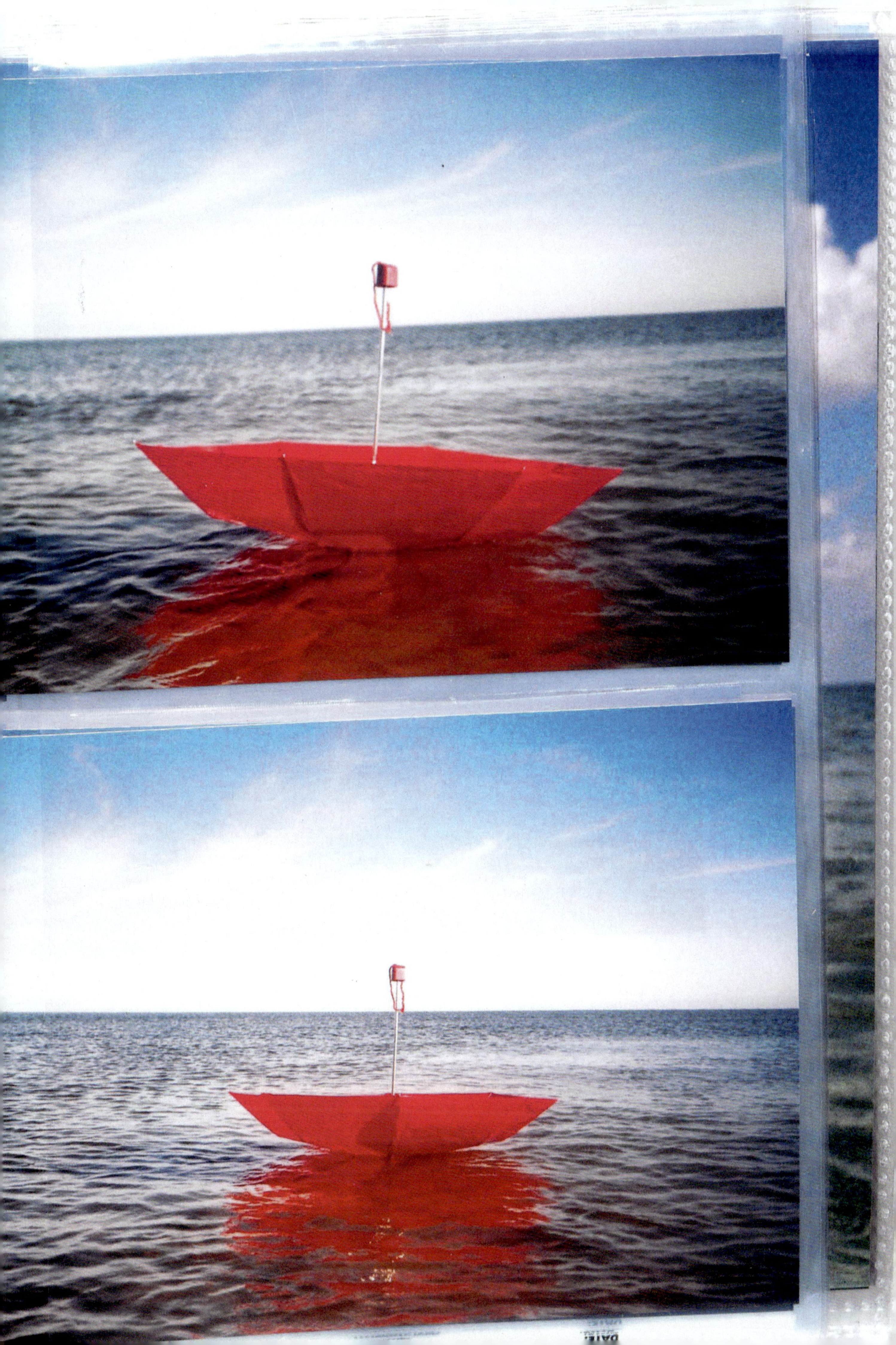

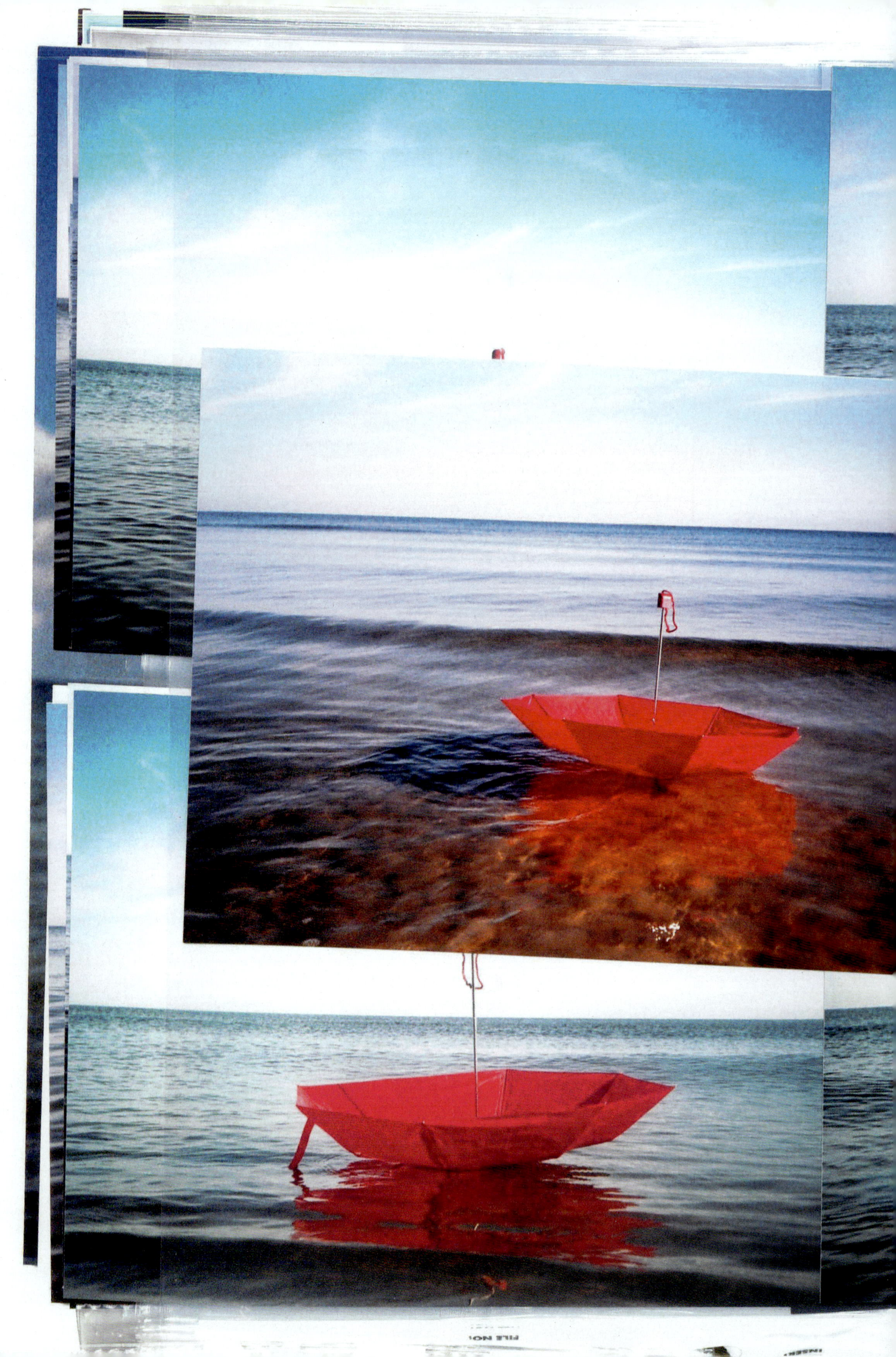

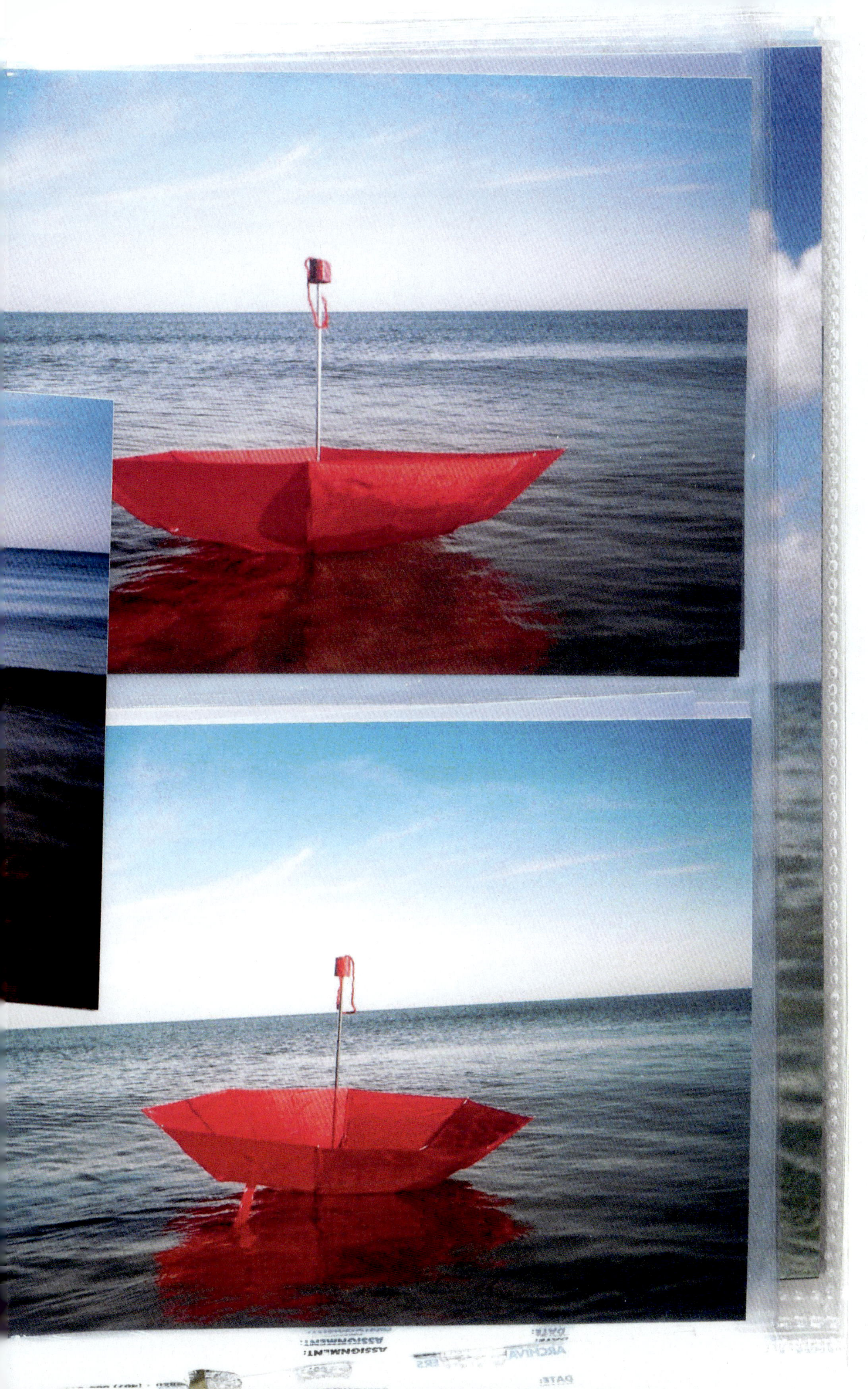

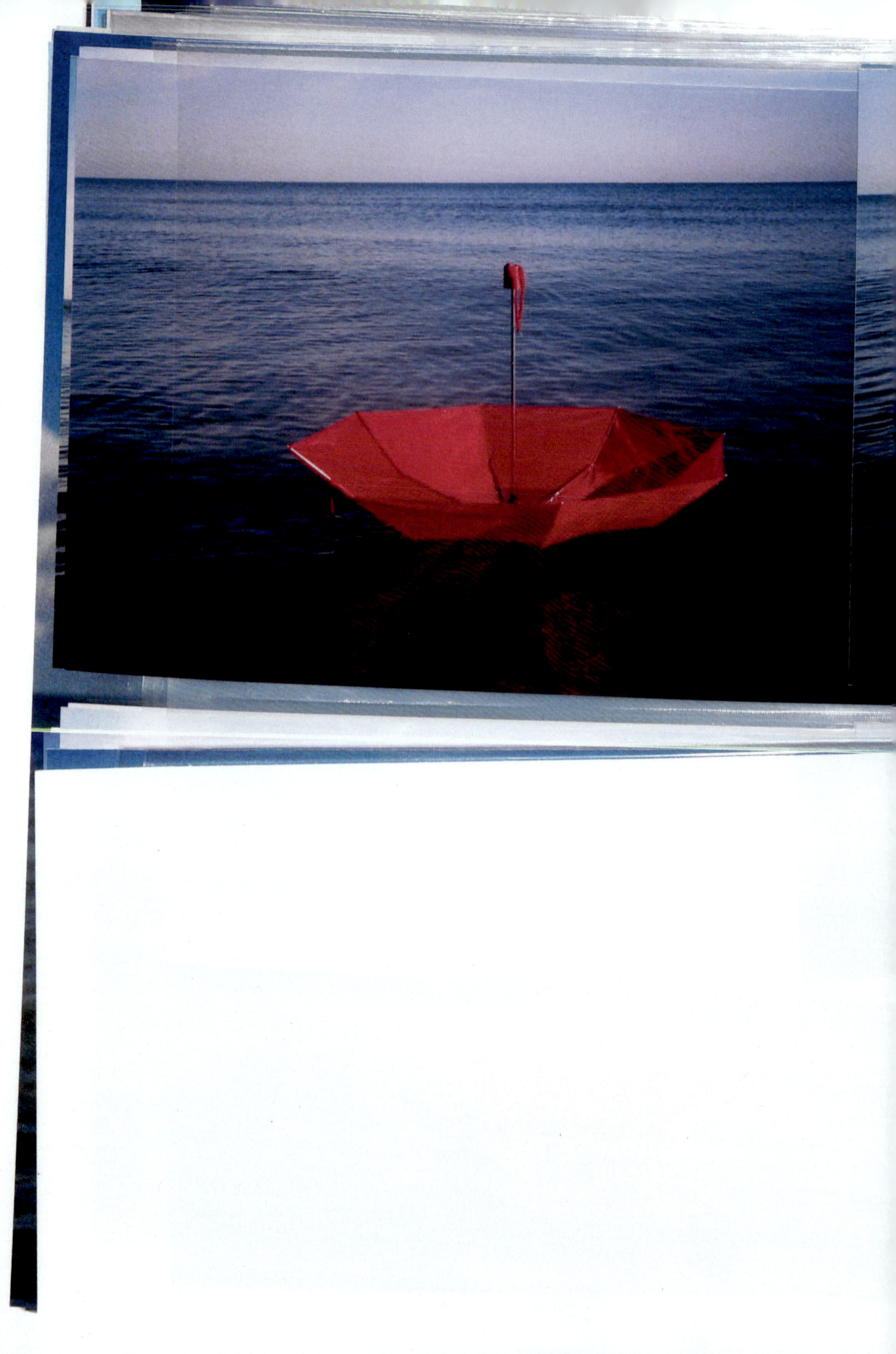

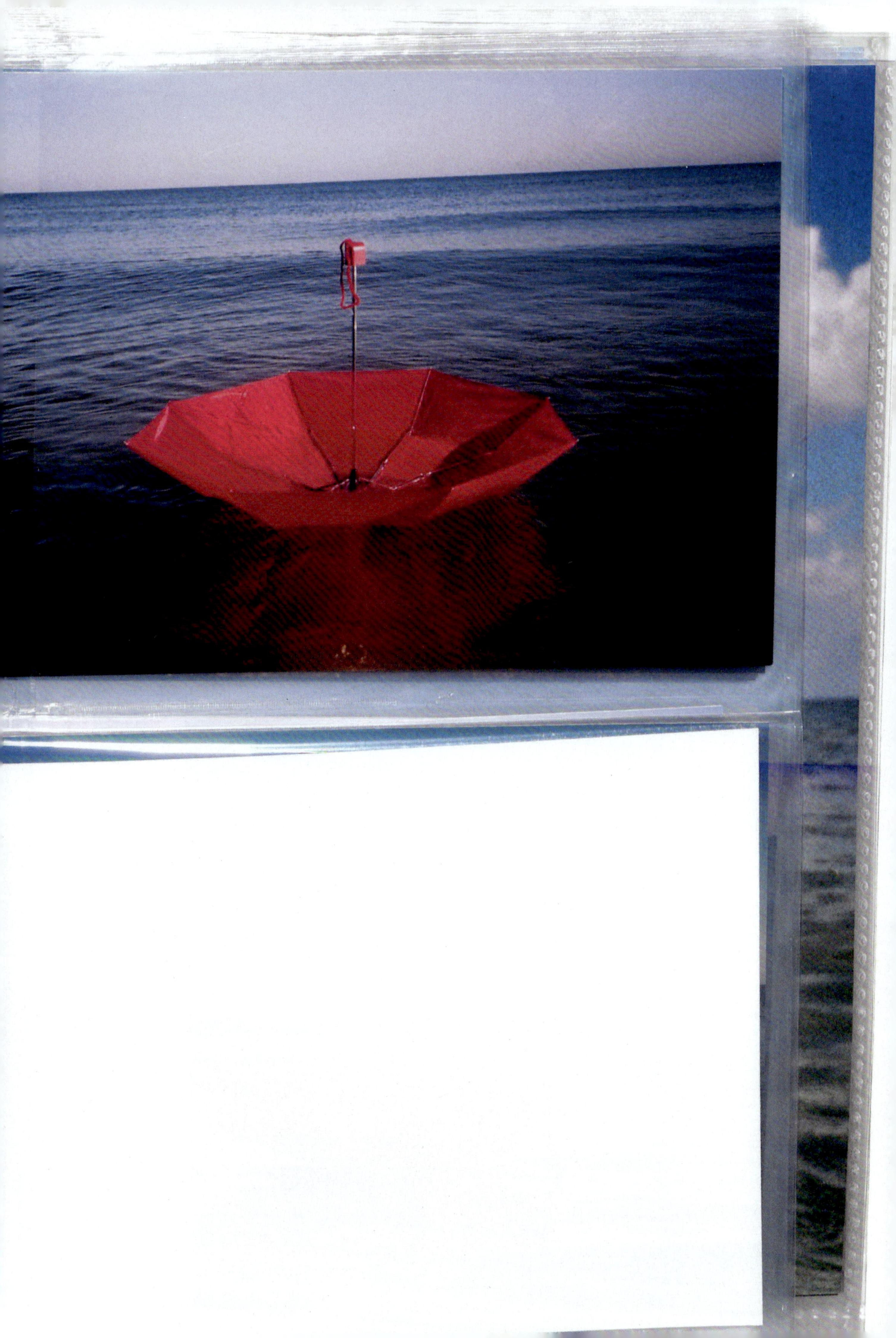

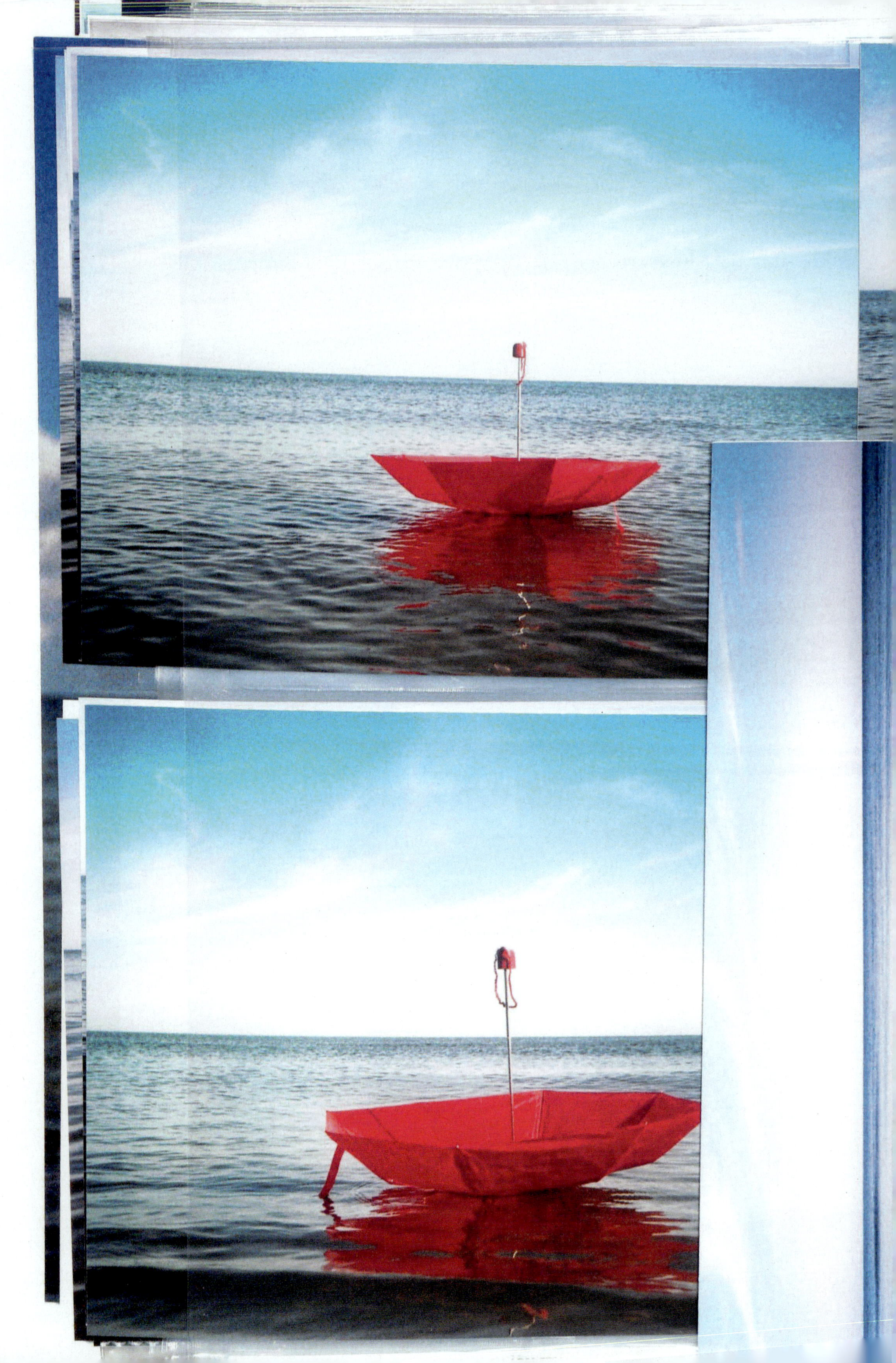

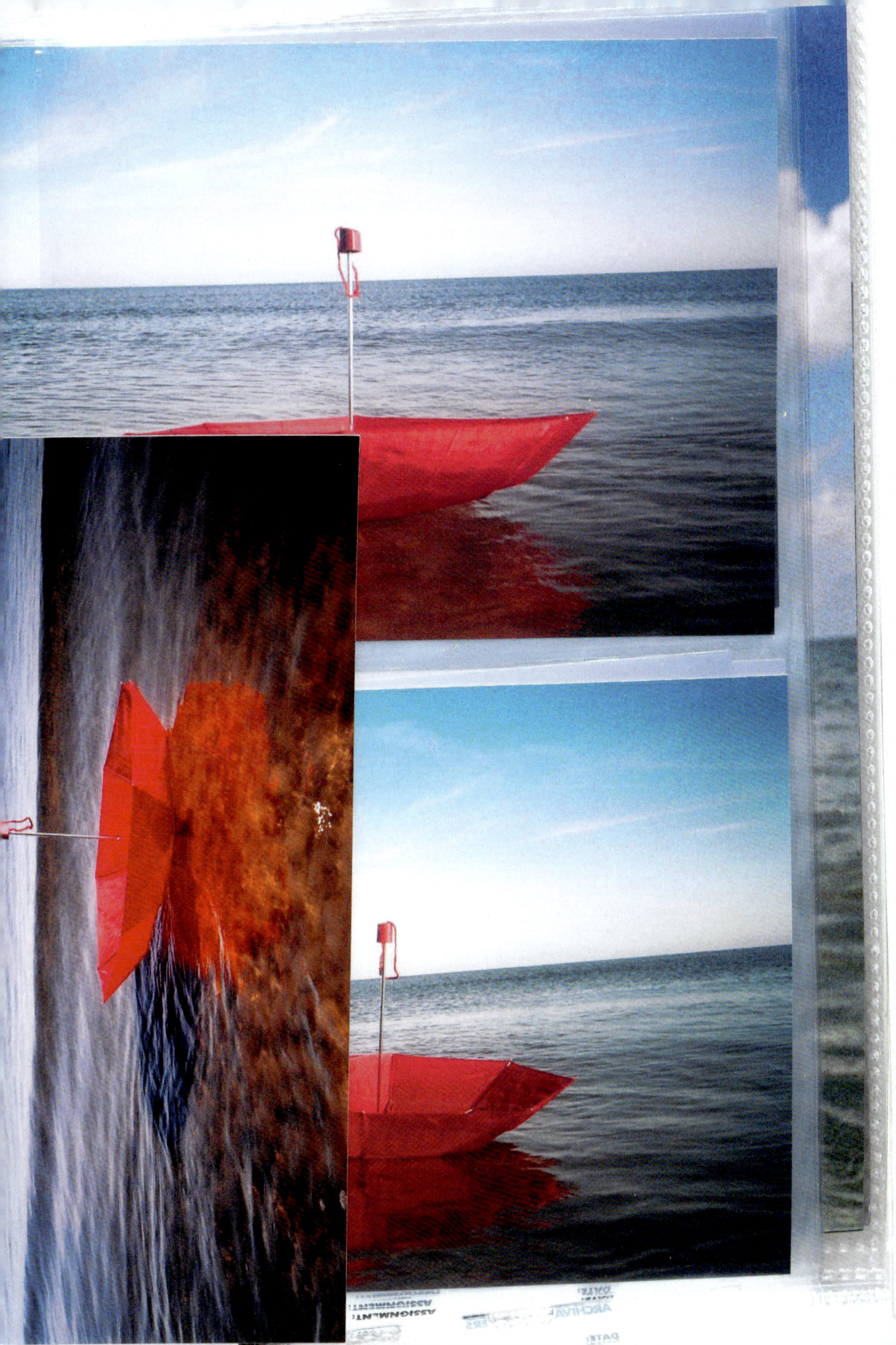

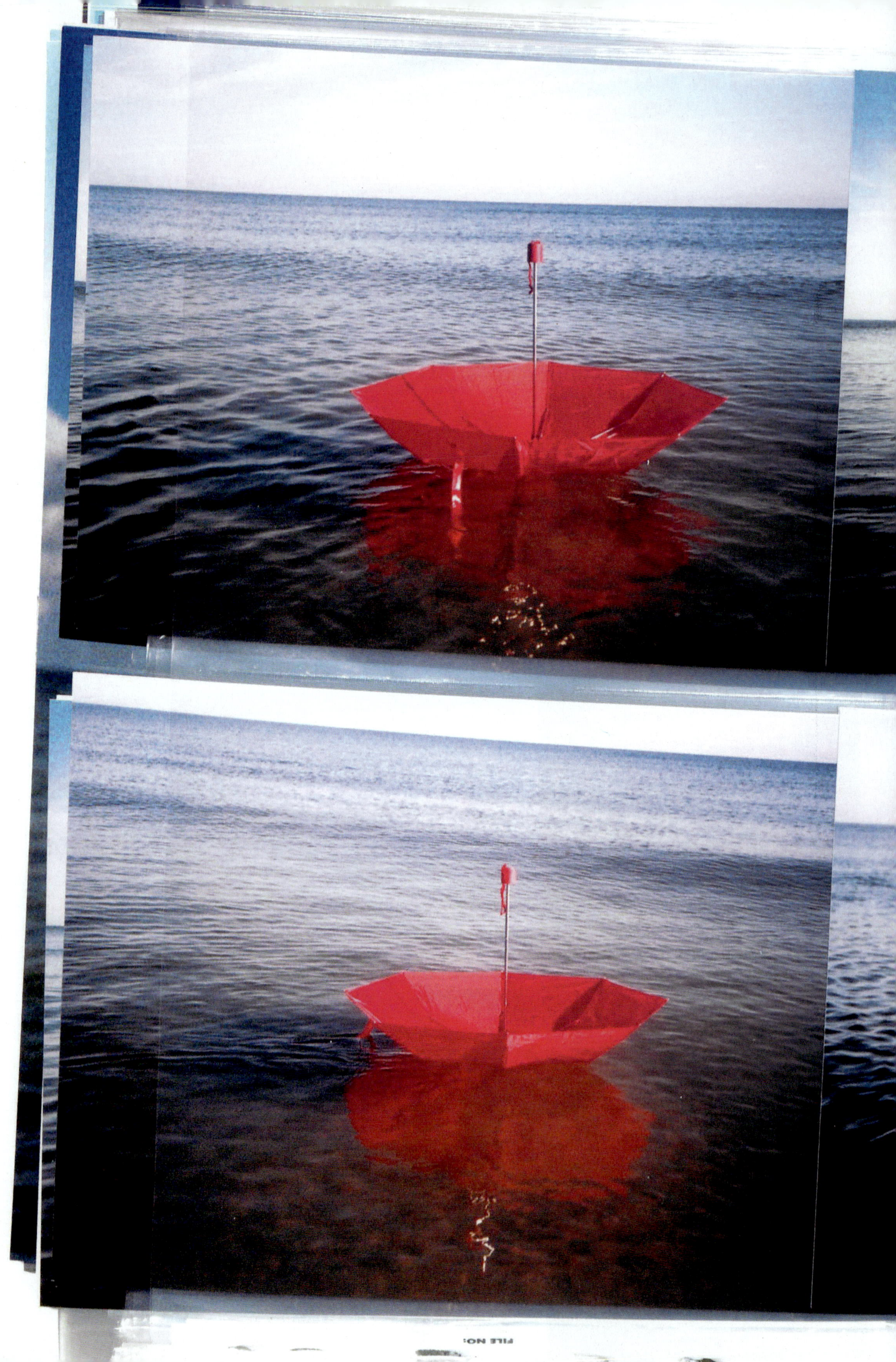
FILE NO:

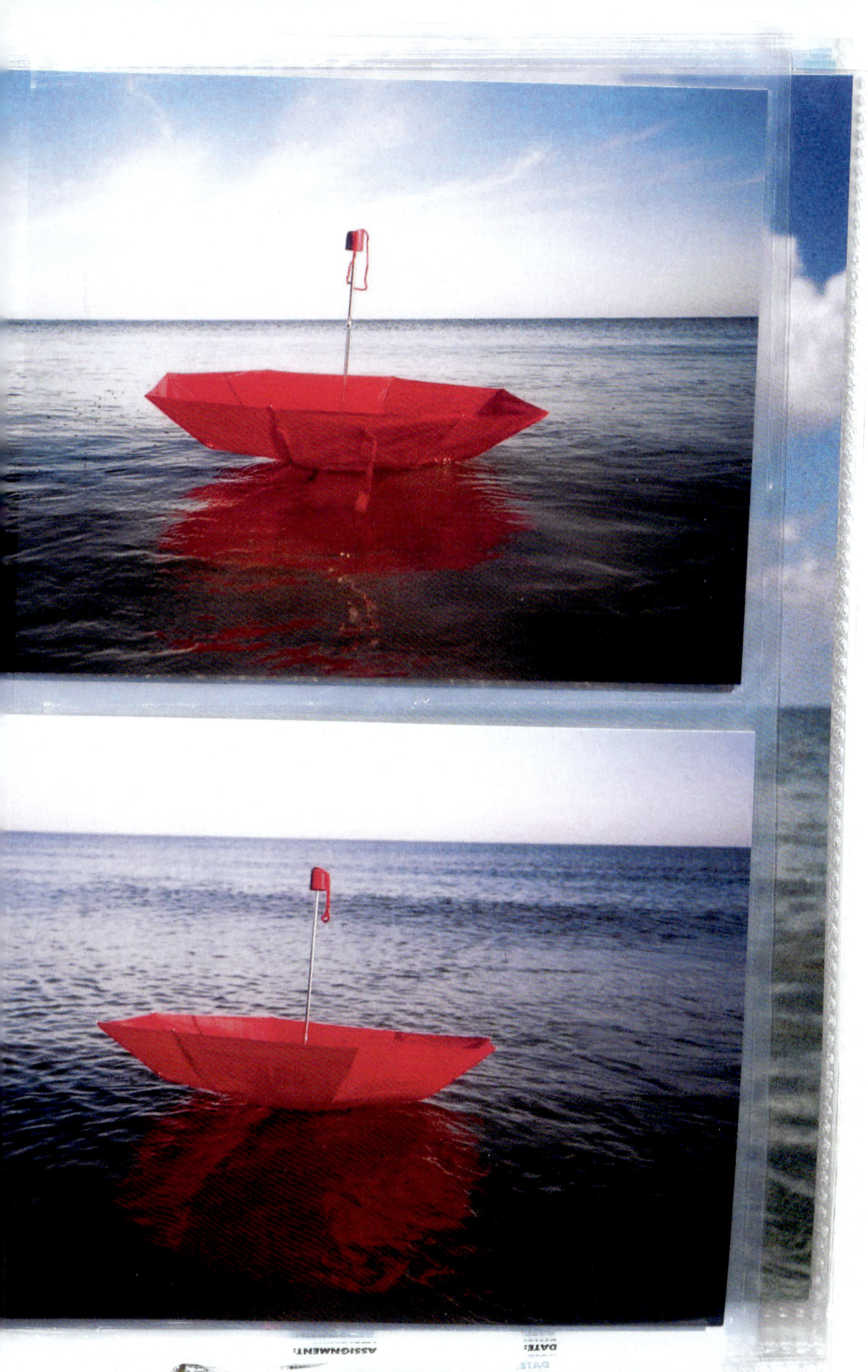
ASSIGNMENT:
DATE:

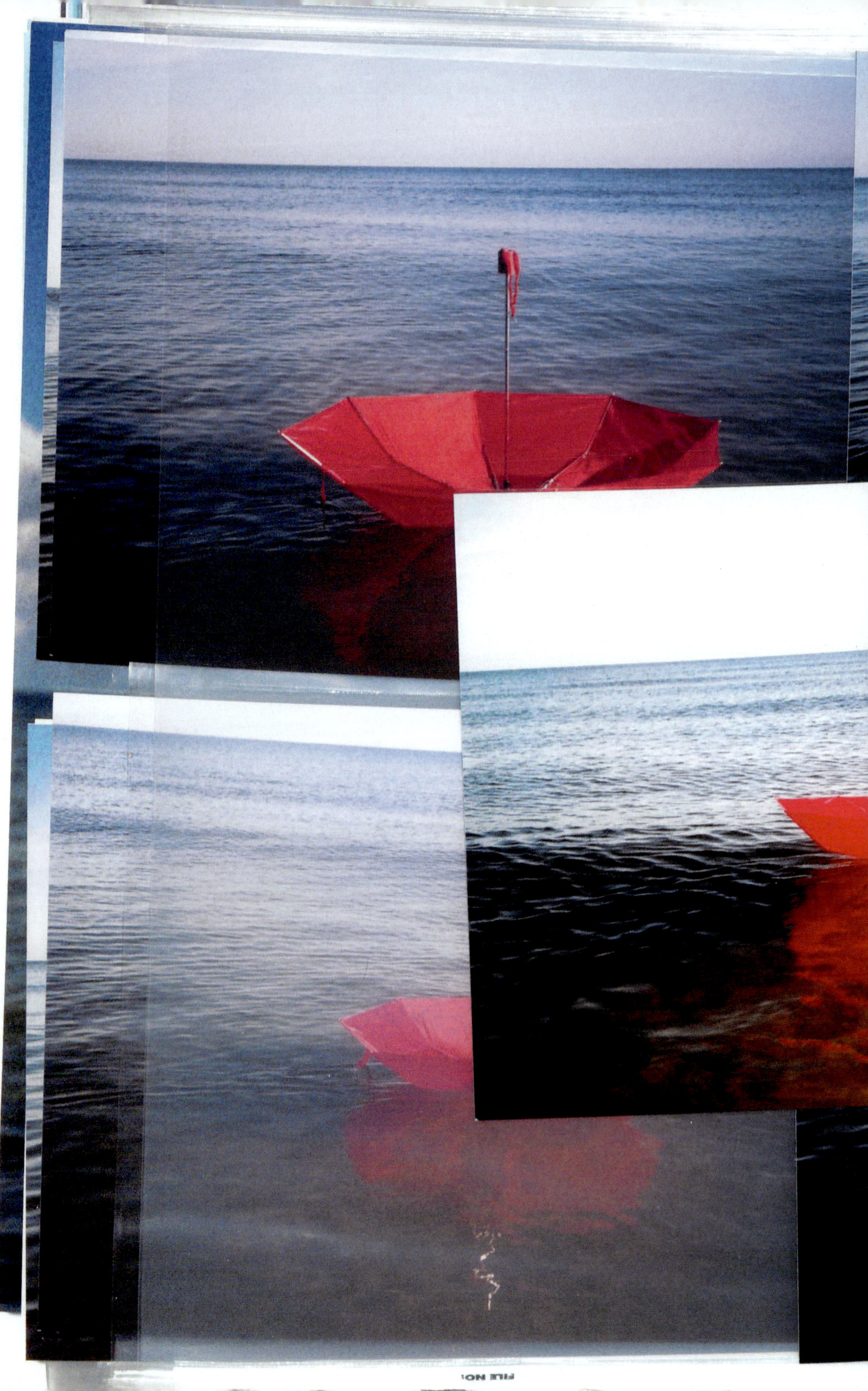

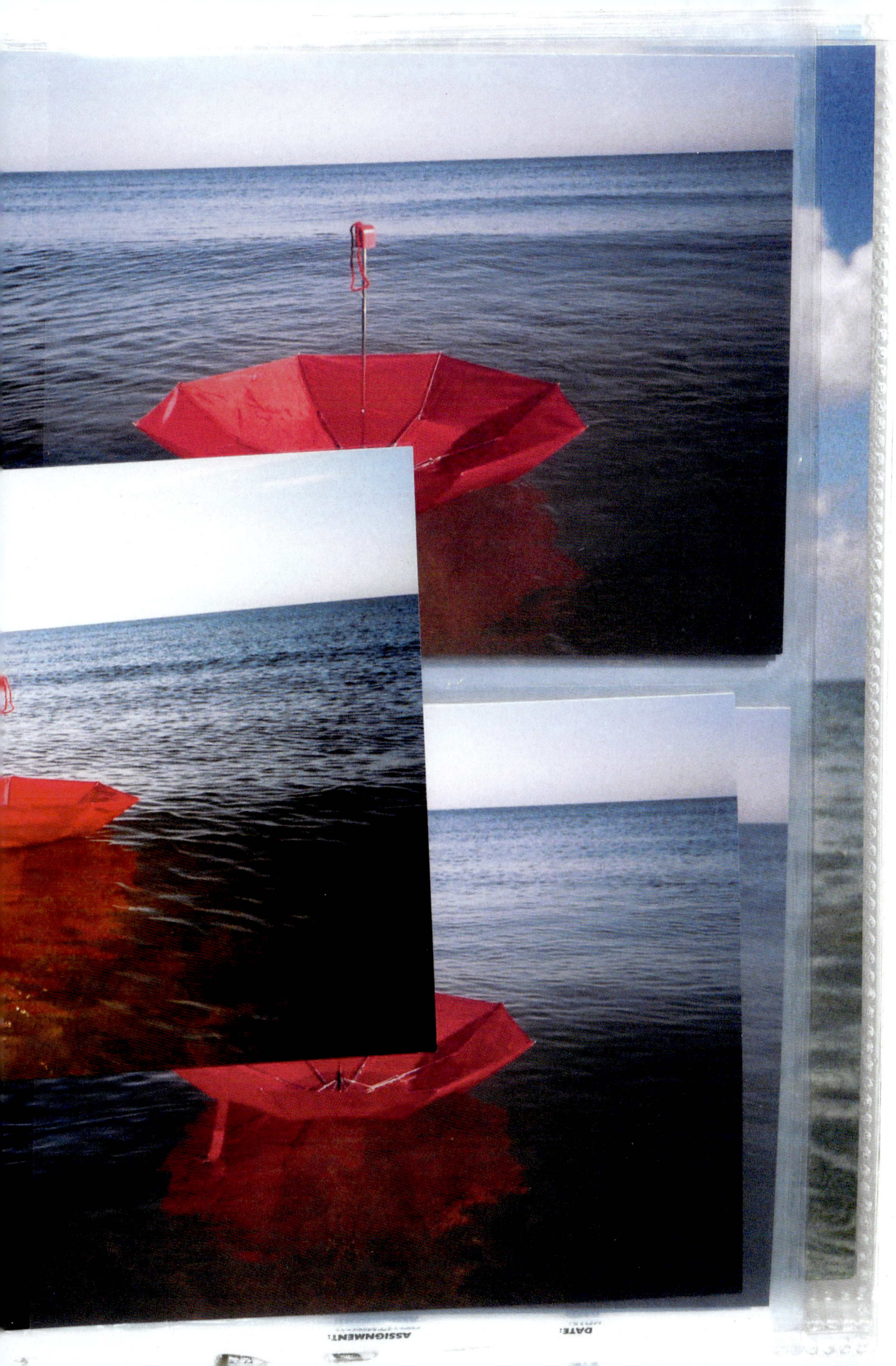

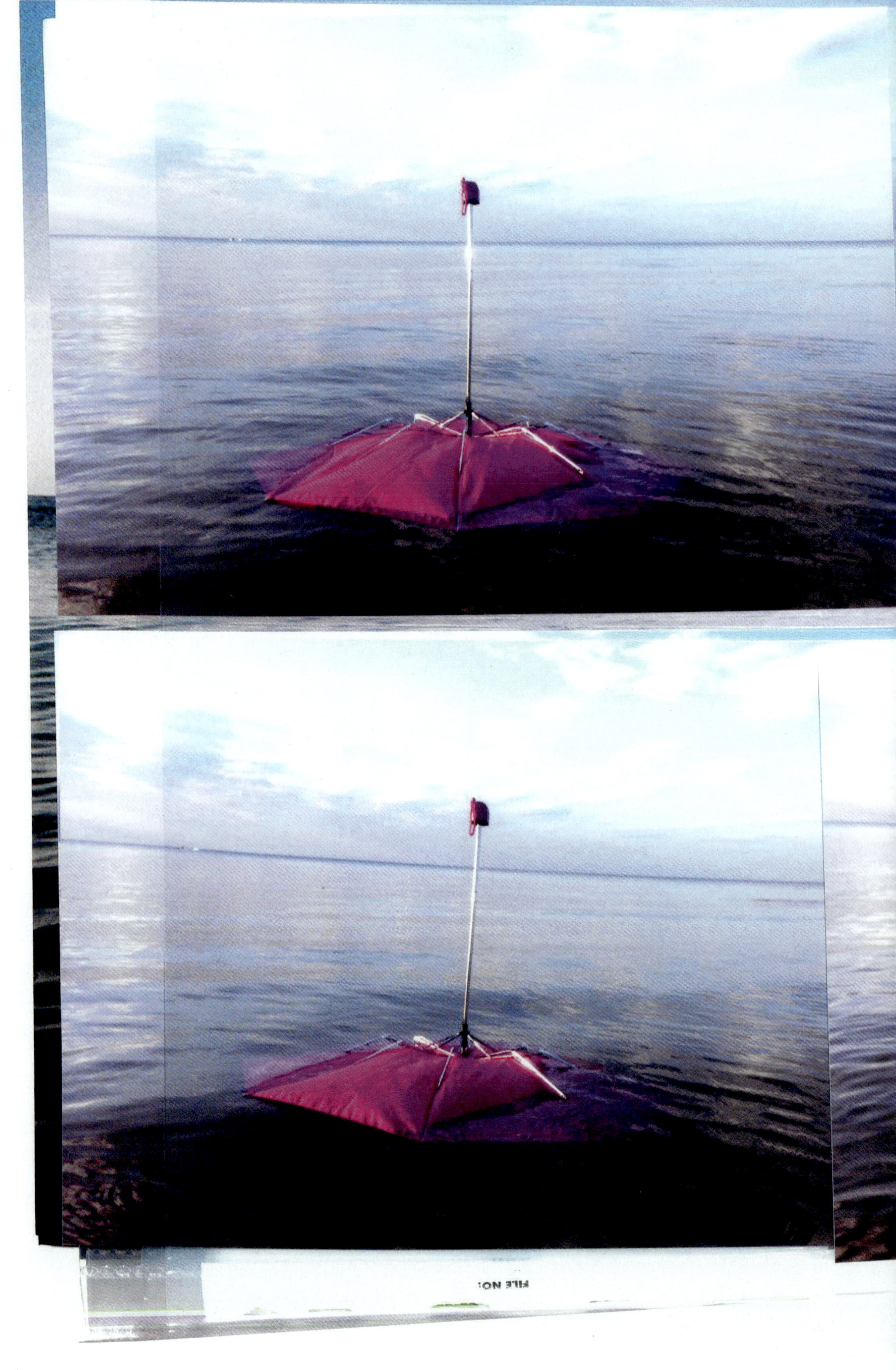
FILE NO:

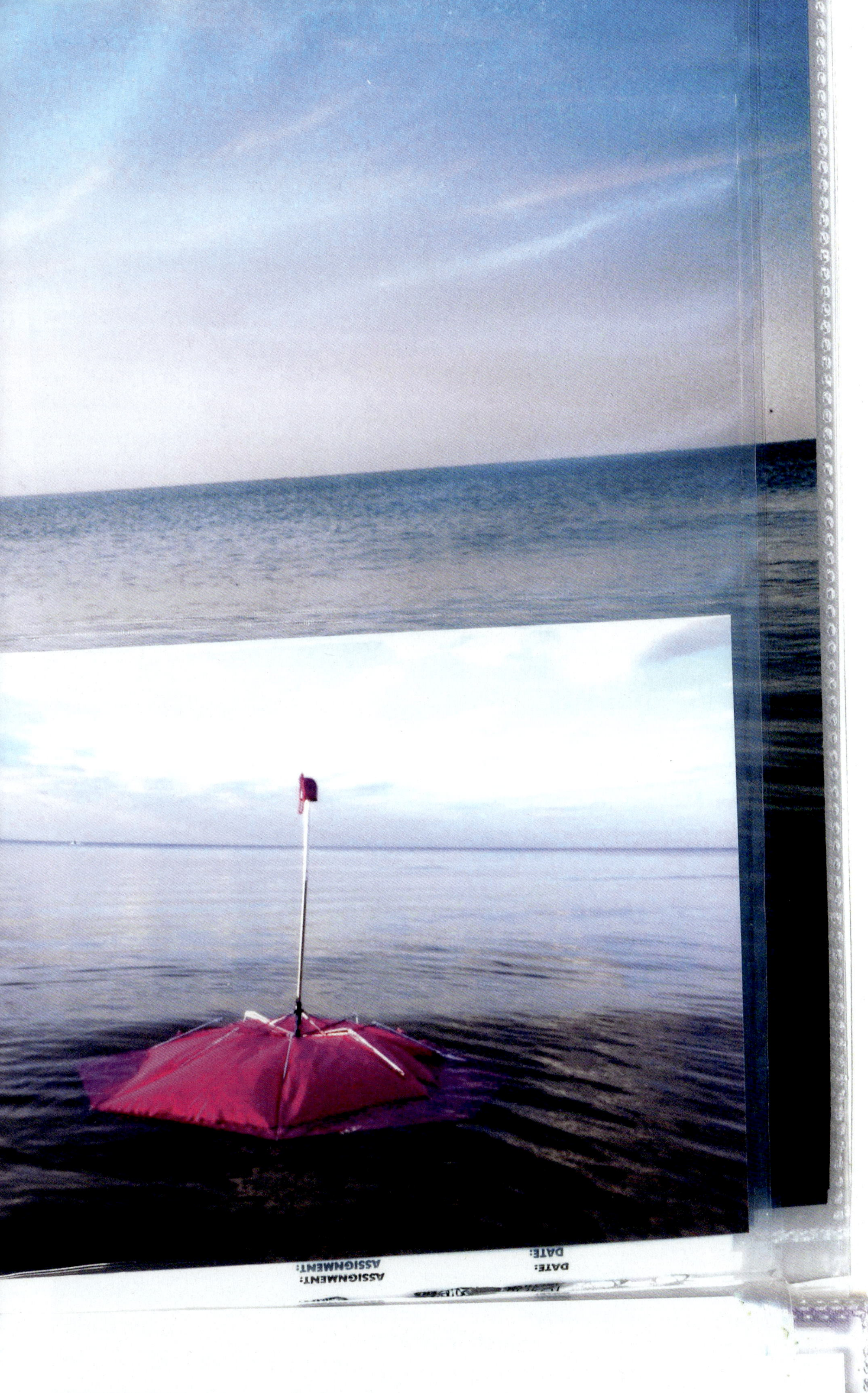

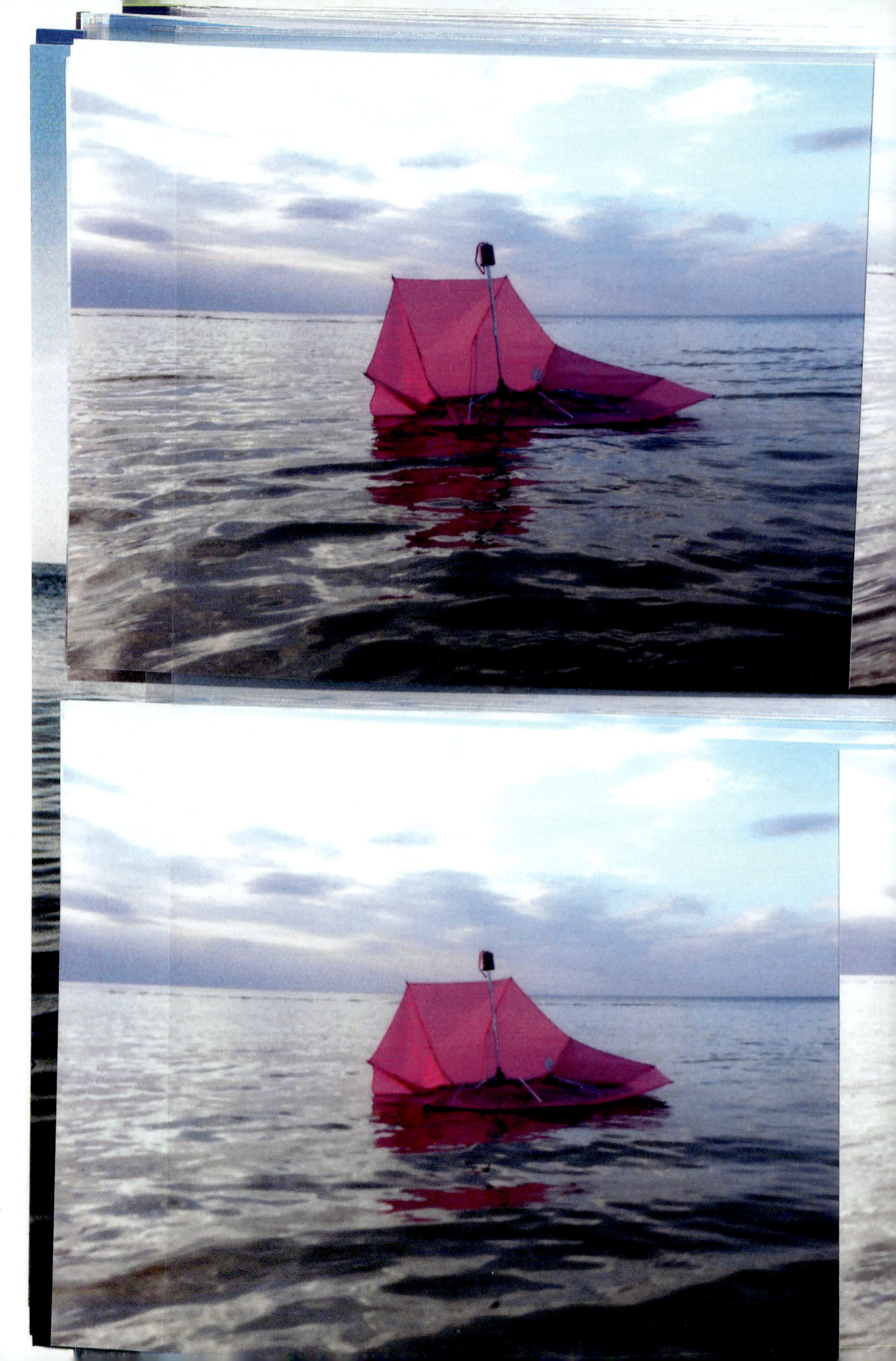

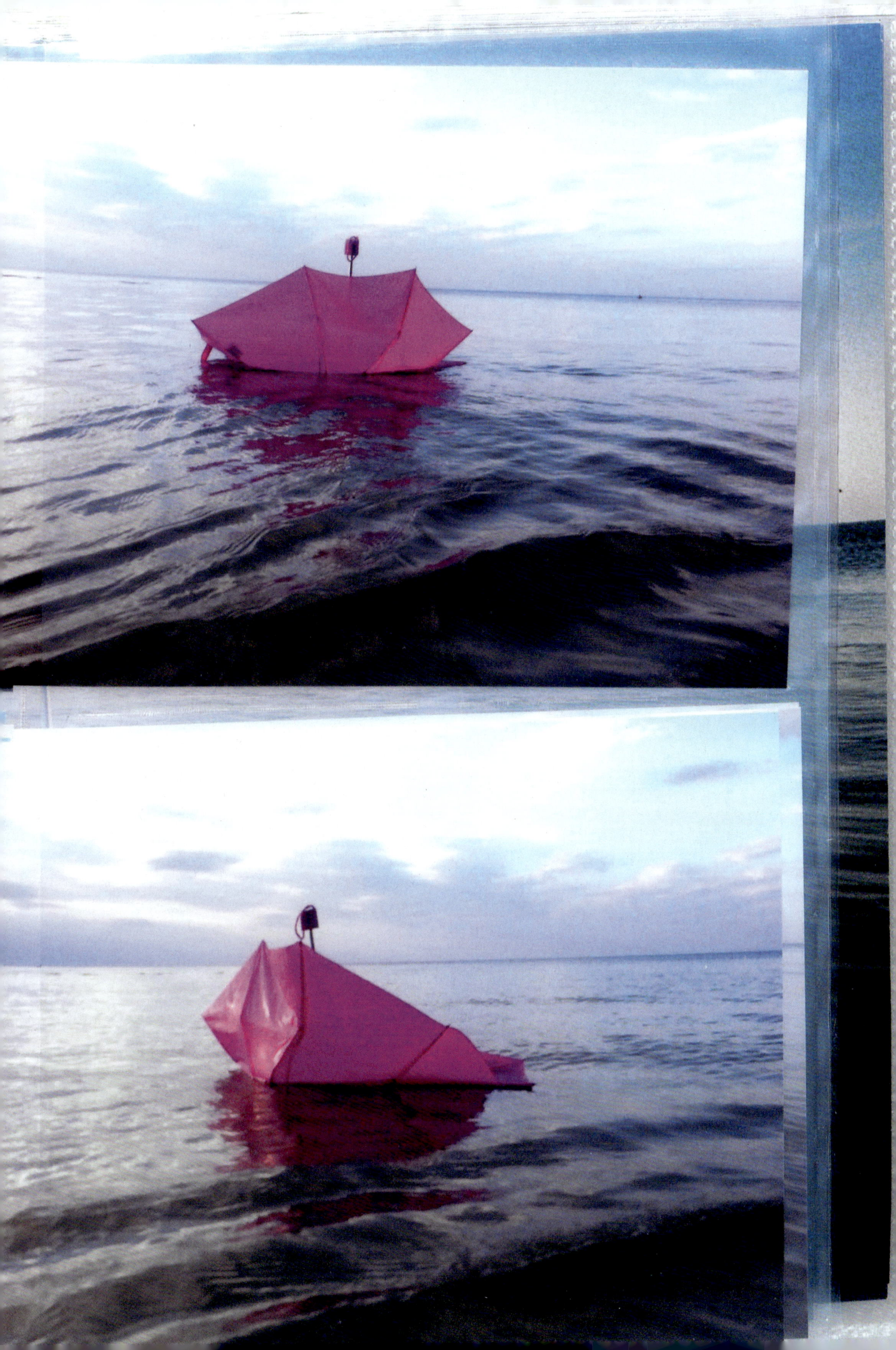

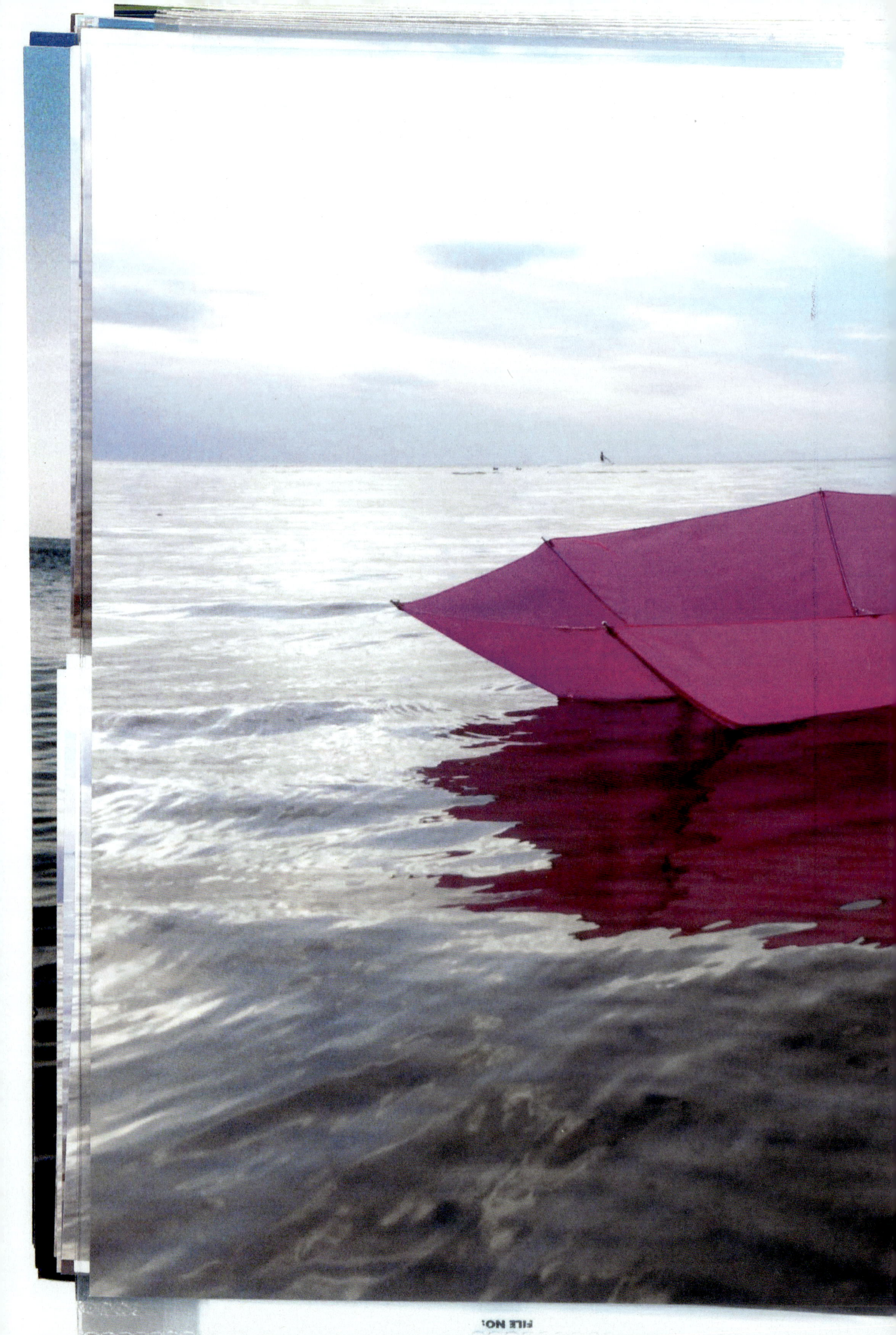

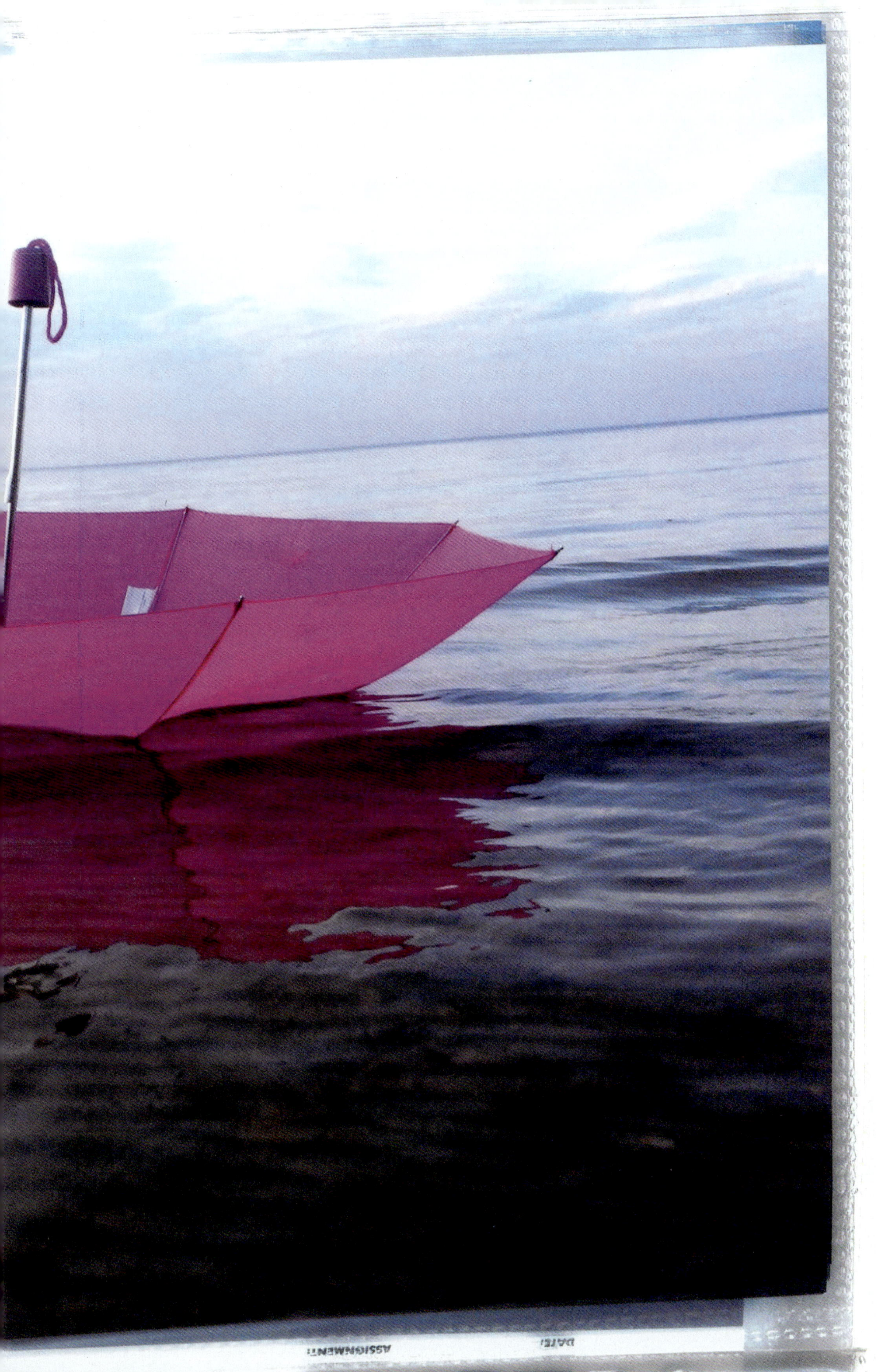

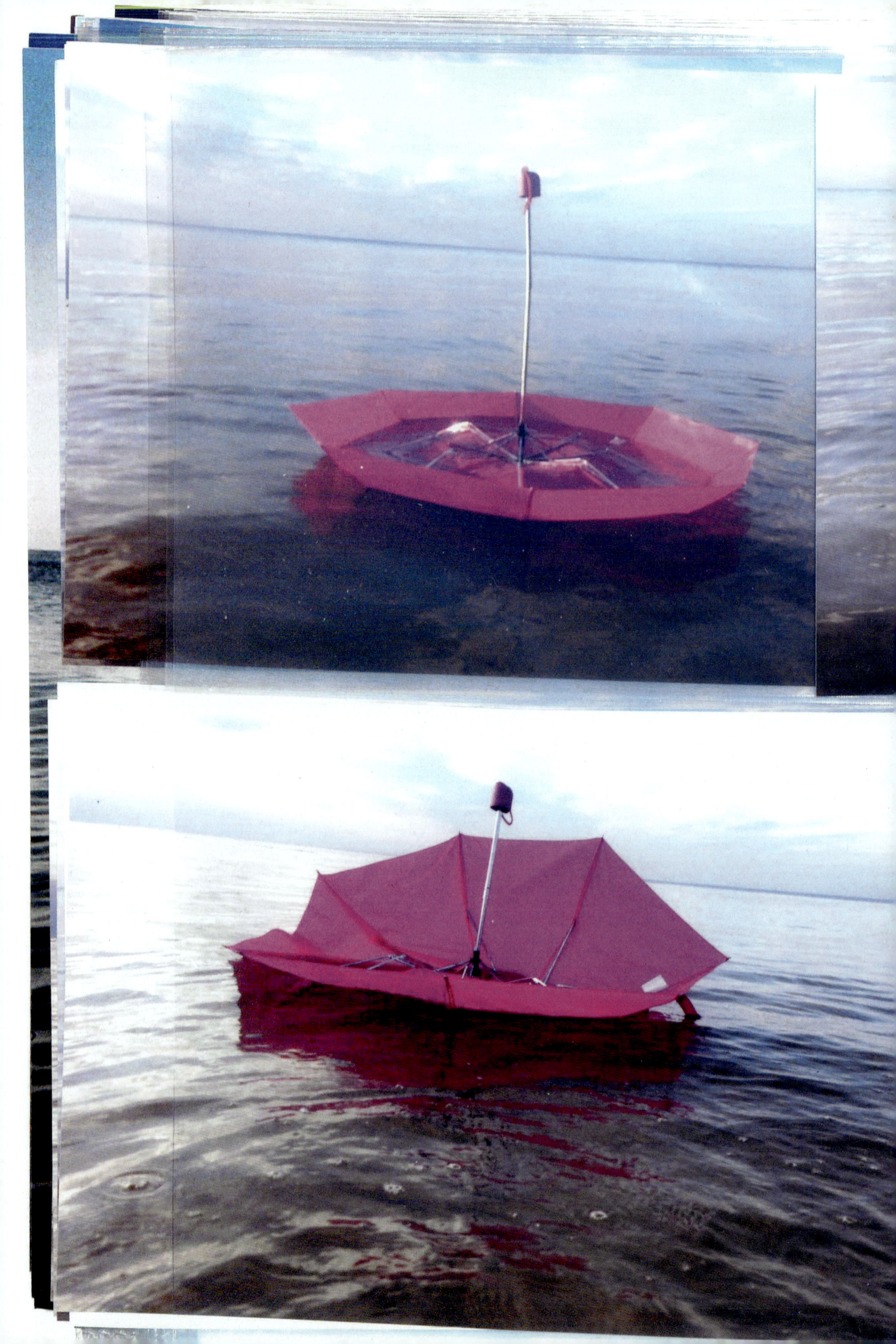

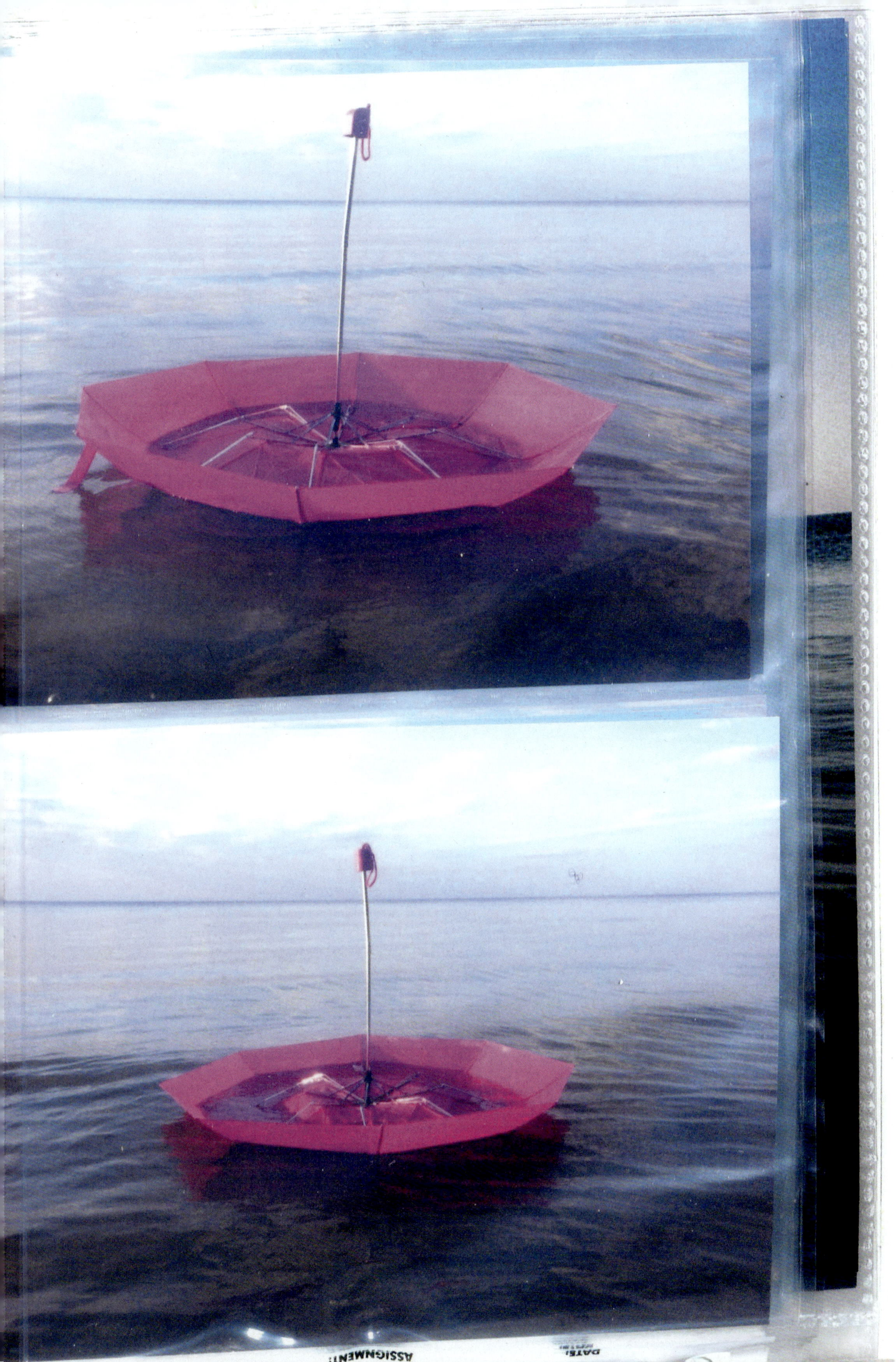

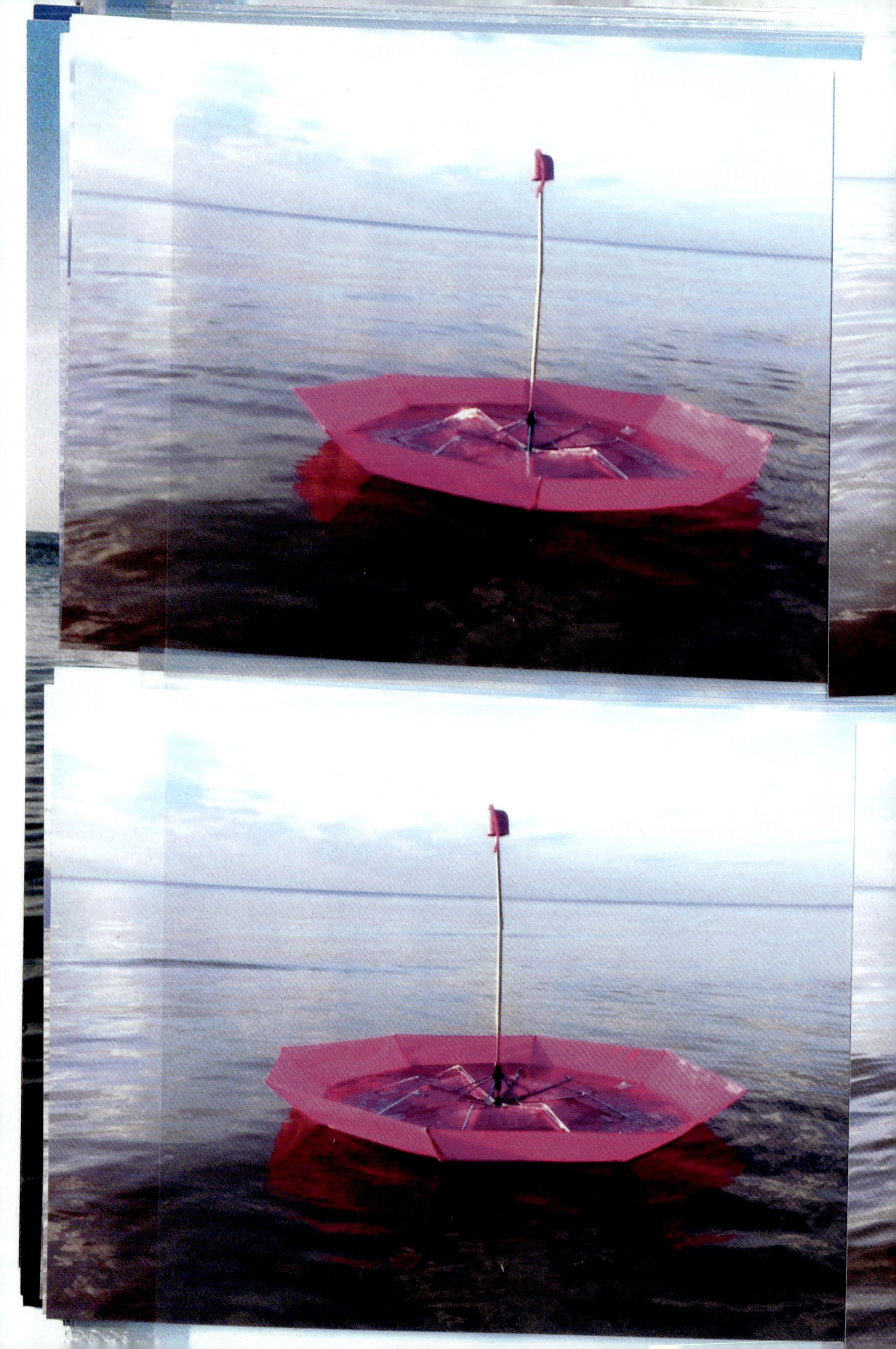

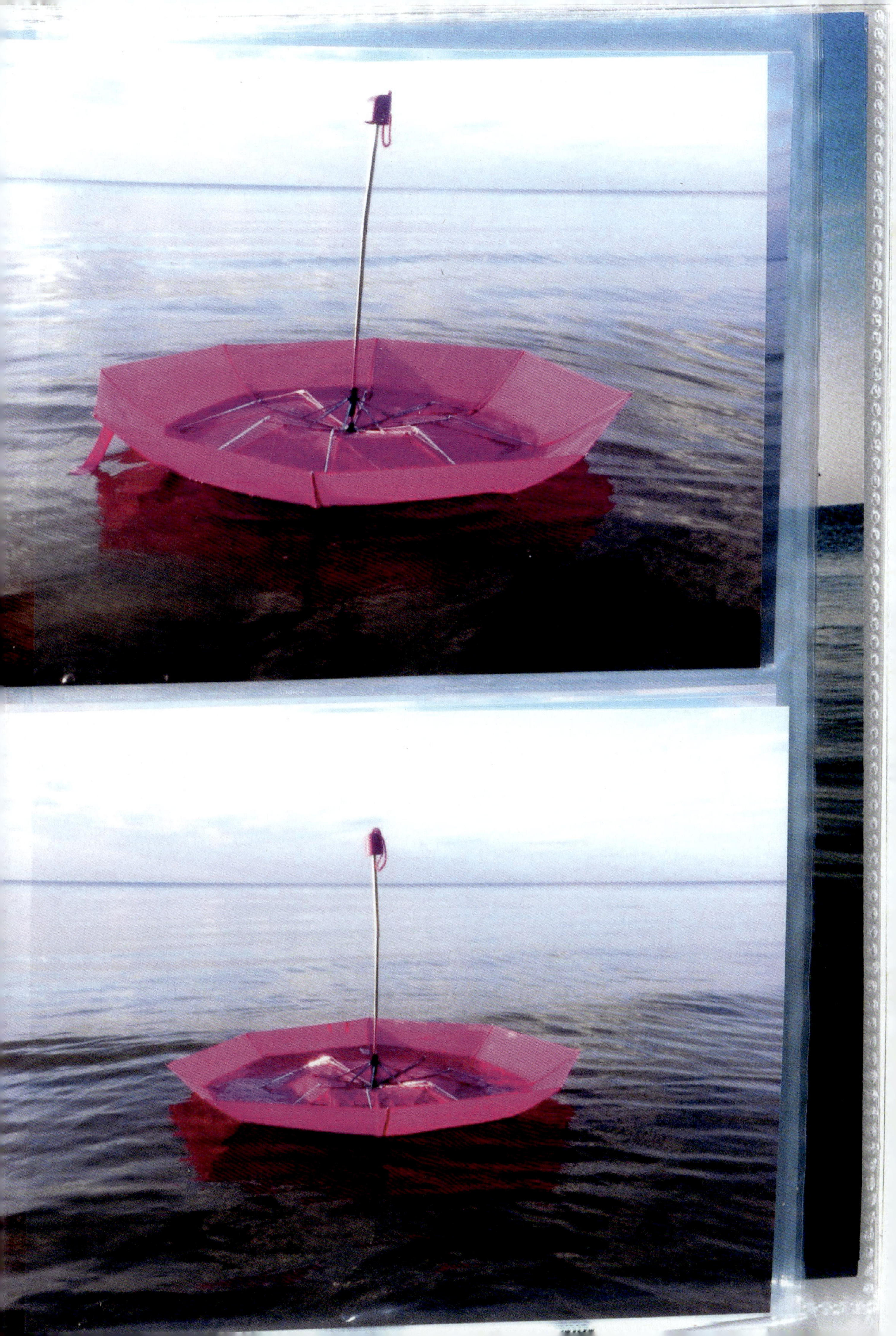

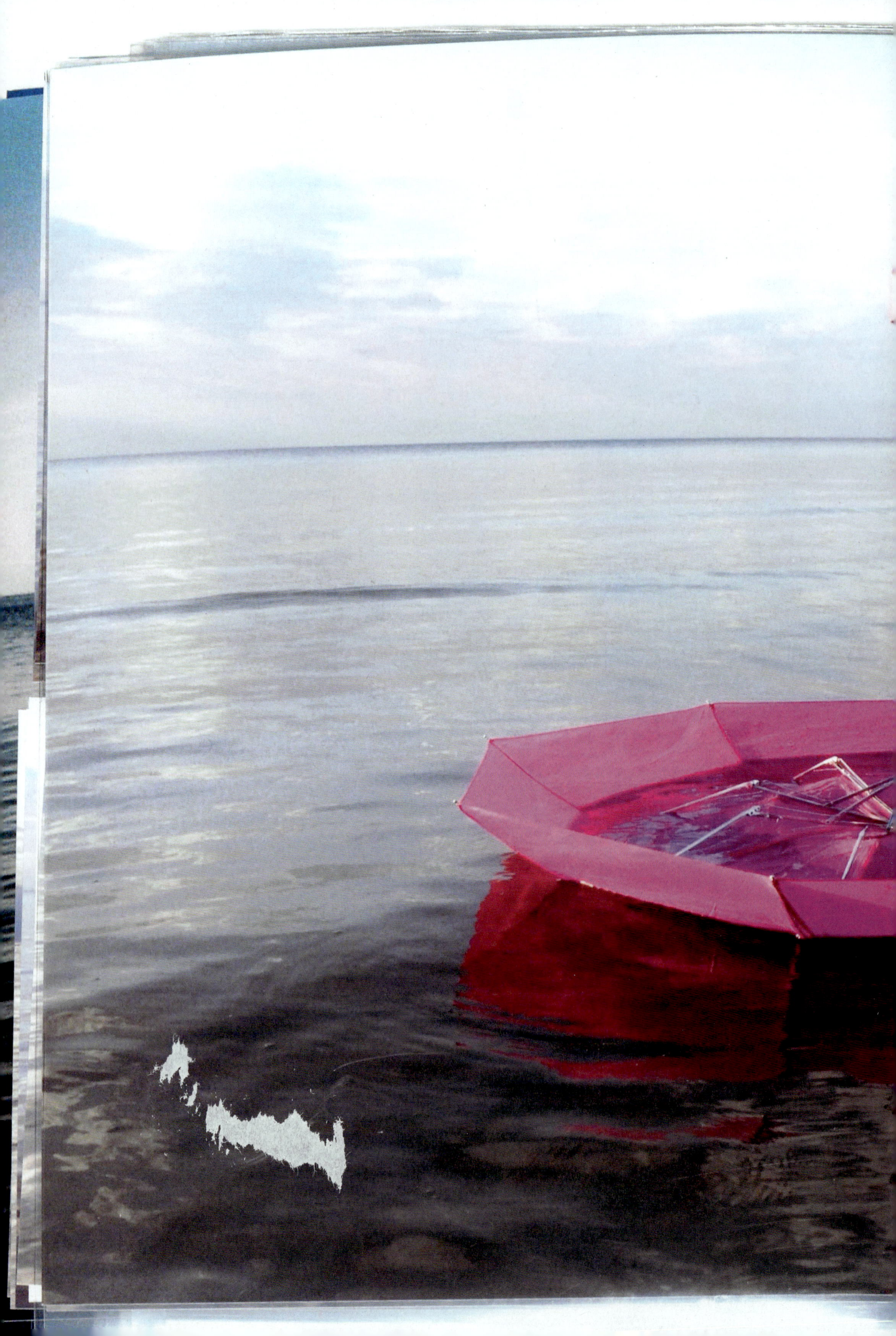